## MISSION BINGER

# France noire

*(CÔTE D'IVOIRE ET SOUDAN)*

PAR

MARCEL MONNIER

MEMBRE DE LA MISSION

OUVRAGE ACCOMPAGNÉ DE QUARANTE GRAVURES

*D'après les photographies de l'Auteur*

LIBRAIRIE PLON

# FRANCE NOIRE

L'auteur et les éditeurs déclarent réserver leurs droits de reproduction et de traduction en France et dans tous les pays étrangers, y compris la Suède et la Norvège.

Ce volume a été déposé au ministère de l'intérieur (section de la librairie) en novembre 1893.

DU MÊME AUTEUR :

*Un printemps sur le Pacifique :* **Iles Hawaï.**
**Des Andes au Para.** *Équateur — Pérou — Amazone.*

(*Ouvrages couronnés par l'Académie française.*)

---

PARIS. TYP. DE E. PLON, NOURRIT ET Cⁱᵉ 8, RUE GARANCIÈRE.

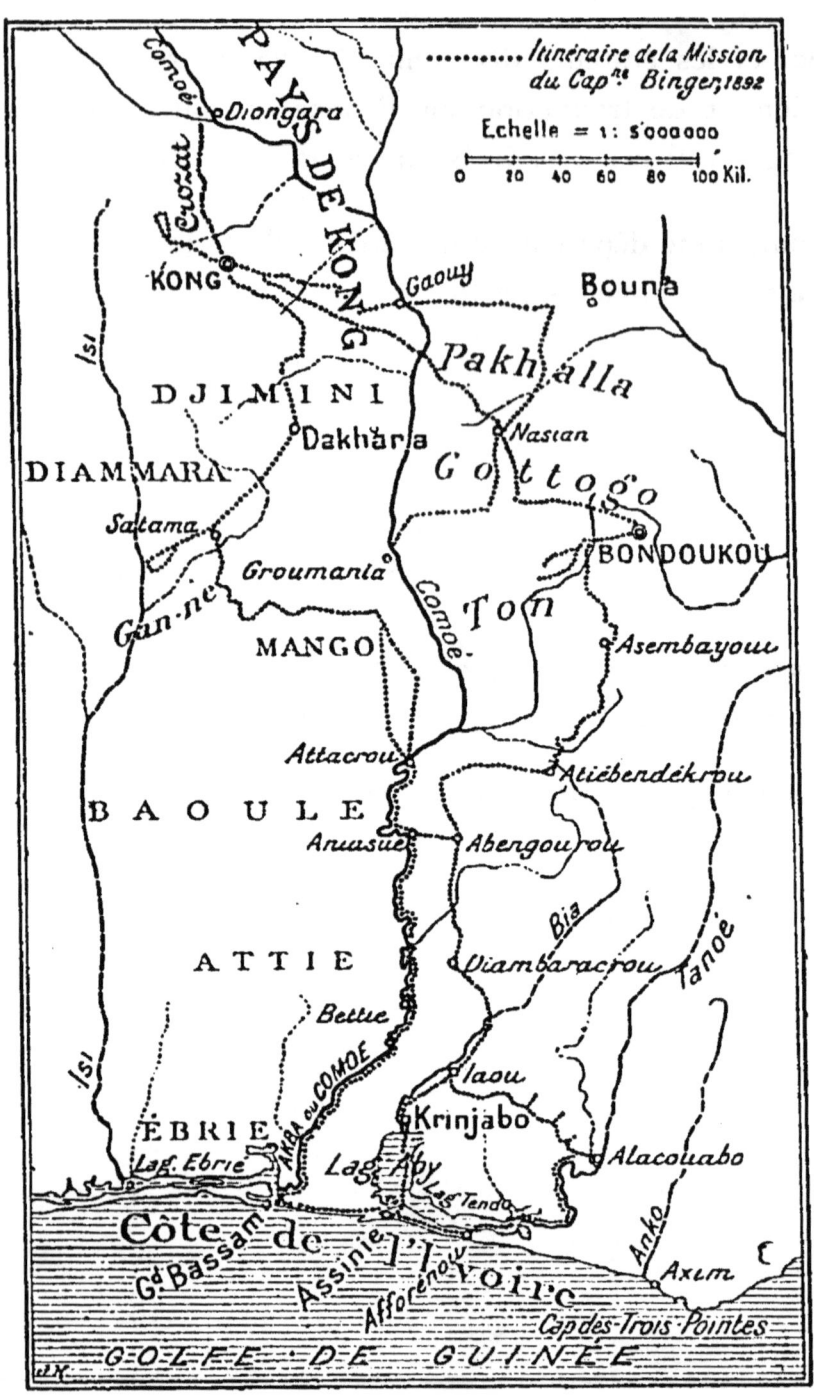

CARTE DE L'ITINÉRAIRE DE LA MISSION
DU CAPITAINE BINGER (1892),

Communiquée par la Société de géographie de Paris.

MISSION BINGER

# FRANCE NOIRE

(CÔTE D'IVOIRE ET SOUDAN)

PAR

MARCEL MONNIER

MEMBRE DE LA MISSION

OUVRAGE ACCOMPAGNÉ DE QUARANTE GRAVURES
D'APRÈS LES PHOTOGRAPHIES DE L'AUTEUR

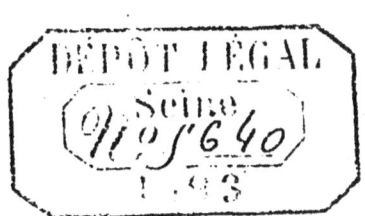

PARIS

LIBRAIRIE PLON

E. PLON, NOURRIT et Cⁱᵉ, IMPRIMEURS-ÉDITEURS
RUE GARANCIÈRE, 10

1894

*Tous droits réservés*

## A MONSIEUR LE CAPITAINE BINGER.

Mon cher ami,

*Vous souvient-il qu'un soir, au campement, au début de notre longue marche en forêt, nous philosophions sur les incidents de la journée ?*

*L'étape, sous les averses répétées, avait été très dure, le terrain coupé de marigots et de fondrières, la broussaille impitoyable. Les deux tiers de nos porteurs étaient restés en route, y compris, cela va sans dire, les individus chargés des provisions de bouche, des hardes et de la literie. Je nous vois encore défaits, boueux, ne possédant pour tous effets de rechange que nos pèlerines en caoutchouc, prêts à passer la nuit dans ce déshabillé, sous un abri de palmes, après une collation de venaison boucanée et d'ignames cuites sous la cendre.*

*Et le gîte ! En pleine brousse, au flanc d'un coteau, d'un de ces soulèvements volcaniques, reliefs décevants* escaladés d'un pas rageur, avec l'espérance jamais réalisée de découvrir enfin, de la cime, une échappée sur l'horizon; un défrichement sommaire, quelques arbres jetés bas et, parmi les décombres de ces colosses, au milieu des bananiers et des maniocs poussant entre les souches calcinées, trois ou quatre petites cases au chaume dévasté, branlantes, dévalant de guingois sur une pente de quarante-cinq degrés. Çà et là, occupées à laver, pour le compte d'un chef, le quartz aurifère, quelques femmes, s'il est permis d'appliquer ce nom aux silhouettes fantomatiques des captives évoluant autour de nous dans la pénombre. Elles vivaient là, ces créatures, seules, entre la forêt ruisselante et le marigot aux eaux troubles, décharnées, un lambeau de pagne aux reins, hideuses sous la carapace de vase qui s'écaillait sur leurs membres grêles. Quelles hôtesses!

Et, la nuit venue, lorsqu'un brouillard montant des futaies trempées nous cacha les premières étoiles, allongés près des tisons, dans une moiteur d'étuve, de bonne humeur malgré tout, une gaieté nous venait en songeant à ce que penseraient de nous nos amis et nos proches, s'ils pouvaient nous apercevoir à pareille heure, en pareil lieu. Aucun d'eux à coup sûr, s'il pensait aux absents, n'évoquait figures aussi singulières. Pas un sans doute n'eût reconnu ceux dont, quelques semaines auparavant, il pressait la main, à la veille du départ.

Alors, si j'ai bonne mémoire, vous — qui cependant en avez vu de si rudes ! — vous vous êtes écrié :

— Croyez-vous qu'il soit possible de faire comprendre à qui ne l'a pas éprouvé ce qu'est une journée pareille? Qu'on raconte donc cela !...

Vous disiez vrai. Ces impressions sont de celles que l'on subit sans pouvoir les traduire. La description, si sincère fût-elle, serait taxée de fantaisie. Dans cette extraordinaire Afrique le réel confine à la fable.

Et pourtant je n'ai pas craint de vous offrir ce livre. Que peut-il être sinon le procès-verbal de nos étapes durant sept mois d'existence errante dans les forêts de Guinée, sur les plateaux du Soudan méridional, de Bondoukou à Kong, de Kong au Diammala? C'est l'impression notée au jour le jour, le spectacle vu des coulisses, la vie intime au campement, l'incident gai ou triste jalonnant la route, les petits ennuis, les vastes espoirs.

La relation de l'explorateur, procédant avec la rigueur d'un exposé scientifique, est le plus souvent muette sur tout cela. L'anecdote, le détail futile ou simplement pittoresque ne peuvent guère y trouver place. Peut-être parmi ceux-là, et ils sont nombreux encore, qu'attire le mystère des expéditions lointaines, mais qui ne les connaissent que par ouï-dire, parmi ceux que la destinée retient sur la douce terre de France, devant les horizons accoutumés, quelques-uns s'intéresseront-ils à ce petit côté des grandes choses. C'est donc pour eux que nous publions ces notes. Pour nous aussi, n'est-ce pas? Car elles nous rappelleront d'étranges heures, pénibles souvent, très douces parfois, pendant lesquelles toujours nous nous sommes profondément sentis vivre. Puisse ce volume, à défaut d'autre mérite, avoir à nos yeux la valeur d'un témoin, d'un confident des émotions que nous avons fraternellement partagées !

Comme il fut, où il fut écrit, vous le savez. Un peu partout : dans la brousse et dans les villages, sous la maison de toile et sous la case de palmes ; pendant les après-midi torrides, sous le regard des visiteurs indigènes accroupis autour de nos couchettes ; le soir, à la clarté des feux, dans l'apaisement de la forêt endormie. Il vous revenait de droit, à vous et à nos compagnons le lieutenant Braulot et le docteur Crozat. Acceptez-le donc comme un hommage cordial aux amis vivants, comme un souvenir à l'ami disparu.

Pourquoi faut-il que, dans notre petit groupe, dont la longue intimité du voyage avait fait un cercle familial, un deuil ait assombri la joie du retour? Ce n'est pas sans un serrement de cœur que j'écris le nom de

LE DOCTEUR CROZAT

MORT AU SOUDAN (1892)

l'excellent Crozat, du savant enlevé à l'affection des siens, dans tout l'éclat de sa jeune renommée. Ses travaux dans l'Ouest africain l'avaient déjà placé hors de pair. Sous la tente, au camp de Nougoua, vous lui donniez l'accolade en attachant sur sa poitrine le ruban si bien gagné. Plus récemment, M. le ministre de la marine l'élevait à la première classe de son grade : cette suprême consécration d'une carrière si brève et si brillante, il ne lui a point été donné de la connaître. Mais ce que ne sauraient oublier ceux dont, pendant plusieurs mois, il partagea la vie, ce sont ses qualités de cœur, sa sollicitude toujours en éveil et cette belle humeur réconfortante sous laquelle il savait voiler ses préoccupations les plus graves. Lorsqu'il prenait congé de nous à Kong, le 11 juin, pour regagner la France par le Niger et le Sénégal, qui de nous se fût douté que nous le voyions pour la dernière fois? Il partait en pleine santé, confiant dans l'heureuse issue d'une expédition dont il avait combiné le plan de longue date. La maladie l'a terrassé, quand sa tâche était presque accomplie, à la veille d'atteindre Sikasso, la capitale de notre allié Tiéba dont il avait été l'hôte — lors de sa belle exploration du Mossi — dont il était resté l'ami.

A Dieu ne plaise que j'inflige à cet esprit si fin le fardeau d'une oraison funèbre! Qu'il nous suffise, en tête de ces pages où son nom reviendra plus d'une fois, d'adresser à sa mémoire un salut attendri. Dans ce continent noir, nécropole de voyageurs illustres, il repose à son tour. Que cette terre soudanienne, où il avait marqué son empreinte, lui soit légère.

Et maintenant laissez-moi vous remercier, mon cher ami, d'avoir bien voulu m'associer à votre œuvre. J'ai retrouvé près de vous, chemin faisant, les sensations inoubliables éprouvées déjà sous d'autres cieux, sur les plateaux glacés des Andes, dans la forêt amazonienne, cette quiétude singulière, cet allégement de tout notre être que nous vaut la vie à l'air libre, en face de la nature primitive. Affaire d'atavisme, sans doute. Il faut si peu de chose pour réveiller le nomade qui sommeille au cœur de tout civilisé!

Mais ici l'impression n'avait plus cette teinte de mélancolie qu'elle emprunte à la solitude. Je marchais avec des amis. Et les misères de la route disparaissent; il ne reste que le souvenir de l'amitié nouée dans la communauté des peines et des joies.

Marcel MONNIER.

# FRANCE NOIRE

## I

### DE MARSEILLE A LA COTE D'IVOIRE.

Embarqués !

La chose se fit un soir de fête, un après-midi de Noël assez triste, sous un ciel bas et terne, un temps de brume dont la fadeur évoquait des horizons de Tamise ou de Mersey plutôt que les coteaux parfumés de Provence.

Tout proches cependant, leurs crêtes calcaires redressées, dans l'envolée des nuées, en escarpements fantastiques, ils s'étageaient piqués de lumières. Et, dans ce vaste amphithéâtre, des carillons grêles détachaient leurs arpèges sur un accompagnement grave de flot battant la roche.

Noël ! Singulier moment pour partir que celui des réunions intimes où le cercle de famille se resserre autour du foyer. Mais choisit-on son jour et son heure ? L'un et l'autre dépendent trop souvent du hasard, cette force aveugle à laquelle, plus que personne, le voyageur est soumis. Elle semblerait, en ce qui me concerne, se complaire à des coïncidences. A coup sûr, un ancien eût vu plus qu'un événement fortuit dans le concours de circonstances qui m'ont fait, à plusieurs années d'intervalle et pour des destinations bien diverses, prendre la mer précisément à cette même date. Il y a, hélas! huit ans tout juste, du pont du paquebot qui m'emportait vers les Antilles et le Mexique, je voyais les feux de Saint-Nazaire pâlir dans le crépuscule. Alors comme aujourd'hui cette soirée d'hiver était presque tiède, sans brise, la mer plate, le ciel embrumé. Mais que m'importait! C'était le premier grand départ, la fièvre du lointain, les espérances sans limite, toute la griserie aspirée dans la brise soufflant du large...

Un autre Noël encore, celui-là dans la baie de Naples, en route pour l'Extrême-Orient. Une nuit funèbre : à terre le choléra, sur mer la bourrasque; un ciel d'encre crevant en ondées et, du Pausilippe à Castellamare, dans l'ombre où de rares points lumineux mettaient un tremblotement de cierges, les cloches des campaniles tintant comme des glas.

Depuis, Noël m'est apparu tour à tour dans l'Empire du soleil levant, grelottant, poudré à frimas, et sur les *campos* de l'Amérique australe dans les langueurs de la canicule. Cette année-ci du moins, il y a peu de jours, rien ne m'eût laissé prévoir qu'il dût me surprendre en tenue de route. Tout s'est décidé si vite! C'est de règle en pareil cas, et peut-être, à tout prendre, vaut-il mieux qu'il en soit ainsi.

Si disposé que l'on soit à courir les aventures, ce tour d'esprit ne saurait vous affranchir absolument des mille liens dont vous enserre le retour à la vie civilisée, tyrannie très douce des vieilles habitudes sitôt reprises, des amitiés renouées; toutes choses qui ne peuvent trouver place au fond de la valise, et qu'on n'abandonne pas sans regrets. Qui sait? Pour peu qu'on prît le temps de réfléchir, peut-être hésiterait-on à franchir le pas décisif. Les adieux, le départ, autant d'arrachements. L'opération sera d'autant moins douloureuse qu'on abrégera les préliminaires. Les nôtres n'auront pas traîné. Rapides comme un prologue de féerie.

Avez-vous remarqué qu'en général les premières scènes d'une pièce à spectacle se déroulent dans un décor des plus simples, entre personnages d'humeur paisible et sédentaire que rien ne semble prédestiner aux situations mouvementées des tableaux suivants? En cela s'affirme l'art des contrastes. Quand le rideau tombé sur une étude de tabellion, sur un laboratoire de savant, se relève au bout de quelques minutes découvrant soit la pleine mer, le pont d'un navire, soit un campement dans les jungles de Bornéo ou de Java, l'effet est sûr. L'observation, pour oiseuse qu'elle paraisse, n'est pas tout à fait inutile, le début de notre voyage procédant directement, pourrait-on croire, de la même esthétique.

Rien de moins compliqué que le décor où s'engage l'action.

Le théâtre représente la salle des conférences de la Société de géographie, boulevard Saint-Germain. Intérieur calme où, deux fois par mois, il est parlé de contrées lointaines, pour la plus grande joie d'un public fermement résolu à n'y mettre jamais les pieds. Assistance nombreuse et, comme à l'ordinaire, très sympathique : beaucoup de dames. A la tribune, un collègue disserte sur l'Afrique en général et sur tel point de la côte en particulier. Lequel? Je ne saurais dire au juste. Je confesse — et l'on verra si je suis excusable — n'avoir prêté, ce soir-là, aux développements du conférencier qu'une oreille assez distraite.

De loin en loin, un effet de nuit. Dans le brusque effacement du gaz, la lampe oxhydrique projette sur la muraille des silhouettes moricaudes, des spécimens de végétations exotiques.

Pendant un de ces intermèdes, un retardataire pénètre dans la salle. Une place restait libre, à côté de la mienne : le nouveau venu s'en empare. Une minute plus tard, quelqu'un me frappe amicalement sur l'épaule et me salue d'un « bonsoir! » jeté à voix basse. Mon voisin était le capitaine Binger. On causa, discrètement, d'abord en phrases hachées, sans perdre de vue l'orateur et les projections. Puis l'entretien, prenant un tour plus personnel, nous absorba tout à fait.

— Alors, vous comptez repartir?
— Cela va se décider ces jours-ci, demain peut-être.
— Et vous iriez?...
— Là-bas toujours... en Guinée, au Soudan.

Suivaient les détails. Il s'agissait d'opérer, de concert avec une commission nommée par le gouvernement britannique, la délimitation entre les possessions françaises de la Côte d'Ivoire et le protectorat anglais de la Côte d'Or (ancien royaume Achanti). Une affaire de deux mois, trois au plus. Après quoi, la mission française, poursuivant sa route à travers le Soudan méridional, visiterait les pays de Bondoukou et de Kong afin de consolider les relations établies par Binger, lors de son premier voyage, avec les chefs de ces régions. De Kong on redescendrait à la Côte en variant autant que possible l'itinéraire, par des contrées où les blancs n'avaient pas encore paru, le Diammala, peut-être le Baoulé. Enfin une magnifique randonnée. L'exposé se termina par cette demande inattendue :

— Venez-vous?

— Je crois bien! répliquai-je. Quand partons-nous?

— Dans trois semaines, par le paquebot du 25.

— C'est donc sérieux?... Vous m'emmenez?

— Tout ce qu'il y a de plus sérieux. D'abord cela vous changera. Vous avez parcouru le monde, d'un hémisphère à l'autre. A votre album de voyage il ne manque qu'un seul feuillet, l'Afrique. Voici l'occasion de combler cette lacune. Cela vous va-t-il?

— Avec vous, tout me va.

— Puis, songez donc... Nous sommes chez nous là-bas. L'Afrique où nous allons, c'est encore la France.

— La France noire.

— Précisément.

Et il insistait, le tentateur, remuant en moi des souvenirs à peine assoupis, des visions de sociétés barbares, de bivouacs et de forêts vierges, de pirogues évoluant au milieu des rapides sur des rivières inexplorées;

de quoi convaincre un hésitant, beaucoup plus qu'il n'était nécessaire pour persuader un converti. Dès les premiers mots ma résolution était prise. Cependant, à la tribune, le collègue parlait toujours; mais ce n'est plus lui que je voyais. C'était de nous qu'il s'agissait à présent, de notre voyage; c'étaient les indigènes de notre convoi dont les têtes crépues apparaissaient sur le mur blanc, dans un éclair. Déjà il me semblait que nous cheminions, le bâton à la main, parmi les lianes et les racines, dans le demi-jour d'un sentier de brousse.

A la sortie, le pacte était scellé par un serrement de mains.

— C'est dit... Vous y songerez?
— Je ne songe qu'à cela.
— A demain, alors.
— A demain.

Vingt-quatre heures plus tard, une lettre du sous-secrétaire d'État aux colonies m'apprenait que j'étais adjoint à la mission, et, le même jour, le personnel réuni autour de son chef, on se distribuait les rôles. Que serait le mien? J'hésitais, je l'avoue, avant d'adopter une spécialité. Historiographe de l'expédition, c'était trop ou trop peu. Quelques correspondances promises au *Temps,* il n'y avait pas là de quoi justifier le titre pompeux que me décernaient gracieusement, dans leurs informations, plusieurs feuilles françaises ou étrangères, y compris le *New-York Herald*. L'emploi d'ailleurs n'était pas de ceux dont l'utilité s'impose, les voyages qui réussissent — et j'espérais que le nôtre serait de ce nombre — pouvant s'approprier la devise des peuples heureux, lesquels, assure-t-on, n'ont pas d'histoire.

Restait une autre tâche, moins ambitieuse, mais d'un intérêt plus immédiat : fixer la physionomie des êtres et des choses sur la plaque sensibilisée. Les souvenirs, les impressions où la personnalité de l'auteur finit toujours par se trahir, quoi qu'il en ait, n'auront jamais le relief et la vigueur de la chose vue. A la plus exacte des descriptions, on préférera la moindre image instantanée. Je m'occuperais donc des travaux photographiques. Besogne assez ingrate, encore que beaucoup de gens s'y adonnent aujourd'hui par plaisir, en amateurs. Pour moi, le dirai-je? il m'est impossible d'y ressentir le moindre agrément, encore moins un délassement, surtout en un tel voyage. Rien de plus pénible, de plus énervant et de plus aléatoire. Ceux-là seront de mon avis qui s'y seront livrés sous les tropiques, dans les conditions anormales résultant des longues marches en forêt, de la chaleur, de l'état de l'atmosphère saturée d'humidité, des orages quotidiens, enfin de la fatigue. Mes expériences antérieures me faisaient redouter un insuccès. En songeant aux vicissitudes du transport à dos de noir, aux culbutes, aux bains forcés, à l'extrême réserve dont on ne saurait se départir vis-à-vis d'indigènes prompts à s'alarmer de toute pratique nouvelle, il était permis de se demander à quel chiffre infime se réduiraient les collections rapportées. Que seraient-ils d'ailleurs, ces clichés pris à la hâte, le plus souvent à la dérobée? De piètres images sans doute dont souriraient MM. les membres des Photo-Clubs pour qui la chambre noire n'a plus de secrets (1). Qu'importait, après tout! Telles quelles, elles constitueraient encore de précieux documents sur les types, les mœurs, la vie publique et privée de populations peu connues, dont plusieurs même allaient voir l'Européen pour la première fois.

La tâche de chacun dûment déterminée, on s'était mis en campagne. Quinze jours de fièvre, quinze jours de courses pour rassembler le matériel indispensable, le campement, la pacotille; un galop de chasse à travers les industries diverses, des conserves alimentaires à la parfumerie en passant par les tissus, les cotonnades à ramages, les peluches défraîchies, les satins dans les prix doux, les fanfreluches tapageuses. Ce furent, de l'aube à la nuit, des déballages, des écroulements, des rafles d'articles étranges, disparates, hurlant d'être accouplés, des éblouissements, des stupeurs; et les visites aux officines d'où le bric-à-brac de la guerre, les armes d'un autre âge, fusils à pierre, coupechoux, liés en fagots, sont expédiés à leur suprême destinataire, le roi nègre.

De nos faits et gestes pendant cette quinzaine il ne m'est demeuré qu'un souvenir confus, une vague sensation de cauchemar, je ne sais quoi d'incohérent et de

---

(1) Ces craintes ne furent pas justifiées. La mission a été assez heureuse pour rapporter de la Côte d'Ivoire et du Soudan un millier de photographies. Exposées d'abord à l'École nationale des Beaux-Arts, elles figurent actuellement à l'Exposition permanente des Colonies, au palais de l'Industrie. M. Claude Bienne leur a consacré un intéressant article dans la *Revue hebdomadaire* (10 décembre 1892.)

(*L'éditeur.*)

chaotique où se mêlent les jours, les nuits, les objets, les visages, les recommandations des amis, les requêtes des indifférents. Oh! ces sollicitations écrites ou verbales! L'industriel qui préconise un appareil, une denrée, destinés à révolutionner les marchés exotiques; l'homme de science ou soi-disant tel vous adjurant de lui procurer certain insecte dont il prépare la monographie, celui-là même et pas un autre, avec des instructions méticuleuses sur la manière de discerner, empaqueter et conserver le coléoptère. Il faut, en dépit du temps qui vous éperonne, écouter cela de bon gré, posément, le sourire aux lèvres, sous peine de blesser au plus tendre de l'âme un futur membre de l'Institut. Je ne parle que pour mémoire des étonnantes propositions du barnum entrepreneur d'exhibitions anthropologiques, lequel, l'Afrique étant à la mode, désirerait qu'on lui recrutât un joli lot de bois d'ébène, une famille, un village, bêtes et gens, au plus juste prix. Qui saura jamais le total des assauts subis, des paroles gaspillées, la veille d'un départ, en une couple d'heures?

Enfin tout est prêt, les caisses clouées, étiquetées, numérotées. Comment cela s'est accompli? On ne pourrait le dire. Toujours est-il que le gros des bagages est en route. Notre tour est venu de prendre le train. Et c'est alors une impression de fuite éperdue, à tire-d'aile, un essor de rêve aboutissant à la surprise d'un brusque réveil à bord du navire, sous la nuit silencieuse, dans la paix de la mer et du ciel.....

*⁎*

Cinquante-quatre heures de route, et nous touchons Oran. Très brève la première escale. Mouillé le 27 à onze heures du soir, le *Stamboul* appareillait le 28 à dix heures du matin. Le temps de déposer et de prendre la malle ; une occasion dernière offerte à ceux qui partent de converser à peu de frais, par le câble, avec les amis laissés en France. Peut-être « en France » est-il de trop, et le patriotisme algérien, très chatouilleux, serait-il en droit de me reprocher ce *lapsus*. N'étions-nous pas toujours en terre française? A qui serait tenté de l'oublier, l'aspect même de cette ville tour à tour arabe, espagnole et turque, aujourd'hui l'une des plus européanisées du littoral barbaresque, le rappellerait vite. Bien changée, depuis tantôt dix ans que je ne l'avais vue. Déjà à cette époque la vieille cité secouait ses guenilles, sa défroque hispano-mauresque. L'air y circulait dans les boulevards, les rues bien percées, les vastes squares : les constructions modernes, la maison quelconque à plusieurs étages, remplaçaient les demeures trapues, maquillées de tons criards, les terrasses chargées de fleurs, les *miradores* en surplomb. A l'heure actuelle, la transformation est à peu près complète. De ce que j'avais laissé je ne reconnais guère, dans cette courte promenade matinale, que les trois grosses tours du Château-Neuf, la mosquée du Pacha avec son joli minaret octogone et, là-haut, au-dessus des oliviers rabougris, des lentisques, des blocs de roche rouge, en plein ciel, la forteresse de Santa-Cruz couronnant la crête de l'Aïdour; les odeurs aussi, ces relents de laine grasse, de musc, de tabac et d'absinthe que le vent vous apporte, à plusieurs milles au large, comme l'haleine de l'Afrique. A cela près, ni le bariolage de la foule où Mahonais, Andalous, Arabes, Marocains coudoient le militaire de toute arme et le bourgeois en jaquette, ni les étalages des boutiques, ne diffèrent sensiblement de ce que l'on peut observer dans beaucoup d'autres ports méditerranéens. La turquerie a fait son temps; à tel point que nous eûmes peine, en courant les bazars, à nous procurer certains articles algériens pour corser notre pacotille. Nous obtînmes des chapelets musulmans : en revanche, pas une librairie ne possédait un seul exemplaire du Coran en langue arabe. On offrait, si nous n'étions pas trop pressés, de faire venir les volumes... de Leipzig.

Le 29 au matin, nous dépassions Gibraltar à demi caché sous les nuées. Sur la rive marocaine, temps clair. Le soleil chauffait les antiques bastions de Ceuta, avivait le badigeon des petites koubbas disséminées au flanc des collines rousses. Bientôt la côte s'infléchit; la teinte plus pâle, presque laiteuse de l'eau trahit la présence de bas-fonds, et, dans l'éloignement, Tanger à peine entrevu se dérobe sous le voile de fine poussière étendu des contours flottants de la baie jusqu'aux cimes pelées qui forment l'arrière-plan. Puis les falaises se redressent : voici, surmonté de son phare, le cap Spartel qui commande la sortie du détroit. Nous le rangeons de si près que le vacarme produit par le choc des deux mers à la pointe de cet éperon gigantesque nous arrive très distinct. De minute en minute la lame se creuse davantage et le bâtiment accentue son roulis sous la grande houle de l'Atlantique. Très loin, au ras de la mer, la blanche Tarifa fait l'effet d'une bande de mouettes au repos. Quelques secondes encore, elle s'effacera, et de la terre d'Europe affaissée sous l'horizon nous n'apercevrons plus que les sierras d'Andalousie frangées de neiges.

Alors seulement je me sens vraiment parti, rejeté à cette vie du bord que j'ai vécue déjà sur tant de mers sans jamais souffrir de sa monotonie. C'est qu'en effet cette uniformité n'est qu'apparente. Chaque paquebot constitue un petit monde à part avec son caractère propre, sa couleur, ses coutumes, je dirai presque ses préjugés; une agglomération originale qui ne ressemble pas plus à telle autre cité flottante que la province à la capitale, l'homme du Nord à l'homme du Midi. L'habitué des courriers de Chine ou des transatlantiques parés, dorés, capitonnés, où les relations de la vie mondaine se poursuivent avec le laisser-aller, les intimités faciles des grands hôtels cosmopolites et des stations balnéaires, celui-là se sentirait tant soit peu dépaysé sur un bateau de la côte d'Afrique. Vainement y chercherait-il les élégances raffinées, le parfum discret des salons et des boudoirs. Bals, concerts, tombolas, flirtage aimable avec les misses en robes claires, nous ne tenons rien de tout cela à bord du *Stamboul*. A parler franchement, au risque de passer pour un frivole, cela manque de femmes. Les individualités réunies sur ces planches appartiennent toutes au sexe laid. Il y a là comme un avant-goût des établissements échelonnés sur cette ligne, colonies de mâles où la plus belle partie du genre humain est, à de rares exceptions près, représentée par des princesses brunes comme l'Érèbe et habillées de rien.

Aux premières classes, une vingtaine de passagers : officiers, fonctionnaires coloniaux retour de congé, employés de factoreries. La présence de cinq ou six missionnaires complète la compagnie sans l'attrister.

Le prêtre, en particulier le prêtre des missions, est rarement un morose. La gravité du sacerdoce ne saurait exclure chez lui la bonne humeur, l'entrain que suppose une carrière délibérément choisie. Le personnage de marque est le supérieur des missions du Bénin qui rejoint sa résidence de Porto-Novo. Figure très fine, parole agréable et diserte; le type élevé du missionnaire, moins répandu de ce côté-ci du continent que dans la région des Grands-Lacs et dans tout l'Orient. Dans l'Afrique occidentale, l'apostolat perd un peu de son ampleur. Confinés dans le voisinage de la côte, les représentants des diverses congrégations mènent une existence paisible de curé de campagne, renfermée dans les devoirs du culte, la surveillance d'une petite école tenue par des sœurs et d'un jardinet où le zèle intéressé des catéchumènes fait foisonner fleurs et légumes. Un genre de vie très préférable, somme toute, à celui dont s'accommodent tant de pauvres desservants de la France continentale relégués dans des villages perdus, aux prises, pendant une moitié de l'année, avec les rigueurs du climat, contraints souvent de braver la tempête ou l'avalanche pour répondre à l'appel d'un malade en détresse; heureux encore si l'humeur capricieuse de leurs ouailles et, qui plus est, les tracasseries de l'ordinaire, ne les réduisent pas à vivre entre le marteau et l'enclume. A la Côte, rien de pareil : le souci du casuel, la tutelle ombrageuse du grand vicaire et du doyen, autant de désagréments ignorés du missionnaire plus libre dans sa concession que Monseigneur dans son palais épiscopal. Parmi ceux qui sont ici et qui, après un repos de quelques mois en Europe, regagnent joyeux leur humble chapelle, leur presbytère de planches ou de bambou, pas un n'échangerait sa situation pour n'importe quelle paroisse campagnarde. Cela n'empêchera pas, longtemps encore, le pauvre prêtre de la Lozère ou des Hautes-Alpes de s'apitoyer, dans la candeur de son âme, sur les souffrances de son aventureux confrère parti pour évangéliser les fils de Cham. — Monsieur l'abbé, ne vous attendrissez pas. Des deux, croyez-le bien, vous êtes le plus à plaindre. Missionnaire, vous aussi, dans la véritable acception du mot impliquant l'idée du renoncement sans gloire, du sacrifice ignoré. Mais vous labourez, sous un ciel froid, une terre plus ingrate. Si vous succombez à la tâche, aucune voix ne s'élèvera pour célébrer votre panégyrique, pour accoler à votre nom les épithètes sonores de vaillant pionnier, de soldat du Christ, hommages posthumes dont la perspective est au moins encourageante.

Ces ecclésiastiques se rendent, les uns au Sénégal,

les autres au Bénin, au Gabon; aucun à la Côte d'Ivoire. Nos missionnaires n'ont point pris pied dans cette partie de nos possessions africaines : s'ils y vinrent jadis, ce ne fut jamais qu'en passant; la tentative n'a pas laissé de traces.

Au demeurant, clercs et laïques vivent à bord dans une harmonie parfaite et n'engendrent pas la mélancolie. La majorité n'en est pas à son premier voyage : beaucoup, ayant déjà à leur actif plusieurs années de côte d'Afrique, sont de hardis compagnons, volontiers communicatifs. Dans le demi-jour du carré qui, sur ces steamers, remplace les confortables installations des grands paquebots, la conversation ne languit pas. Avant peu, commenceront les parlottes au grand air, sur la dunette abritée de la double tente, le salon par excellence, où ne traînent point, comme en bas, les odeurs de bois mouillé, de graisse de machines et d'huile rance. Allongés sur les bancs, sur les fauteuils de canne, officiers du bord et simples terriens deviseront à l'envi, chacun déballant ses souvenirs, ses aphorismes professionnels : histoires de mer, histoires de chasse, histoires de nègres, histoires de singes.

Le bateau lui-même, comme ceux qui l'habitent, affecte dans ses allures une crânerie insouciante et bonasse. Ce n'est point en vain, croirait-on, qu'il a fait tant de fois la navette, de la rive marseillaise aux côtes de l'Ivoire et du Poivre. Il semble qu'une atmosphère spéciale l'enveloppe et l'imprègne, rapportée de son port d'attache et de ses escales : de la membrure à la pomme des mâts, des cloisons, du gréement, une senteur s'exhale, africaine et provençale tout ensemble, un subtil bouquet d'ail et d'épices. Il n'est pas jusqu'à la peinture blanche de sa coque — la nuance adoptée pour les bâtiments de l'État — qui ne marque d'un trait plus accusé cette physionomie de navire marchand déguisé en foudre de guerre. Lorsqu'il annonce fièrement, d'un coup de canon, son entrée et sa sortie des havres, il me fait songer au citadin en vacances quittant sa bastide au petit matin, le fusil haut, pour s'en aller, sur les Alpilles, chasser le cul-blanc ou la mésange, en grand appareil, guêtré, sanglé, la cartouchière gonflée, le coutelas battant la cuisse, le feutre en bataille, la mine épanouie, formidable et bon enfant.

Le vent et la mer nous poussent. Le *Stamboul*, couvert de toile, file grand train. Le jeudi 31 décembre, dans l'après-midi, les Canaries étaient signalées.

Le premier aspect ne justifie guère les appellations prodiguées par les poètes à cet archipel. Eh quoi! Ce sont là les îles Fortunées, le jardin des Hespérides, les reliques du fabuleux royaume d'Atlas, roi des Maures, les derniers témoins d'un continent englouti, de cette Atlantide dont parle Platon, laquelle, s'il faut en croire la légende, s'étendait des Açores à Sainte-Hélène!... Lanzarote d'abord, et ses Montagnes du feu, cratères inactifs depuis un siècle et plus, mais dont les crevasses laissent échapper encore des vapeurs brûlantes; puis, dans le crépuscule, Fuertaventura, une réduction de l'Afrique du Nord; où les botanistes ont retrouvé la plupart des échantillons de la flore saharienne; une

LE CAPITAINE BINGER ET LE LIEUTENANT BRAULOT
CAMP D'AFFORÉNOU (JANVIER 1892)

étroite et longue arête d'où s'élancent deux pointes jumelles, les Oreilles de l'Ane.

La soirée était très avancée quand nous abordions la Grande Canarie, au port de la Luz, en vue de Las Palmas. Comme on doublait la jetée, l'horloge d'une église lointaine sonnait le premier coup de minuit. Au moment où l'ancre tombait à la mer, l'année 1891 s'abîmait dans le passé.

Las Palmas, 1<sup>er</sup> janvier 1892.

Le bateau doit stopper ici une journée pour faire du charbon. Laissons-le donc à sa poussière noire pour courir dans les champs dans la poussière blonde. Mélangée à l'air, elle vous pénètre, impalpable, fluide et savoureuse comme cette poussière de l'Attique que les jolies femmes d'Athènes déclarent préférer à la poudre d'iris.

Du port à la ville, six kilomètres, dans d'invraisemblables guimbardes dont la ferraille tintinnabule au gré des cahots. La route longeant la plage passe sur un isthme étroit qui relie La Luz et sa presqu'île, la Isleta, à la grande terre, comme le câble une chaloupe au navire. Sur la droite, des dunes de sable apporté du Sahara par les vents d'est; ensuite, des cultures, des vignes, des maisons peintes dont la vague vient lécher les assises. Déployée à l'ouverture d'un vallon, la capitale de la Grande Canarie se précipite de la montagne à l'Océan, donnant l'illusion d'un torrent aux mouvantes blancheurs. Des ombres se fondent, des coupoles s'allument; sur la ville et les faubourgs, passent des clartés d'aurore. Çà et là, à mi-côte, de vénérables palmiers agitent leur plumet dans la brise; aux plis des ravins, près des sources, les bananeraies ondulent. Aux terrasses, aux balcons, s'emmêlent les géraniums, les volubilis, les rosiers grimpants. Et ce que l'on flâne! Dans la calle de Triana, que de monde! Des haillons, mais point sordides : des nuances vives, des figures de gens heureux. Sans doute, est-ce un effet du climat éternellement printanier; un privilège de race aussi. Car ce qui existe ici, c'est ce que l'on voit dans toutes les Espagnes, de Séville aux Antilles, de la Havane à Lima.

Mêlés à la foule, quelques Anglaises chlorotiques, des gentlemen en tenue de lawn-tennis. La colonie britannique est moins nombreuse aux Canaries qu'à Madère, dont elle a fait son quartier général, un de ses fiefs incontestés; mais elle y pousse déjà de vigoureuses reconnaissances. Des Révérends haut cravatés y promènent leur Bible et leurs lunettes d'or; des demoiselles jeunes ou mûres y pratiquent sur album l'aquarelle hardie, à grand renfort de chrome et d'outremer. Des *authoresses* ont consacré à la description de l'archipel quantité d'in-octavo bourrés de renseignements précieux sur la pluie et le beau temps, les heures des repas et les menus. Quoi qu'il en soit, le mouvement d'invasion tarde à se dessiner. Peut-être le terrain n'est-il pas aussi propice. Le Canarien, race fière, Espagnol mâtiné de Guanche, ne se laisse point envahir comme un simple Portugais. Hospitalier, d'accord;

mais il entend rester le maître chez lui, sarcler ses vignes, planter la canne et se divertir quand et comme il lui plaît aux taureaux, aux combats de coqs, plutôt que de servir de cornac aux caravanes de touristes et de porte-chaise aux invalides.

Des hôtels monstres ont été édifiés. Ténériffe en possède plusieurs; Las Palmas a le sien, tout flambant neuf. Mais la clientèle se fait tirer l'oreille : ce caravansérail reste vide. Il s'élève à l'écart, dans un site aride; en face, un parterre où les étiquettes indiquant l'emplacement et le nom des arbres à venir figurent assez exactement des inscriptions funéraires. *Sanatorium* doublé d'un *Campo Santo*.

Combien j'aime mieux l'auberge à patio fleuri, où nous avons trouvé un déjeuner frugal, mais pittoresque! Service lent; mais une cordialité charmante s'établissait entre la domesticité et les convives. Le sommelier n'avait point l'air d'un diplomate; on n'hésitait pas à converser avec lui familièrement sans lui avoir été présenté.

Le vice-consul de France, M. Ladevèze, a bien voulu nous faire les honneurs de la ville et des environs. L'après-midi, il nous emmenait en voiture jusqu'à la vallée de Tafira.

La route, par une série de lacets, escalade le Barranco de Guiniguada. Bientôt se développent, d'une part, la ligne des côtes; de l'autre, le massif montagneux du centre de l'île, un soulèvement de cônes pulvérulents, de crêtes découpées en dents de scie. Vers le sud, dans le papillotement des ondes lumineuses, la ligne de l'horizon s'est effacée. Le bleu du ciel, le bleu de la mer ne font qu'un. On se croirait emporté, sur une molécule stellaire, dans l'espace immatériel.

Par les chemins, sur les sentiers, partout un va-et-vient de fête : villageois en promenade, cultivateurs revenant du marché avec leurs ânes, leurs mules pomponnées, et des kyrielles de marmots court vêtus, les chairs couleur d'ambre, la chevelure en broussailles, trottant menu. De jeunes couples, de vieux ménages. Dans le premier cas, madame est sur la haquenée, l'époux à pied, la houssine à la main, empressé, le visage levé vers la belle; dans le cas contraire, c'est Philémon qui caracole; Baucis suit cahin-caha.

La campagne est belle. Vignobles, cultures de canne et de figuiers de Barbarie aux spatules maculées par les larves de la cochenille. Des maisons de plaisance, des villages enluminés : Tafira, Santa-Brigida. En bordure, au-dessus de la vallée, d'autres hameaux, ceux-là taillés en plein roc. Par centaines, on les compte, aux Canaries, ces demeures de Troglodytes, dont la pauvreté n'a rien de repoussant. Des touffes de roses en égayent le seuil. A l'intérieur, des nattes, des meubles grossiers, mais d'une propreté scrupuleuse. Sur des rayons, sur les bahuts, des faïences multicolores; à terre, des jarres de forme antique. Clouée à la porte, une image de la Vierge, une palme bénite. Au dehors, sur des buissons de géraniums, des lessives sèchent étalées, et, sous une corniche de roche formant auvent, près de la bourrique à l'entrave, des poules picorent.

Courte halte dans une posada, où l'on nous sert des

pâtisseries et du vin rosé : hôtellerie d'opéra-comique, dont le patron semble traiter ses hôtes moins en clients qu'en invités. La cape sur l'épaule, il donne un coup d'œil à tout, de ci de là, d'un air détaché, avec des mines de grand seigneur, sans faire œuvre de ses dix doigts. Le service est confié à une dizaine de jeunes personnes qui travaillent comme quatre. Non certes, les gens ne se hâtent pas en cet heureux pays. Et pourquoi donc se presseraient-ils?

Rentrés à bord après le soleil couché, à six heures nous reprenions la mer. La ville, dans le crépuscule, apparaît plus blanche : une à une, les crêtes calcinées bleuissent, puis elles s'éteignent, très noires. Sous la brise qui fraîchit, sautée au nord, notre allure s'accélère; mais, longtemps encore, jusque dans le carré où la cloche vient de nous réunir pour le dîner, les émanations de la terre prête à disparaître nous arrivent par les panneaux entr'ouverts.

Dakar, 4-5 janvier.

Le charme est rompu. Quatre-vingts heures séparent les deux escales; la transition cependant paraît brusque de l'arome des fleurs à l'odeur du nègre.

Persistante, elle aussi. Qui pourrait l'oublier, cet âcre fumet des épidermes frottés d'huile de palme ou de beurre végétal? Il nous poursuivra désormais pendant des mois, jour et nuit, dans les villages, sur les sentiers de la forêt, imprégnant toutes choses. Les vêtements, les toiles de tentes, rien n'y échappe; la cuisine même sentira le fauve.

Déjà, sur l'eau phosphorescente où le *Stamboul* évolue lentement à la recherche de sa bouée, ces effluves traînent. Elles montent de petites embarcations éclairées d'un falot qui viennent prendre la malle. Le canot à peine accosté, le pont est envahi par des visiteurs impatients de dévisager ceux qui arrivent de France, de respirer cet air de la patrie dont il semblerait que le navire apporte avec lui quelques bouffées.

A quoi bon le nier? L'impression première est plutôt décevante. L'exotisme noir ne se révèle point ici à son avantage. Crasse et guenilles, la saleté banale, le village nègre des villes algériennes, avec ses cases façonnées de matériaux hétérogènes, débris de caisses, rognures de zinc, de boîtes de conserves; sa marmaille nue, aux ventres ballonnés, prenant ses ébats parmi les immondices. Un affreux bonhomme, affublé d'un lambeau de défroque européenne, moitié de culotte ou gibus sans bords, en est le chef et perçoit gravement des curieux la menue monnaie qui constitue le plus clair de sa liste civile. Survienne un paquebot du Brésil ou de la Plata, les passagers, à peine à terre, ne manqueraient pas pour un empire d'aller contempler ce fantoche, le roi de Dakar, disent de bonnes âmes. Invisible d'ailleurs de la mer, le Dakar noir; tenu à distance comme une lèpre. Un pli de terrain en masque les horreurs aux habitants de la ville blanche.

« Ville » est beaucoup dire. Le terme vague d'établissement serait plus exact. Des rues sans doute, suffisamment ombragées; des places d'un périmètre imposant, quoique assez mal nivelées. Il ne manque que des passants. La circulation est insignifiante. De véhicules, pas trace, si ce n'est, de loin en loin, un fourgon du train ou, montant de la jetée, une charrette remorquée par une mule aidée du conducteur qui pousse à la roue. Des officiers de blanc vêtus, faisant les cent pas; un fourrier, qui trotte, son registre sous le bras; une escouade allant à la corvée : voilà pour l'animation.

Parfois, une silhouette soudanienne, plus décorative, un traitant de factorerie drapé dans son boubou, — la gandoura arabe, — en cotonnade bleue, le collier d'ambre ou de corail pendant sur la poitrine. A ce détail près, l'aspect général serait plutôt celui d'un poste militaire que d'une ville commerçante.

J'ai entendu des gens s'écrier : « Dakar s'est bien développé depuis dix ans! » Qu'était-ce donc en ce temps-là? Enlevez les casernes, l'agence des Messageries maritimes, les hangars du chemin de fer de Saint-Louis, que reste-t-il? Deux ou trois magasins, bazars complexes où l'on vend de tout, objets d'utilité première et articles de traite, des conserves et des paires de bottes, des parasols et des accordéons.

La nature a plus fait que l'homme. La rade est admirable, au point de vue nautique, s'entend. Car je ne sais guère d'horizons plus ternes, de monotonie comparable à celle de ses grèves. Mais dans ce bassin, le seul qu'offre au navigateur l'inhospitalière côte d'Afrique, des flottes trouveraient place. Mieux encore que Ténériffe ou que Las Palmas, il semblait fait pour abriter un grand dépôt de combustible à l'usage des vapeurs voguant vers l'Atlantique Sud. Les motifs de la préférence donnée aux Canaries ? Questions de tarifs ; les mêmes apparemment qui, sur d'autres mers, ont fait dévier le transit de l'Extrême-Orient du détroit de la Sonde au détroit de Malacca, des douanes de Batavia vers Singapore, port franc.

Mais tout change avec les années. Peut-être quelque jour cette rade deviendra-t-elle l'escale favorite entre l'Europe et le Cap. Alors, qui sait ? Saint-Louis, séparé de l'Océan par la barre du Sénégal, souvent difficile, perdra toute importance, et Dakar sera promu au rang de capitale. C'est, toutes proportions gardées, la lutte qui se poursuit ailleurs entre l'antique port fluvial et la jeune ville maritime, entre Rouen et le Havre, Nantes et Saint-Nazaire.

Voilà ce qui devrait être. De ce qui est, rien à dire. Après une journée passée à piétiner dans cette cité embryonnaire, je la quitterai sans regret, n'emportant que le souvenir du cordial accueil fait aux voyageurs. A mesure que le soleil décline, mes regards, détachés de la terre, se dirigent vers la baie que sillonnent les côtres de pêche, vers les vieux bastions de Gorée et, au delà, vers la mer attirante, la mer par où l'on s'en va !

En mer.

La mission vient d'embarquer son escorte, un détachement de vingt tirailleurs sénégalais, commandé par M. le lieutenant Gay, de l'infanterie de marine. De solides gars. L'insouciance du lendemain double leur force. Pourquoi ils partent, où ils vont, combien de temps durera l'absence, ces braves gens l'ignorent et ne s'en inquiètent pas. La veille, on leur a dit de faire leur paquet : ils n'en ont pas demandé plus. La nouvelle les a mis en liesse : c'est à qui, dans le campement, enviera les hommes désignés pour s'en aller on ne sait où, à l'aveuglette, mais, à n'en pas douter, à d'extraordinaires aventures dont le récit magnifié leur vaudra, au retour, la considération des camarades. Et d'astiquer les fusils, de garnir les musettes, sans oublier les gri-gris efficaces, qui garderont de toute male encontre. Une dernière caresse à leurs brunes compagnes; puis en route, en célibataires!

L'entrée en campagne est, d'habitude, plus compliquée. Le noir mobilise avec lui son train de maison, la ménagère et la batterie de cuisine, un assortiment de marmites et de calebasses, de couffins et de boîtes qui nécessite un portefaix pour chaque fantassin. Coutume respectable, mais dispendieuse. Il semble cependant qu'il soit possible d'y déroger sans soulever des clameurs. Nos tirailleurs n'ont point emmené leurs femmes. La séparation, si l'on en juge par l'attitude des maris, n'a pas été très douloureuse. Juchés sur les agrès, sur les cages à poules, ils mènent grand train ; les éclats de rire arrivent jusqu'à la dunette. Leur gaieté ne se dément pas en dépit du temps maussade. Et Dieu sait si la brume qui nous environne depuis la sortie de Dakar est faite pour réjouir le cœur.

Cette atmosphère chargée de vapeurs paraît être la caractéristique de cette partie du littoral africain. Elle contraste avec les lumineuses journées dont on jouit d'ordinaire entre les tropiques. Le changement a été brusque. Il semble qu'un triple voile de gaze disperse les rayons solaires. Dès que l'astre a disparu, les couches de nuées plus denses s'abaissent à fleur d'eau. Adieu les nuits limpides, la splendeur du firmament constellé. Dans le cercle de plus en plus réduit de l'horizon, de rares étoiles fusent çà et là comme des nébuleuses. C'est, dans la chaleur croissante, l'aspect embrumé des mers septentrionales.

Calme plat. Le peu qui reste de brise nous prend en poupe; la marche du navire ne provoque aucun courant d'air. La température ne descend plus la nuit au-dessous de 27°. De la cheminée, la colonne de suie s'élève très haut, compacte, sans osciller, et les escarbilles retombent droit sur le pont avec un bruit de grésil. La mer livide n'a pas un frisson.

Le 7, vers midi, saute de vent : le brouillard se dissipe. Les petites îles anglaises de Los émergent sur bâbord, et, vis-à-vis, la presqu'île de Konakry, chef-lieu de nos établissements des Rivières du Sud.

Un pur joyau. Des roches volcaniques formant brise-lames, une plage de sable fin, des cocotiers échevelés; en arrière, la grande futaie dont les verdures trempées ont des scintillements d'émeraude.

La ville? Un palais de gouverneur, façon de villa

flanquée de lourdes arcades; puis deux files de bâtisses en fer ou en bois couvertes de tôle galvanisée, bordant un boulevard désolant, long d'un quart de lieue, large de cent mètres, Sahara où l'insolation guette le téméraire qui s'y hasarde en plein midi. Konakry est très fier de son avenue, à tel point qu'il n'a pu résister à la tentation d'en percer une autre coupant la première à angle droit. Celle-ci attend encore ses édifices : la chaussée future n'est qu'une trouée encombrée d'arbres abattus, de souches à demi brûlées. Elle figure assez exactement le sillon creusé par le passage d'un cyclone.

En présence de ce massacre, le souvenir me hante des colonies de l'archipel Malais, de ces villes ombreuses qui ont nom Pinang, Batavia, Samarang. Konakry eût pu leur ressembler. Mais là-bas le colon traitait la forêt moins en ennemie qu'en alliée, s'y ménageait une retraite, n'hésitait pas à briser l'alignement d'une rue pour épargner un arbre. Ici les nouveaux venus ont promené le feu et la hache. Leur devise a été : table rase; leur idéal, un Champ de Mars. Cette conception édilitaire a ses partisans. Il semblerait toutefois que, préoccupés de faire grand, ils aient surtout fait le vide, ce qui n'est pas absolument la même chose.

Mieux inspirée, la population noire a pris position à la lisière du bois. Elle comprend une vingtaine de familles Soso, originaires du Rio Pongo; les hommes travaillent par intermittences dans les factoreries comme manœuvres ou bateliers. Leurs cases rondes, très vastes, sont d'une propreté remarquable : un avant-toit, parfois même une sorte de promenoir couvert n'y laisse pénétrer qu'une lumière atténuée. A côté, fermé par une palissade en bambou, le potager : maniocs, bananiers et papayers plantés à la diable. En déboisant pour établir son village, l'indigène a respecté les ancêtres de la brousse, des banyans séculaires qui versent sur les places, aux angles des ruelles, la fraîcheur de leurs amples ramures. Dans ce quartier privilégié, c'est, à toute heure du jour, un babil d'oiseaux, des frous-frous d'ailes, des rires d'enfants nus se poursuivant avec des gestes de ouistitis sur les basses branches, sur les racines enchevêtrées. Volontiers on s'attarde, heureux d'oublier le chef-lieu caniculaire en train de rissoler le long de son avenue rouge comme braise.

Je n'oserais prédire à Konakry de hautes destinées. La prépondérance semble désormais assurée aux postes échelonnés sur la Côte d'Ivoire moins éloignée des centres commerçants de la bouche du Niger, reliée à l'intérieur par ces voies fluviales qu'on nomme le Comoé, le Lahou, le Cavally. Ici le trafic est plutôt restreint à la partie du littoral comprise entre le Sénégal et Sierra Leone, aux territoires qu'arrosent les rivières du Sud, le Rio Pongo, la Mellacorée.

En attendant que luisent des jours meilleurs, le mouvement est à peu près nul. Sur la rade foraine, semée de bas-fonds, accessible seulement à marée haute, le vapeur postal jette l'ancre deux fois par mois. C'est un événement ni plus ni moins qu'au village l'arrivée de la diligence. A peine le navire est-il signalé que les embarcations démarrent, faisant force de rames. On va se donner l'illusion de la patrie en venant passer quelques heures à bord. Tous ceux que les exigences du service ne retiennent pas à terre sont de la partie. Ils ont endossé les habits de fête, le complet de toile blanche immaculé. C'est en effet fête chômée pour ce petit monde. Les lettres, les journaux de France, les derniers potins du boulevard ou de la Canebière, l'apparition de figures nouvelles, il n'en faut pas plus pour réconforter les énergies anémiées.

La journée s'achève : ils sont encore là, les uns dans le salon où la clarté douce de la lampe met une intimité d'intérieur familial; d'autres sur le pont, groupés autour de nous, parlant haut avec l'intonation de gens que l'isolement a déshabitués de la parole et que le son de leur propre voix réjouit comme une musique.

Ce qu'ils disent? Des choses indifférentes. L'entretien roule sur la colonie, les affaires courantes, les mutations et l'avancement; conversations de bureaucrates accusant le pli du métier, la préoccupation du détail, l'importance accordée à des riens, les susceptibilités ombrageuses.

La nuit était venue, la brume avec elle; infatigables, ils péroraient sans s'étonner de nos silences. Leur tenir tête eût été au-dessus de nos forces. Tombés à une vague somnolence, nous ne percevions plus qu'un bourdonnement continu où, çà et là, des noms éclataient en fanfare, des noms d'inconnus qui revenaient, toujours les mêmes, ainsi qu'au théâtre les comparses dans un défilé. Puis le sifflet de la machine retentit; le ronflement du treuil à vapeur annonce que l'ancre est levée. Ces messieurs se précipitent aux échelles, sautent dans leurs canots et s'évanouissent comme des ombres.

La traversée touche à sa fin. Bientôt nous avons dépassé Sierra Leone et doublé, à distance respectueuse, le cap des Palmes. Sur cette pointe, la République de Libéria a édifié un phare. A vrai dire, il n'est éclairé que lorsque le gardien n'a rien de mieux à faire. Aussi la plus élémentaire prudence commande-t-elle de manœuvrer comme s'il n'existait pas, en se maintenant au large.

Le 10, nous rallions la terre. Côte très basse : grève et forêt; première apparition de la barre reconnaissable aux fusées d'écume jaillissant des lames écroulées. Quelques villages : Beribi, Grand Lahou. Les habitants, connus sous le sobriquet de Jack-Jacks, se distinguent de leurs congénères par leur activité et de singulières aptitudes commerciales; ils traitent directement avec les navires de passage sans recourir à l'intermédiaire des factoreries. Sans comptabilité, sans écritures, ces noirs avisés ont déjà réalisé des fortunes.

Chaleur intense. Les cabines sont devenues inhabitables. Sur le coup de dix heures, la dunette est transformée en dortoir. Chacun s'accommode de son mieux sur les banquettes, sur les panneaux. Quelques opiniâtres tentent de tenir bon dans leurs lits; mais longtemps avant l'aurore, l'insomnie les en chasse ruisselants comme des gargoulettes. A Konakry, l'équipage s'est augmenté d'une vingtaine d'indigènes de la côte de Krou qui suppléent les Européens dans le gros travail du bord. Organisés en équipes, sous la direction de chefs choisis par eux, ces robustes gaillards, appelés communément Krou-men ou Krou-boys, sont embauchés sur la plupart des paquebots, entre les Rivières du Sud et le Gabon. Laver et briqueter le pont, repeindre le bordage et la mâture, manipuler les colis dans les cales, voilà leurs attributions. Ils s'en acquittent sans hâte, accompagnant la manœuvre par une interminable complainte dont le thème improvisé, dans les notes suraiguës, par un soliste, est repris à l'unisson par le reste de la bande, sur le mode grave. A les voir aller et venir à demi nus ou accoutrés d'oripeaux baroques, on éprouve pour la première fois la sensation, depuis l'Europe, de la barbarie prochaine.

*Nuit du 10 au 11 janvier.*

Nous stoppons devant Grand Bassam, mais seulement pour quelques heures. Nous ne sommes plus qu'à une trentaine de milles d'Assinie et pourrions, si l'état de la barre le permettait, débarquer le jour même avec armes et bagages. Ici la barre s'annonçait belle ; promenade à terre dans la matinée, sans incident fâcheux : une simple douche.

Visiter la capitale de la Côte d'Ivoire est l'affaire d'une demi-heure. J'aurai d'ailleurs assez de loisirs à lui consacrer plus tard. Que nous revenions de l'intérieur par le Comoé ou le Lahou, c'est à Grand Bassam que nous devrons attendre, longtemps peut-être, le bateau pour France. Du moins pourrai-je, de la sorte, constater au retour les progrès accomplis. Dans une colonie naissante, tant de changements s'opèrent en quelques mois. Il y a trois années à peine, ces parages étaient presque déserts. A de rares intervalles un navire y venait compléter son chargement d'huile de palme. Aujourd'hui, deux compagnies françaises, deux compagnies anglaises y montrent leur pavillon, sans parler des services irréguliers, des bâtiments à voile appartenant aux factoreries.

Trafic important; ébauche de ville. Seuls, les commerçants ont pour demeures autre chose que des baraques. L'autorité est moins bien servie. De prime abord, cela surprend. Quel est donc ce superbe palais de fer à deux étages? La Résidence apparemment. — Y pensez-vous! C'est l'agence de la *West African Telegraph Company Limited*. Bien entendu, la station se trouvant en territoire français, la direction en est confiée à un employé choisi par la compagnie dans notre administration des Postes et Télégraphes. Pas mal logé, le télégraphiste : seize pièces lambrissées en pitchpin, un cabinet de ministre. La Résidence est plus modeste. — Sans doute, ce long bâtiment entouré d'une palissade? — Erreur. Ceci est la factorerie Swanzy et C° de Londres. — Alors, ne serait-ce pas cette maison blanche flanquée de deux pavillons carrés en forme de bastions? — L'ancien fort Nemours. Après 1870, lorsque, par économie, le gouvernement décida d'évacuer nos postes de Guinée, le fort et ses dépendances ont été vendus par l'État à la maison Verdier de la Rochelle. — Il faut donc, à cette heure, que l'État bâtisse; j'aperçois justement un chantier, des ouvriers occupés à monter la plate-forme d'une habitation... — Vous voulez dire du comptoir fondé par une nouvelle société, la Compagnie coloniale française. — Où placez-vous donc M. l'administrateur? Ce n'est pas, j'imagine, dans une de ces cabanes en planches pareilles aux arches de Noé des bimbelotiers de Nuremberg? — Précisément.

Tout cela, je ne l'ignore pas, n'est que provisoire; Paris ne s'est pas fait en un jour. Jamais pourtant je n'ai pu me défendre d'une certaine compassion pour ces résidents sans résidence, fonctionnaires de la première heure dont les installations éphémères et fantaisistes contrastent péniblement avec la physionomie achevée, définitive des immeubles occupés par les commerçants leurs administrés. Oh! le baraquement colonial, avec ses cloisons fleurant la moisissure, ses trois pièces exiguës : le vestibule qui sert aussi de salle à manger et de salon, la chambre à coucher, une chambre de grisette au mobilier sommaire. L'armoire en sapin : dans un angle, la planche supportant la toilette; sur un rayon pêle-mêle, les chaussures, des livres dépareillés, des liasses de vieux journaux. A l'ombre de la galerie un boy fait la sieste, couché sur le ventre, les bras croisés sous le menton. Dans l'air, une odeur de paperasses et de cancrelats combinée avec celle des cuisines nègres qui mijotent en plein vent là-bas, dans le village. Des réminiscences vous viennent, d'étranges évocations : le grenier de Jenny l'ouvrière et la case de l'oncle Tom.

Vivre là dedans! Rien que d'y penser, même par cette température de trente-cinq degrés, un frisson me court de la nuque aux talons. A nous les longues marches, les campements improvisés, les sommeils sous la tente ou sous la hutte en branchages, les saines rudesses de la vie active, tout plutôt que cette immobilité dissolvante. Si l'on peut plaindre le pionnier que ses forces trahissent, le voyageur dont la brousse envahit la tombe ignorée, que dire des infortunés condamnés à se voir dépérir jour par jour, heure par heure, dans ces sépulcres à ciel ouvert? La fièvre, sous ces latitudes, fait moins de victimes que l'ennui. On s'exagère les dangers du climat tropical : le plus redoutable est l'inaction.

11 janvier, deux heures de l'après-midi.

Le *Stamboul*, en avance de quarante-huit heures sur la date prévue, mouille en face d'Assinie, à quatre cents mètres du rivage. La traversée, escales comprises, n'a pas duré tout à fait dix-sept jours.

Une grosse affaire, le débarquement, alors même qu'on a, comme nous, la chance de tomber sur ce qu'on est convenu d'appeler une barre belle.

Assez improprement dénommée, par parenthèse, cette *barre* de la côte d'Afrique. Les véritables barres se dressent aux embouchures des fleuves. Il s'agit ici en réalité du suprême et tumultueux soulèvement de la houle, brusquement arrêtée dans son élan par des bas-fonds. Le phénomène s'observe, presque sans solution de continuité, sur tout le littoral du golfe de Guinée, du cap des Palmes au Bénin. Toujours est-il qu'il rend l'atterrissage difficile, sinon périlleux pour peu que la mer soit forte. Fût-ce par le beau temps, on ne franchit pas sans émotion les trois énormes volutes.

L'équipage de chaque baleinière se compose d'une douzaine de noirs Minas, mariniers consommés. Complètement nus, munis de pagaies dont la palette est découpée en trident, ils piochent l'eau en cadence, rythmant leurs efforts par une mélopée continue, sorte de choral en partie double, répété tour à tour par l'équipe de tribord et celle de bâbord. Le chœur, dans son improvisation hâtive, ne manque pas d'harmonie. Les paroles varient selon les circonstances, la qualité des personnes, la nature de la cargaison. Les passagers sont-ils des Européens? Le chant peut se traduire comme il suit : « Dans notre barque, il y a des blancs; il ne faut pas chavirer! » Et tous de s'écrier : « Non! non! Ramons bien, ramons ferme! »

Debout à l'arrière, armé d'un long aviron, le barreur accélère ou modère l'allure, attentif à la fois aux oscillations du flot et à la mimique du féticheur posté sur la plage. Celui-ci, le geste impérieux, admoneste la mer et, ce qui vaut mieux, signale aux arrivants l'approche d'une lame propice. On attend ainsi, parfois plusieurs minutes, les pagaies hautes, laissant passer les vagues. Au signal donné, les bras se crispent, les tridents font rage, le chant va crescendo. Un coup de houle, et l'embarcation, lancée vers le rivage avec la vitesse d'un express, laboure la vase, puis s'arrête frémissante, tandis qu'invariablement un dernier embrun la balaye. Les noirs s'emparent du voyageur et, tout courant, le déposent plus ou moins trempé sur le sable.

Une fois sur trois, la barque touche le bord, la quille

en l'air. Cela ne tire pas à conséquence. Le seul danger serait de se trouver pris sous la coque aux membrures de fer pesant deux ou trois tonnes. Il suffit pour l'éviter que le passager règle ses mouvements sur ceux des noirs : lorsqu'il les verra lancer à l'eau leurs pagaies et piquer une tête du côté du vent, qu'il n'hésite pas à les suivre. La barre n'est pas, comme à Kotonou, infestée par les requins. Il en sera quitte pour une pleine eau de quelques secondes et viendra échouer à la grève contusionné, mais complet. Pareil incident se reproduit chaque jour; les catastrophes sont rares.

Dans cet atterrissage mouvementé, la préoccupation dominante, c'est le salut des bagages. Entendre ces cantines décorées de l'inscription : « Fragile » s'entre-choquer au fond du bateau, puis culbutées rouler avec un bruit de galets; songer à ce que seront, après ces heurts, les instruments de précision, les boussoles et les chronomètres, les plaques de verre pour la photographie!... Cela fait mal. Ne regardons pas.

Quatre heures de va-et-vient, et nos deux cents colis sont à terre empilés sous des prélarts devant la factorerie française. Un factionnaire les garde; les curieux affluent, et la curiosité est mauvaise conseillère. Demain il sera temps de mettre en ordre tout cela : cherchons un abri. La nuit s'est faite : ce qui fut notre demeure pendant trois semaines, ce qui fut la patrie, fuit maintenant vers l'est à toute vapeur, s'estompe et disparaît. La noire silhouette s'efface, ne laissant, sur la mer veloutée par le clair de lune, qu'une poussière de houille, un trait d'ombre sur le ciel.

## II

### ASSINIE.

Une bande de sable large de deux cents mètres, entre l'Océan et la lagune; un moutonnement de paillottes. C'est Assinie.

De la mer, le premier aspect n'a rien de déplaisant. Parmi les touffes de cocotiers, des cases de bambou coiffées de chaume. Les quatre factoreries piquent dans le paysage la note européenne. Immédiatement en arrière du village, un bout de lac miroite entre les palmes grêles. Au premier plan, la barre mugissante; au fond du tableau, les eaux mortes, la paix des forêts inviolées.

La population blanche, — si cela peut s'appeler une population, — compte en tout dix personnes. Notre arrivée équivaut à une invasion. Aucune maison ne pouvant nous héberger tous les cinq, on nous a recueillis du mieux qu'on a pu. Binger et Crozat logent chez l'administrateur; MM. Braulot et Gay ont élu domicile à la factorerie Verdier. Pour moi, j'ai reçu l'hospitalité la plus cordiale chez l'agent de la Compagnie anglaise, M. Price. Nos tirailleurs ont assemblé quelques perches, étalé par-dessus une couche de feuilles et de roseaux, et se trouvent là comme chez eux. Assinie a pour un temps son quartier militaire, la parade et les exercices, à la grande joie des naturels. Le soir, la garnison organise une petite fête musicale et chorégraphique : sous les doigts d'un virtuose, un bidon vide remplace l'orchestre. A neuf heures, le clairon sonne l'extinction des pipes ; le camp s'endort.

L'autorité supérieure est représentée par un administrateur colonial. Il habite de l'autre côté de la lagune, à dix minutes en barque, sur la lisière de la forêt, près du hameau de Mafia, dépendance d'Assinie. La Résidence s'élève sur l'emplacement de l'ancien poste militaire établi lors de la première occupation du pays, en 1842-43, ce qui, sans doute, lui a valu son nom : « le Blockhaus. » C'est une simple maisonnette, sans le plus petit appareil de défense, barrière ou palissade, et dont le chaume flamberait comme de l'amadou. Pied-à-terre provisoire : mais ce provisoire dure depuis quatre ans. Du jour où les questions africaines prirent l'importance que l'on sait, la réoccupation de cette côte fut décidée. Il serait à souhaiter que notre action ne demeurât point rudimentaire, que notre présence s'affirmât avec plus d'éclat. L'interrègne a déjà trop duré : notre influence en a singulièrement souffert. Les vieillards seuls se souviennent de nous, comprennent notre langue. Le reste n'entend que le jargon anglo-nègre, le *bushman english*, en usage sur tout le littoral. La jeune génération nous échappe : c'est une conquête à faire. La campagne a déjà commencé sous de favorables auspices, à l'aide de cette arme à longue portée, — l'école.

Établie dans une vaste case, cette école est encore la seule manifestation de l'enseignement primaire à la Côte d'Ivoire. Elle est fréquentée par une trentaine de bambins qu'un brave instituteur initie, avec une patience méritoire, aux mystères de la grammaire française. C'est une pépinière d'interprètes appelée à rendre de réels services. Sans doute, bon nombre de ces enfants, parvenus à l'âge d'homme, retourneront assez vite à l'existence désœuvrée de leurs pères; plus d'un sera, à l'occasion, un auxiliaire utile et fidèle. J'ai été vivement frappé de la physionomie éveillée de ces enfants âgés de huit à douze ans. La plupart écrivent et parlent suffisamment le français. Le résultat n'est pas inférieur à ce que l'on obtient d'élèves du même âge, en Europe. La comparaison, qui plus est, serait à l'avantage de l'écolier noir. L'intelligence est, chez lui, très précoce; il apprend vite et sans effort. Mais ce brillant début a des lendemains nuageux. L'activité cérébrale s'arrête avec la puberté. A quatorze ou quinze ans, c'est comme un engourdissement de la pensée, le déclin vers une vie purement végétative. Les mieux doués garderont tout ou partie des connaissances acquises. Ils n'y ajouteront rien.

Un brigadier des douanes et quatre commis complètent le personnel administratif.

A voir leur gîte, on ne se douterait guère qu'entre les mains de ces pauvres gens passent, chaque année, de grosses sommes. Sur la plage, une paillotte vulgaire entre les paillottes, telle est la douane d'Assinie. Elle est meublée d'un lit de camp à l'usage du chef. Les sous-ordres reposent à terre sur des nattes. Une malle vermoulue renferme, avec la défroque des employés, les registres et les espèces, les archives et la caisse. Rien de plus : pas une table, pas une escabelle. Le mobilier est en route, annonce-t-on. Il faut croire qu'on l'aura expédié par la petite vitesse. En attendant, nous avons été assez heureux pour y suppléer par l'offre de nos fauteuils de canne achetés aux Canaries. C'est un commencement. Du luxe! L'essentiel viendra plus tard, s'il plaît à Dieu.

En vérité, on croit rêver. Lorsqu'on songe aux conditions climatériques de ces contrées, à la nécessité, pour l'Européen contraint d'y faire un séjour prolongé, de s'entourer du minimum de confort exigé par les lois les plus élémentaires de l'hygiène, la situation paraît inouïe. A coup sûr, les hommes qui briguent ces places ne sauraient prétendre à une installation de petite-maîtresse. Cependant, un lit pour quatre, c'est vraiment trop peu. On me répondra que, dans tel autre poste, il y a quatre lits pour un. L'équilibre serait ainsi rétabli ; mais la compensation est illusoire.

A parler sérieusement, laissant de côté les devoirs de l'État vis-à-vis de modestes serviteurs chargés de le représenter sous le plus inhospitalier des climats, est-ce de la sorte qu'on espère relever, aux yeux de l'indigène, le prestige des autorités? Celles-ci n'ont à leur disposition ni canot à vapeur, ni baleinière. L'administrateur veut-il entreprendre une tournée dans les nombreux villages situés sur la lagune? Il faudra qu'il loue l'embarcation d'une maison de commerce (1). Ces détails frappent vivement le noir ; il réservera son admiration respectueuse aux trafiquants bien logés et bien équipés : ses sentiments à l'égard de fonctionnaires mal lotis friseront l'indifférence.

Par bonheur, la visite de deux inspecteurs des colonies qui reviennent du Gabon et se sont arrêtés ici quarante-huit heures va permettre à l'administration métropolitaine d'être informée de cet état de choses. Nul doute que des mesures ne soient prises pour y remédier à bref délai. Ce sera justice. La France, qui entretient plus d'une colonie coûteuse, doit au moins appliquer, à celles de ses possessions dont le budget se solde en bénéfice, une part de leurs revenus. On m'assure que le total des droits perçus par la seule douane d'Assinie pendant le dernier exercice s'élève à cent quarante-quatre mille francs. Les dépenses n'atteignent pas cinquante mille. La marge est plus que suffisante.

Il est difficile d'évaluer l'importance d'une agglomération noire. Assinie, à notre estimation, doit contenir près de quatre mille habitants. L'inégalité des forces chez les deux races en présence est éminemment suggestive. La position de cette poignée d'Européens vivant en sécurité au milieu d'une foule indigène en dit long sur le caractère passif des fils de Guinée et la malléabilité de l'âme moricaude.

(1) La situation n'est plus la même actuellement. Assinie désormais aura, comme Grand Bassam, sa canonnière de lagune. La surveillance de la côte est assurée par un aviso colonial, le *Capitaine Ménard*. (*L'Editeur*.)

Combien de temps resterons-nous ici? Tout dépend des mouvements des commissaires anglais. Peut-être sont-ils encore à quelques cents milles, sur la Côte d'Or. Un messager a été expédié à Axim, premier poste britannique. Il sera de retour dans une huitaine, et nous pourrons nous mettre en route, au plus tôt, fin janvier. Le retard ne nous chagrine pas outre mesure. Peut-être même cette période d'attente a-t-elle du bon. Elle nous acclimate; nous passerons moins brutalement de la vie de famille à la vie de coureurs des bois.

Bien que le thermomètre, à l'ombre, marque 30°, la brise de mer rend la température supportable. Nous sommes dans la saison sèche, la moins malsaine de l'année pour l'Européen. Les grandes pluies de l'hivernage, favorisant l'exhalaison des miasmes telluriques, l'éprouvent davantage. La maladie qui domine actuellement sur le littoral et s'attaque de préférence à l'indigène ne serait autre que l'influenza. Elle aurait, me dit-on, fait en moins d'un mois, rien qu'à Assinie, une dizaine de victimes. Ces deuils récents sont attestés par le bruit que l'on mène en certaines cases : coups de feu, lamentos en l'honneur du défunt. Le vacarme a lieu généralement la nuit. Après une courte accalmie, il reprend de plus belle longtemps avant l'aube. C'est là un des moindres inconvénients de l'existence à proximité d'un village nègre.

JEUNES FEMMES D'ASSINIE (COTE D'IVOIRE)

Si le climat justifie sa détestable réputation, il y a néanmoins lieu de s'étonner que la mortalité ne soit pas plus considérable en un tel foyer d'infection. Dans des cases de dix pieds carrés s'entassent six ou huit personnes dormant sur le sol. Enfin, le mode de sépulture, qui consiste à enfouir le mort sinon chez lui, du moins dans le voisinage de sa demeure, et presque à fleur de terre, devrait contribuer à multiplier les causes d'épidémie. Je me demande si, dans des conditions identiques, la vie serait moins précaire en Europe qu'à la Côte d'Ivoire.

L'occupation ne nous manque pas; les heures fuient, rapides. Il faut passer en revue, pièce à pièce, le matériel et les marchandises. Les dégâts ne sont pas graves, mais tout a besoin de prendre l'air. Il est indispensable aussi de répartir les bagages par fractions de vingt-cinq kilogrammes et de remplacer les caisses par des enveloppes de toile sulfatée. Le ballot est plus aisé à ouvrir en cours de route et, pour le noir accoutumé à porter sa charge sur la tête, moins encombrant lorsque le convoi doit se frayer passage à travers une brousse épaisse.

Le déballage et l'inventaire nous attirent un imposant concours de visiteurs des deux sexes. Les tirailleurs en faction devant le hangar ont fort à faire pour écarter les envahisseurs. A mainte reprise, ils sont débordés, et les importuns s'introduisent, l'échine courbée, obséquieux, dans l'espoir d'attraper quelque bagatelle. Assis sur les talons, ils se communiquent leurs impressions à voix basse.

L'exhibition a le plus vif succès, depuis les tissus

chatoyants, les gazes lamées, jusqu'à l'article à un sou. On s'extasie devant le faux corail; à l'apparition des rangs de perles, des éclairs de convoitise passent dans les prunelles.

Les tabatières sont très demandées. Sous cette rubrique, par parenthèse, nous présentons ces petits ballons en celluloïd multicolore, avec un grelot à l'intérieur, vendus cinq centimes dans la plupart des bazars. Il faut savoir que le noir, priseur enragé, use, en guise de récipient, d'une calebasse de la grosseur d'une paume : l'orifice, fermé par une cheville de bois, a juste le diamètre suffisant pour laisser passer la prise que le consommateur reçoit sur l'ongle du pouce. Nos tabatières sont acceptées sans discussion : le grelot ne provoque aucun étonnement. Tout au plus nous objectera-t-on qu'il manque un trou pour introduire le tabac. A quoi nous répondons judicieusement qu'il en doit être ainsi : cette innovation permet à l'acheteur de pratiquer lui-même l'ouverture de la grandeur qui lui convient. La réplique paraît victorieuse.

Extrêmement goûtées aussi les chaînettes en métal blanc où pend une médaille sur laquelle est figurée une reproduction informe de l'*Angelus* de Millet. Notre pacotille contient plusieurs grosses de ce chef-d'œuvre. Avant qu'il soit longtemps, la France noire en sera largement approvisionnée, de Comoé à la Volta. On ne saurait trop, chez les peuples neufs, propager le goût des beaux-arts.

Les prétentions du commerce visent moins haut. Il importe surtout les cotonnades imprimées de fabrication anglaise, les fusils à pierre, la poudre, la bougie et le pétrole. N'oublions pas le gin, le tafia et des spiritueux extraordinaires dont les flambantes étiquettes arborent impudemment les noms de Jamaïque et de Cognac. Ces alcools sont vendus aux marchands indigènes vingt-cinq à trente shillings les vingt fioles. Le prix est acquitté en poudre d'or, la monnaie courante. Les comptoirs d'Assinie l'encaissent à raison de soixante-douze shillings (90 francs) l'once, et en expédient chaque année en Europe pour une valeur de cinq mille livres sterling en moyenne.

Le principal article d'exportation consiste en une variété de l'acajou, très appréciée sur le marché de Liverpool. Par les rivières et la lagune, les trains de bois amènent tous les ans environ deux mille troncs d'arbre cubant, l'un dans l'autre, de trente à trente-cinq pieds anglais. Le territoire exporte, en outre, une quantité minime de caoutchouc, de qualité très inférieure à celui du Para. Les noirs le préparent mal, à supposer qu'ils n'y mélangent pas des matières étrangères, pour augmenter le poids.

La factorerie ouvre ses portes avec le jour. Les clients ne sont pas légion. Mais, à lui seul, un traitant de quelque importance occupera la place pendant une journée. Ses pirogues sont là, prêtes à charger, les pagayeurs à leur poste. Les prix ont été débattus, mais l'homme s'attarde à faire son choix. Il hésite, palpe la marchandise, la flaire, la quitte pour une autre, la reprend et s'assied, contemplatif, le regard fixe, mâchonnant, suivant la mode noire, une baguette de bois tendre pour s'entretenir les dents belles. L'emplette d'une pièce d'étoffe réclamera des heures de méditation. Après quoi, ses résolutions arrêtées, il procède au payement. Nouvelle affaire. Alors intervient le peseur d'or, qui examine le métal à la loupe, scrutant les pépites, afin de s'assurer si leurs anfractuosités ne récèlent pas des parcelles de terre ou de sable. Quand la transaction est enfin terminée, le jour tombe : à la clarté des torches de palmes, l'acheteur embarque sa cargaison. Puis la flottille s'éloigne, dans la nuit. Demain, elle abordera au fond d'une crique, à l'ouverture d'un sentier de forêt par lequel les produits d'une civilisation plus ou moins frelatée seront emportés à dos d'homme vers l'intérieur mystérieux.

Durant ces laborieuses négociations, les désœuvrés du village, — autant dire la majorité de la population assinienne, — rôdent autour du magasin. Silencieux, drapés à la romaine, le pagne rejeté sur l'épaule, ils suivent avec un intérêt soutenu les péripéties du marché. Les notables franchissent le seuil, s'installent sur des caisses, sur des barils, et restent là comme au spectacle. L'un d'eux parfois, profitant du moment où le commis est penché sur son registre, allonge sournoisement le bras, prêt à faire main basse sur quelque brimborion. Mais quand il se dispose à glisser l'objet sous sa toge, l'employé, qui ne le perdait pas de vue, toujours calme, sans relever la tête, avec un flegme britannique, lui décoche cet avertissement :

« Mon ami, je vais envoyer mon pied vous prendre mesure d'une culotte. »

Le Romain lâche sa proie, fait demi-tour et se retire, très digne.

Nous avons à présent maison montée. Nos boys ont commencé leur service. Les candidats étaient nombreux. Nos préférences sont allées à ceux des concurrents qu'une fréquentation assidue de l'école avait le plus familiarisés avec notre langue, non que leur parler soit la correction même. Ils ont une manière à eux de se débrouiller parmi les singuliers et les pluriels, les genres et les temps. C'est la grammaire réduite à son expression la plus simple, la phrase allégée des vaines élégances, la beauté fruste, qui tout d'abord déconcerte; mais on s'y fait. Exemple :

« *Ma capitaine, dans çà village il y a toi gagner chèvre. Le chef il apporte.* »

Traduction : « Mon capitaine, le chef du village vient vous offrir une chèvre. »

Dans le langage nègre, « gagner » est le verbe par excellence, la clef de voûte, la pierre angulaire; actif et auxiliaire tout ensemble. Ses acceptions sont innombrables. « Gagner », c'est être, avoir, aller, prendre, recevoir, que sais-je encore? On « gagne » ici une foule de choses qu'il serait, avec la meilleure volonté du monde, difficile de considérer comme un gain. Un noir ne dira jamais d'un défunt : « Il est mort », mais : « *Il a gagné mort.* » Un joueur malheureux ne trouvera, pour confesser sa perte, que cette formule bizarre :

« *J'ai gagné perdu!* » Tant pis si l'accouplement de ces vocables implique contradiction pour l'Européen. Le nègre est fier de ce français si pur !

Notre interprète, toutefois, s'exprime avec plus de recherche. L'homme répond au nom d'Ano. Ses services seront utilisés surtout dans les villages de la forêt, chez les peuples de race agni. Sur le plateau soudanien, nous rencontrerons les Mandés musulmans dont Binger s'est assimilé les différents dialectes lors de son voyage de vingt-sept mois du Niger au golfe de Guinée.

Ano est un garçon dévoué, affectant des allures européennes et que sa faconde rendra précieux dans les palabres. Dans ses rapports avec nous, il use le plus souvent d'un vocabulaire spécial emprunté moins au langage courant qu'à ses réminiscences scolaires, de précautions oratoires telles que « si j'ose m'exprimer ainsi », « me permettrai-je de… », « ce souvenir est gravé dans mon âme », au lieu de : « je me rappelle ». Autant de périphrases prud'hommesques qui, dans sa bouche, sont d'une irrésistible drôlerie. Très cérémonieux, si l'un de ses congénères, nu comme la main, se présente au campement, il ne manquera pas de l'annoncer ainsi : « Ce *monsieur* désire vous parler. » Et il faut voir la tête du « monsieur » !

Avoir pour valets des êtres nés sur les marches d'un trône, cela n'est point banal. Deux de nos domestiques, les boys Aka et Adingra, sont des princes. L'un et l'autre eurent pour père le feu roi du Sanwi, Amatifou, privilège qu'ils partagent d'ailleurs avec nombre de leurs compatriotes. Avec la polygamie et le relâchement des liens de famille qui en résulte, le fait d'être issus d'un monarque ne suffit pas à garantir aux descendants une oisiveté dorée. Au surplus, la présence de ces jeunes gens ne pourra manquer de rehausser notre prestige aux yeux des peuplades de la brousse, auprès des chefs de l'Indénié et de l'Abron. Leurs attributions seront multiples. Serviteurs la plupart du temps, ambassadeurs à l'occasion ; préposés tour à tour à l'entretien de la garde-robe et des relations internationales.

Kassikan, mon boy, est de souche plus humble. Il m'a été recommandé par l'excellent instituteur d'Assinie dont il fut l'élève. Le père, un pêcheur du village d'Aby, sur la lagune, vient de me l'amener dans sa pirogue. Le gamin peut avoir de douze à treize ans. Je l'ai jugé d'abord un peu frêle pour résister à de longues marches, et j'ai cru devoir émettre, à cet égard, quelques doutes. Kassikan les a dissipés d'un geste. Pirouettant sur ses jambes fluettes et se frappant les mollets, il s'est écrié : « Il y a bon pour marche ! » Le garçon fera mon affaire. Il semble d'un heureux caractère, actif et futé comme un singe. Nous sommes au mieux. Il me tutoie, cela va sans dire, et m'a déjà révélé le secret de son cœur. Kassikan a une bonne amie qu'il se promet d'épouser quand il sera un homme et qu'il aura fait fortune. Avec ses gages — vingt-cinq francs par mois — soigneusement mis de côté, il sera un parti sortable pour Mlle Amo : c'est le nom de sa bien-aimée. Mais un autre désir le travaille : échanger son nom barbare contre un nom de blanc. C'est là une des premières faveurs que les bambins fréquentant l'école demandent au maître. Il y est aussitôt fait droit : chacun se voit gratifié d'un prénom emprunté soit au calendrier, soit à la mythologie : Pierre ou Paul, Castor, Hercule. Et ils sont heureux. Kassikan, lui, a reçu en partage un dénominatif romantique. Je ne saurais rendre le ton pénétré dont il m'a dit :

— Appelle-moi Alfred !
— Va pour Alfred.

Le service culinaire a été assuré par l'engagement du noir Anoman, un gros garçon à la mine endormie, lequel pourtant, à ce qu'on affirme, serait capable de distinguer une marmite d'une poêle à frire. De ce cuisinier-là je me méfie.

La valetaille recrutée, les paquetages prêts, il fallait des porteurs. Ce n'était point à Assinie que nous pouvions nous procurer les cent cinquante hommes nécessaires à l'expédition. Nous devions, à cet effet, recourir aux bons offices de notre protégé Akassimadou, roi du Sanwi, qui réside à Krinjabo. Cette capitale est située sur la rive gauche de la rivière Bia, non loin de son embouchure dans la lagune; trois heures de trajet en canot à vapeur. A dire vrai, le voyage aller et retour occupera trois jours au moins; il faut compter avec les exigences du cérémonial nègre et les palabres interminables.

De plus, nous avons été invités à faire escale, à dix milles seulement d'Assinie, sur la rive nord du lac, à la plantation caféière d'Élima. C'est la première entreprise agricole tentée dans nos possessions de Guinée par un

ALFRED

Français, M. Verdier, de la Rochelle. Nous lui devons cette visite.

Le 18 janvier, dans l'après-midi, la chaloupe *Evelyn*, mise obligeamment à la disposition de la mission par le représentant de la maison Swanzy, levait l'ancre. Elle remorquait un canot et une grande baleinière dans laquelle avait pris place l'escorte de tirailleurs sénégalais destinée à donner à notre entrevue avec Akassimadou le caractère d'une démarche solennelle.

Vers quatre heures, la flottille mouillait dans la jolie baie d'Élima, où les agents de M. Verdier nous accueillaient comme des amis qu'on espère.

Le relief de la rive est assez accusé en cet endroit. A quelques pas du débarcadère, les cases des noirs pointent entre les touffes de bananiers. Tout près sont les grands séchoirs dallés, les bassins de lavage, les hangars de machines à dépulper et à décortiquer. Au delà, le terrain s'escarpe, et, par une pente raide, on atteint la maison d'habitation, située à une trentaine de mètres au-dessus du lac. De la véranda, le coup d'œil est enchanteur. A nos pieds s'arrondit la baie profondément échancrée, avec son amphithéâtre de forêts vierges projetant leur ombre sur les eaux; vers le sud, dans une buée lumineuse, les contours indécis des grandes îles étalées entre le haut lac et Assinie; au couchant le mont Rouge, éminence isolée dont l'altitude ne dépasse pas cent mètres, détache son arête régulière comme une falaise sur un océan de verdure.

La superficie du défrichement est de cent treize hectares. Il contient plus de trois cent mille caféiers aujourd'hui en plein rapport. Les premiers plants furent importés de Libéria. Actuellement la récolte commence et s'annonce abondante; la plupart des branches fléchissent sous le poids des baies roses. Sur un sol aussi favorable, la moyenne de la production ne devrait pas être inférieure à celle que l'on obtient au Brésil, à Java, dans l'Amérique centrale, où le rapport de chaque pied varie, suivant les années, de deux à trois kilogrammes. Dans ces conditions, le domaine d'Élima, bien que de création récente — il date de dix ans à peine — devrait rapporter, bon an, mal an, de deux à trois cents tonnes de café. Le chiffre se passe de commentaires.

Par malheur, la main-d'œuvre fait défaut. Pour retirer de la plantation tout ce qu'elle peut donner, il faudrait tripler, sinon quadrupler le nombre des travailleurs. Or les indigènes du pays de Krinjabo comptent parmi les moins laborieux du littoral. On a grand'peine à les embaucher, et la somme de travail fourni est minime : tout au plus parvient-on à rentrer en temps utile un tiers de la récolte. En outre, aux mains de pareilles gens, la cueillette équivaut trop souvent à un cyclone. Que d'arbustes mutilés par cette horde indisciplinée, pressée de terminer sa tâche!

Où se procurer des cultivateurs? Ce ne saurait être en Europe. Le blanc n'est pas organisé pour peiner sous le soleil des tropiques. Dans les contrées voisines : à Libéria, au Bénin, au Congo? Je ne sais si le recrutement y serait beaucoup plus aisé. Peut-être sera-t-on forcé quelque jour de faire appel à la race jaune, à ces inépuisables réserves humaines du Céleste Empire ou de la péninsule indo-chinoise. Quoi qu'il en soit, le problème est posé. De sa solution dépend, dans une large mesure, la mise en valeur de ces territoires. De l'habitant de la Côte, rien à espérer. Chez le noir comme chez le blanc la nécessité ploie l'homme au travail. La nature ici lui fournit presque spontanément de quoi suffire à ses besoins très limités. Quelle ambition pourrait stimuler ces êtres qui déjeunent d'une banane et s'habillent d'un rayon de soleil ?

Il n'en est pas moins vrai que la plantation d'Élima fait le plus grand honneur à ses fondateurs. Si parfois l'esprit d'entreprise manque à nos compatriotes, si trop souvent nos colonies n'ont été qu'un champ d'action ouvert à l'initiative étrangère, il est consolant de constater qu'en ce pays le sérieux effort, la tentative hardie émanent d'un Français. L'œuvre présente un autre intérêt que le banal commerce de factorerie, le trafic des alcools, des armes de pacotille et des indiennes à ramages.

La nuit venue, après une causerie prolongée tard autour de la table hospitalière, je suis long à m'endormir. La soirée est d'une tiédeur de serre. Nous reposons dehors, sous la véranda qui surplombe le ravin boisé et la lagune. Étendu sur ma couchette, la tête tournée vers la campagne, j'ai tout à coup l'impression d'être seul, très loin, dans un monde inconnu. Je n'aperçois plus que le ciel d'où pendent des constellations, très rapprochées, semble-t-il, la nappe immobile du lac, où la lune qui se lève met une teinte de plomb fondu. Tout à coup, dans la pièce voisine, une horloge fatiguée sonne avec des halètements d'asthmatique. Et ce m'est une surprise, un choc singulier, ce rappel de la civilisation, ces heures tombant dans le silence.

## III

KRINJABO.

Nous repartons dès le jour.

Ces brèves aurores sont exquises. Quelques minutes avant le soleil une brise se lève : au loin, sur les bois, des fumées traînent, les villages s'éveillent. Des pirogues poussent au large, sous leur voilure primitive, une lourde natte en fibres de palmier, parfois déployant un vieux pagne dont le bariolage fait penser aux toiles enluminées que les pêcheurs de la mer Illyrienne hissent à leurs mâts.

En une heure et demie nous arrivons à l'extrémité du lac, à l'embouchure de la rivière Bia. Un banc de vase en défend l'entrée. Les eaux sont trop basses pour qu'une embarcation calant un mètre puisse franchir l'obstacle. Abandonnant la chaloupe à vapeur, on s'empile tant bien que mal dans les canots, et le voyage se poursuit à la pagaie.

La rivière est large d'une quarantaine de mètres, le courant imperceptible. Sur les deux rives, la futaie géante, serrée, le fouillis des palmes, des lianes : un double rempart d'un vert uniforme. Le regard, d'abord séduit par cette végétation puissante, par la magnificence des feuillages, se lasse bientôt de ce décor immuable. Une mélancolie avec un profond silence pèse sur ces solitudes. De loin en loin, seulement, les ébats d'un plongeon, le ronflement d'un caïman, un vol criard de perroquets, le craquement d'un tronc qui s'effondre.

A de rares intervalles, un groupe de huttes ; des filets qui sèchent, des enfants nus courant sur la berge, une femme aux mamelles pendantes occupée à piler des bananes, son dernier-né en croupe, ficelé dans le pagne, la tête ballante du marmot ponctuant chaque coup du pilon maternel ; un bonhomme qui démarre sa pirogue et pique droit sur nous pour nous proposer, avec des gestes engageants, le vin de palme fraîchement préparé. Puis la rivière décrit un coude, le rideau de verdure retombe, la case et ses hôtes disparaissent.

A mesure que le soleil monte, la paix se fait plus grande encore dans la forêt, sur l'eau sombre, inquiétante, où des taches huileuses s'étalent.

Deux heures de cette navigation monotone, et nous voici à la hauteur de Krinjabo. Le village est à un kilomètre de la rivière, en pleine brousse.

Au bord de la crique où nous prenions terre, une vingtaine d'individus attendaient. L'un d'eux faisait flotter au bout d'une perche les couleurs françaises. Il y avait là plusieurs chefs, notamment l'un des porte-cannes du roi brandissant une trique de bedeau à pomme dorée et coiffé d'un képi de colonel. Les salutations rapidement échangées, on se dirigeait vers la capitale, en file indienne. L'exiguïté de cette route royale ne permet pas un autre ordre de marche. C'est, malgré tout, une noble avenue taillée dans la broussaille arborescente d'où jaillissent des plantes ornementales d'une rigidité métallique, les fûts droits des acajous chargés d'orchidées. Des câbles de lianes fleuries s'entre-croisent au-dessus de nos têtes, passerelles secouées par des bandes de singes que notre approche met en fuite.

Le roi, qui veut bien faire les choses, nous a logés chez lui. Non pas dans son palais, — Akassimadou, monarque ennemi du faste, n'a point de palais, — mais dans une case voisine de la sienne ; ce local est spécialement destiné à recevoir les blancs de passage à Krinjabo. L'idée est large, le local étroit. C'est une bâtisse construite sur le modèle des factoreries, mais de dimensions beaucoup plus restreintes. Imaginez une sorte de caisson reposant sur un soubassement en pisé. L'intérieur est divisé en quatre compartiments. Dans chacune des pièces deux personnes peuvent tenir sans être trop mal à l'aise : à trois, c'est un encombrement; à quatre, une cohue. Une échelle de meunier donne accès à la galerie couverte qui fait le tour de l'édifice.

A peine installés, nous nous rendons chez Sa Majesté, au débotté. Simple affaire de politesse; le véritable palabre n'aura lieu que dans la journée. Pour le moment il n'est nullement question du motif de notre visite.

Des compliments de bienvenue, une enquête sommaire sur les santés réciproques, rien de plus. « Tu vas bien!... Moi aussi. — J'en suis charmé!... » Et l'on se sépare.

Le roi est moins convenablement abrité que nombre de ses sujets. Sa case est très basse, disjointe, branlante ; le chaume de palmes a connu des jours meilleurs. Tout à côté, un appentis en bambou sert aux réceptions.

L'aspect du prince n'a rien d'imposant. Il est à demi paralysé et si faible qu'il ne s'exprime qu'à voix basse. Peut-être aussi ne faut-il voir, dans ce susurrement, qu'une attitude, le désir d'être compris au simple mouvement des lèvres. Akassimadou a dépassé la soixantaine, un âge avancé chez un noir. Il avait revêtu, pour la circonstance, un costume d'ordre composite : bicorne de général orné d'un plumet tricolore ; tous les joyaux de la couronne, une profusion de colliers et de bracelets où les verroteries alternent avec les pépites d'or grossièrement martelées. Un long pagne cachait les jambes impotentes. Au-dessus de l'auguste personnage, un dignitaire soutenait à bras tendu un immense parasol en cotonnade rouge.

Au palabre du soir, l'assemblée était nombreuse : la plupart des chefs y assistaient. L'étroite cour était bondée de spectateurs, foule curieuse et bruyante où chacun disait son mot, commentant en toute liberté les paroles des hauts personnages, à tel point qu'à mainte reprise des protestations énergiques partaient du groupe où siégeaient le roi et ses conseillers. Le sans-gêne de ces réunions à la fois royales et populaires éclaire d'un jour singulier les relations entre gouvernants et gouvernés. En réalité, le pouvoir du monarque est loin d'être absolu. Celui-ci doit compter non seulement avec l'avis des principaux chefs, mais encore avec ce qu'on appellerait chez nous l'opinion publique. C'est une façon de discuter quasi familiale, rappelant par plus d'un côté ce que devaient être, aux temps primitifs de notre histoire, les *plaids* orageux tenus en plein air devant la multitude, entre les feudataires, la soldatesque turbulente et le chef élevé sur le pavois.

Par moments, le cercle qui nous presse se resserre au point que nous avons peine à respirer et qu'il est urgent d'enjoindre aux curieux de s'éloigner à distance plus convenable. On obéit de bonne grâce, mais presque aussitôt le mouvement enveloppant recommence ; insensiblement la quintuple rangée de têtes crépues se rapproche.

Le roi, cette fois, nous reçoit étendu sur un lit de repos ; il a dépouillé la tunique à boutons dorés et le chapeau à plumes. Son pagne négligemment noué laisse à découvert le torse et la poitrine. Un bébé de trois ans, absolument nu, prend ses ébats auprès du vieillard, tandis qu'une de ses femmes, debout, près de la couchette, écarte les moustiques à grands coups de son éventail de palmes.

L'entretien s'est prolongé plus d'une heure. Le capitaine Binger a expliqué au roi le but de la mission, faisant valoir tout l'intérêt qu'il y avait pour Akassimadou à ce qu'une ligne de démarcation définitive fût tracée entre son territoire et le protectorat anglais de la Côte d'Or. Aucune mesure n'était plus avantageuse pour éviter dans l'avenir de regrettables malentendus, des difficultés sans cesse renaissantes, les démêlés de chef à chef, de village à village, parmi les populations vivant sur la frontière. Akassimadou a compris cela, ou a paru le comprendre. Aussi a-t-il accueilli sans sourciller la conclusion du discours, la demande d'un contingent indispensable de cent porteurs et de vingt pirogues : les gens iront par la voie de terre, nous attendre à Nougoua, où nous devons nous rendre en remontant le cours sinueux de la rivière Tanoé. Portefaix et bateliers ont été promis séance tenante : des messagers allaient être immédiatement expédiés dans les villages pour rassembler le contingent.

Chaque homme touchera vingt-cinq francs par mois, plus la ration. Il est probable que la plupart marcheront par ordre, sans aucun enthousiasme. Plusieurs cependant, tant à Krinjabo que dans les villages voisins, ne demandent qu'à partir. Des volontaires se présentent, très alléchés : de si beaux appointements, le désir de courir le monde! Ceux-là ne sont pas les premiers venus : sans être des chefs, ils appartiennent à ce que j'appellerai la classe aisée, la bourgeoisie krinjabienne. Ils possèdent quelque bien au soleil, un peu de poudre d'or, un captif ou deux.

Volontiers ils nous accompagneraient à l'intérieur, vers ces pays de Bondoukou et de Kong dont les noms leur sont familiers, dont ils apprécient les lourdes cotonnades apportées de loin en loin du Soudan méri-

AKASSIMADOU, ROI DE KRINJABO, ET SA COUR

dional par les Dioulas musulmans. Maintes fois ils ont remarqué ces marchands noirs comme eux, mais la face moins pleine, le regard plus vif, la démarche assurée. Ils les ont vus séjourner dans les villages et, à certaines heures, inclinés le front contre terre du côté où le soleil se lève, adorer une puissance inconnue. La présence de ces êtres a fait travailler leurs pauvres cervelles. D'où arrivaient-ils? D'un pays où les hommes marchent vêtus, fabriquent des pagnes plus résistants, sinon aussi fins que ceux tissés par les blancs ; représentants d'une race supérieure, d'une civilisation bien imparfaite encore, mais plus accessible que la nôtre aux âmes simples des peuples de la brousse.

Et voici que l'occasion s'offrait de visiter en nombreuse compagnie ces régions reculées de Bondoukou et de Kong, sans compter les royaumes Agnis de la forêt situés au nord de Krinjabo, l'Indénié, l'Assikaso, la terre de l'or. C'est là de quoi vous décider à quitter la case nouvellement bâtie, la ménagère et la marmaille, les délices de la vie paresseuse, pour aller chercher au loin fortune, le fusil sur l'épaule, un ballot sur la tête.

Cette belle ardeur durera-t-elle? Il est permis d'en douter. La persévérance n'est pas une vertu noire. Hommes de corvée et volontaires, je crois qu'au fond les uns et les autres se valent. Dieu sait ce que nous réservent, dans les jours difficiles, ces gens de la côte, natures purement passives en quelque sorte, étrangères à tout sentiment viril, ignorant également la reconnaissance et la haine, superstitieuses et curieuses à l'excès, mais d'une curiosité qui ne va pas jusqu'au désir d'apprendre; âmes d'enfants dans des corps d'athlètes. Ces populations ont perdu tout ressort : épaves de tribus pourchassées jadis par des voisins de tempérament guerrier, tels que les Achantis, elles vivent depuis des siècles dans l'abjection de la servitude acceptée.

Si peu de confiance que nous inspirent nos auxiliaires, il faudra bien s'en accommoder faute de mieux. Nous devons encore nous estimer heureux si Akassimadou réussit à rassembler les effectifs indispensables. Il ne nous reste, quant à présent, qu'à enregistrer ses bonnes promesses, quitte à revenir à la charge si elles n'étaient pas promptement suivies d'effet. Les cadeaux qu'il vient de recevoir n'ont pas peu contribué à nous le rendre propice : ils sont admirables. C'est une couverture de prix (19 fr. 95), décorée sur l'une de ses faces d'une silhouette de lion rampant, et sur l'autre d'une tête de tigre; des écharpes pour les femmes, un revolver et cent cartouches, un fusil à pierre richement ciselé — à la mécanique. Les objets sont exposés sur une natte à l'entrée du hangar aux audiences, et le populaire est admis à les contempler. En silence la foule défile, saisie. Les grandes émotions sont muettes.

En même temps que ces présents, nous avions, pour obéir à l'étiquette, envoyé au roi une portion de chacun des mets composant notre déjeuner. En retour, de la maison royale nous arrivait un nombre respectable d'écuelles de *fouto,* plat national, ragoût des plus pimentés, flanqué de pains de banane et de manioc. Pendant une heure, les serviteurs des deux sexes n'ont cessé de faire la navette. Chez nous, c'était une vraie procession.

Voici d'abord deux porte-cannes précédant un détachement chargé de terrines et de calebasses d'où s'échappent d'étranges aromes. Le cortège procède à pas comptés. Les délégués, on le devine, ont conscience de la solennité de l'heure et de l'importance de leurs attributions. Le visage est grave, l'attitude celle de maîtres des cérémonies annonçant une tête couronnée. Eux et leur suite gravissent notre échelle qui craque d'une manière inquiétante, et, tandis que les porteurs déposent sur la galerie leurs précieux fardeaux, les deux fonctionnaires franchissent le seuil de la petite pièce où nous sommes réunis, frappent le plancher de leur bâton, en s'écriant :

— De la part d'Akassimadou !

Puis ils s'inclinent et se retirent, pas assez vite cependant pour ne pas se heurter à d'autres émissaires apportant, eux aussi, un *fouto*, préparé celui-là dans les cuisines d'un ministre :

— De la part du chef Kabranka !

Mais une troisième bande fait irruption dans la cour et s'engage sur les degrés. On se bouscule quelque peu ; des mots vifs sont échangés. Il y a lieu de craindre un moment pour la vaisselle, bien qu'elle soit solide, mais surtout pour les ragoûts et les sauces. C'est tout au plus si, dans le brouhaha, nous parviennent ces mots lancés à pleine voix par un majordome :

— Le *fouto* du chef Azémia !

A mesure que s'allonge sur la véranda la rangée

d'écuelles fumantes, la physionomie de nos boys est curieuse à observer. La mine épanouie, la bouche fendue d'un large rire, les yeux humides, ils savourent par avance ces friandises que nous n'aurons garde de leur disputer.

Une dernière entrée, féminine cette fois; une théorie de captives de tout âge, depuis la quinquagénaire flétrie dont les seins pendent pareils à des outres vides, jusqu'à la fillette aux allures de chat maigre, que l'émotion plus encore que le poids de la marmite fait flageoler sur ses longues jambes. Les duègnes ont pour tout vêtement un fragment de pagne noué à la ceinture, les jeunesses un simple rang de grosses perles de verre ou de coquillages. Les unes et les autres appartiennent à la domesticité de la princesse Elua.

Ladite dame est la plus haute personnalité du royaume après Sa Majesté. Nièce du défunt roi Amatifou, en vertu des lois d'accession au trône conférant ici l'hérédité non en ligne directe, mais collatérale, elle était appelée à doter le pays d'un dauphin. Les fétiches n'ont point béni sa couche, et le pouvoir est passé à une dynastie nouvelle. Elua approche de la trentaine, si elle n'en a déjà doublé le cap. Cette constatation me dispense de tout détail plastique. Ce n'est point, en effet, en pays noir qu'un Balzac eût jamais songé à célébrer la femme de trente ans. Je reconnais cependant qu'à une époque indéterminée la princesse a dû être assez jolie. Elle a les traits fins, des yeux pétillants de malice et — chose rare chez ses compatriotes — des pieds d'enfant.

Quoi qu'il en soit, cette sympathique personne ne

DAME DE KRINJABO A SA TOILETTE

représente qu'imparfaitement le beau sexe, d'une séduction très relative, il faut l'avouer, dans la forêt d'Afrique. La beauté capiteuse, la suave harmonie des lignes, autant de perfections qui nulle part ne courent les rues, y sont plus rares qu'en aucun lieu du monde. Au surplus, l'existence de la femme, chez ces peuplades, est telle qu'on ne saurait s'étonner de sa tournure trop souvent grotesque. A treize ou quatorze ans, c'est une mère de famille; à vingt-cinq, une aïeule; à trente, une antiquité. La vie de la malheureuse est si rude! Portant sur son dos l'enfant parfois fort lourd, — car les marmots, sevrés très tard, se font trimbaler de la sorte, alors qu'ils ont depuis longtemps l'usage de leurs jambes, — elle consacrera chaque jour quatre ou cinq heures à piler le maïs ou les bananes, ira puiser de l'eau, ramasser du bois, balayera la case et surveillera la cuisine, pendant que son seigneur et maître pérore dans les assemblées, fait la sieste à l'ombre et digère.

Notre visite a mis le village en liesse. Jamais il ne s'est vu à pareille fête. Nous lui donnons la comédie.

Deux fois par jour, le peloton des tirailleurs s'aligne au son du clairon sous l'arbre des palabres, un gigantesque ficus appelé l'Arbre d'Amatifou, du nom du dernier roi. Un régiment entier camperait aisément à son ombre. Tout Krinjabo veut assister aux exercices, à l'extrême satisfaction de nos bons Sénégalais qui se piquent d'honneur et manœuvrent avec la perfection de la vieille garde.

Les bagages, les instruments fournissent matière à des discussions animées. L'appareil photographique est considéré avec respect, et, lorsqu'on en a connu l'usage, l'admiration n'a plus de bornes. L'explication n'a même pas soulevé chez ces âmes timorées de fétichistes les défiances qui ne manqueront pas de se manifester, quand nous serons entrés plus avant dans l'intérieur. Le voisinage de la côte, les fréquentes relations avec les agents des factoreries, ont déjà familiarisé l'indigène avec quantité de prodiges accomplis par les blancs. Pour lui, l'Européen est un homme très fort, mais incapable de maléfices.

Akassimadou m'a demandé de faire sa photographie, ajoutant qu'il allait se préparer sans retard. La toilette se prolongeant démesurément, j'ai envoyé au roi un messager pour le prier de vouloir bien se hâter, attendu que le temps menaçait et que le soleil allait disparaître. Le roi a répondu qu'il serait prêt bientôt et que « le soleil ne passerait pas ». Sur cette réplique à la Louis XIV, le groupe s'est installé, composé de toute la maisonnée royale, grands et petits.

Et « le soleil n'a point passé ».

Près de la case du roi est l'habitation des femmes dont, par la même occasion, j'ai pris un cliché. On y entre, d'ailleurs, comme au moulin. C'est un quadrilatère sur lequel s'ouvrent d'étroites logettes. Beaucoup de ces dames ne sont plus de la prime jeunesse. Bon nombre vaquent à des travaux domestiques comme de simples mortelles. Celles-ci sont parvenues à l'âge douloureux où, suivant un usage assez fréquent chez les peuplades polygames, madame passe du rang enviable de favorite au grade moins ambitionné de cuisinière.

Akassimadou n'a que vingt-cinq femmes. C'est assez pour un paralytique.

* * *

En dépit des promesses du roi, nous avons jugé prudent de prolonger de vingt-quatre heures notre séjour, ne fût-ce que pour nous assurer si les actes répondaient aux paroles et si les messagers avaient été réellement expédiés.

Quarante-huit heures, c'est plus qu'il n'en faut pour connaître son Krinjabo sur le bout du doigt. Cette capitale — un grand village — peut contenir cinq à six mille habitants. L'aspect en serait presque séduisant pour peu que l'on déblayât les maisons en ruine dont les monceaux de terre et de paille pourrie font piteuse mine auprès des constructions neuves. Celles-ci, généralement flanquées d'un enclos de bananiers, sont tenues avec une propreté inattendue. Le sol battu est soigneusement balayé chaque matin. Sur une cour carrée s'ouvrent de schambres tapissées de nattes et protégées du soleil et de la pluie par un avant-toit très surbaissé. Au centre de la cour, une petite cage en treillis. C'est la case du fétiche. Elle réunit quantité d'objets hétéroclites : ossements, écuelles brisées, bouteilles cassées, que sais-je encore? En quoi ce bric-à-brac possède une salutaire influence sur la demeure et le propriétaire, c'est ce qu'il serait malaisé de définir. Le noir lui-même paraît n'avoir là-dessus que des idées assez vagues. Aux questions qui lui seront posées à ce sujet, il restera bouche bée, non par réserve calculée, mais parce que, pour lui, le fait n'a pas besoin d'explication. C'est « fétiche », et voilà tout.

La plupart des habitations sont, à l'intérieur, revêtues à hauteur d'homme d'un badigeon obtenu en broyant une argile dont les gisements sont à peu de distance, sur la berge de la rivière Bia. La couleur, identique au rouge pompéien, provoque chez le visiteur de la maison barbare comme une hallucination, d'un classicisme incohérent : Pompéi restauré par les nègres.

De promenade aux alentours il n'est pas question; le village est bloqué par les bois. On n'y accède que par la rivière. Aussi, dans les visites aux chefs, s'est-on efforcé de leur faire comprendre combien cet isolement était préjudiciable à leurs intérêts. Une route — il va sans dire que route signifie ici sentier taillé dans la forêt — qui relierait Krinjabo à l'intérieur, détournerait vers cette localité une partie du commerce qui se fait actuellement avec la côte par la rivière Tanoé ou par le protectorat anglais de la Côte d'Or. Les chefs sont tombés d'accord que rien n'était plus vrai : ils ont promis d'y songer. Mais c'est ici la terre des longues songeries.

Trois de ces dignitaires, les chefs Kabranka, Azémia et Assankou, ont été désignés par le roi pour accompagner la mission et la renseigner, au besoin, sur la nationalité de tel ou tel village de la frontière. Cette délégation ne marche qu'à son corps défendant. Devant la difficulté de déterminer l'un d'eux à quitter, pour quelques semaines, ses pénates, Akassimadou, afin de trancher le différend, les a désignés tous les trois. Ils ont, du reste, gaiement pris leur parti de ce déplacement forcé. Quelques menus cadeaux, pagnes, colliers, breloques, « Angelus » de Millet, leur ont mis du baume dans l'âme.

Si la promenade offre peu de ressources, en revanche on passe volontiers des heures à contempler la délicieuse inactivité du populaire. Seules, les femmes se livrent à quelque occupation suivie, puisent de l'eau, font la cuisine. Les hommes se prélassent des journées entières dans de vastes hangars garnis sur trois côtés d'une large banquette en bambou. On jase un peu, on dort beaucoup. Il y a dans le village deux de ces centres de réunion. C'est le club, le cercle, cercle ouvert s'il en fut, et dont la simplicité n'exclut pas l'agrément. Toutes les mines sont épanouies. Ce que ces gens-là se moquent de l'équilibre européen et du cours de la rente !

Si les jours passent relativement vite, les nuits sont plutôt longues. Celui qui a dit qu'une mauvaise nuit est bientôt passée était certainement un farceur : comme les années de campagne, les heures d'insomnie comptent double. Or, il nous a été, deux nuits durant, presque impossible de fermer l'œil. Dans une maison voisine, il y avait un mort : les lamentations tapageuses n'ont pas cessé de quarante-huit heures, l'espace compris entre le coucher du soleil et son lever restant spécialement affecté aux pétards et à la mousqueterie. J'ai suivi un matin la foule qui pénétrait dans la demeure mortuaire. Chacun apportait son offrande, des fruits, des écuelles de *fouto*. Tout cela était déposé devant la bière, près de laquelle on avait rassemblé les ustensiles qui servaient au défunt, ses colliers, bracelets, fétiches, calebasses, — et jusqu'à sa seringue, l'instrument de Molière, les infusions pimentées jouant un rôle prépondérant dans la vie du noir. Autour du cercueil creusé dans un tronc d'arbre et recouvert d'un pagne, deux pleureuses se roulaient avec des cris horribles; les assistants accompagnaient ces lamentations d'un marmottement nasillard rappelant le ronronnement de bonnes femmes expédiant leurs litanies.

26 janvier.

Le 21, nous quittions Krinjabo pour rentrer le jour même à Assinie. Un message des commissaires anglais nous fait savoir qu'ils arriveront le 29 à Afforénou. Ce village, appelé aussi New-Town, est situé en territoire anglais, à 15 milles environ d'Assinie. Nous ferons en sorte de nous y trouver à cette date, peut-être même avant, bien que les piroguiers promis par Akassimadou ne soient pas encore signalés. On les attend dans la soirée.

Ils sont là. Le roi avait d'excellents motifs de ne pas manquer à sa parole. De l'intérêt que peut offrir pour lui la délimitation entre ses territoires et le Gold Coast, je ne sais s'il se rend très bien compte. En revanche, ce que notre protégé n'ignore pas, c'est que la France lui sert une rente annuelle de six mille francs dont il serait aisé de supprimer un ou plusieurs quartiers, à titre d'amende, pour peu qu'il lui prît fantaisie de nous

L'ARBRE DES PALABRES A KRINJABO

créer des embarras. Chez un protégé, la crainte du protecteur est le commencement de la sagesse.

Le départ est fixé à après-demain 28. Deux journées encore à passer sous un toit, dans un simulacre d'existence européenne. Jeudi, nous dormirons notre première nuit dans la brousse, au camp, sous un plafond de toile.

# IV

## PREMIERS BIVOUACS.

28 janvier.

Dès hier, tout le chargement arrimé, une partie de la flottille faisait route pour Frambo, village situé à l'extrémité orientale du lac, en face des bouches du Tanoé. Ce matin, de bonne heure, nous quittons Assinie à la remorque de l'*Evelyn*.

La journée promettait d'être belle, et nous espérions arriver avant midi à hauteur d'Afforénou. Malheureusement, le temps s'est gâté. A peine avions-nous dépassé les dernières pêcheries assiniennes et parcouru, sur le grand lac, un quart de mille, que le ciel s'obscurcit. Une bourrasque s'éleva de l'est, tellement furieuse que la chaloupe, forçant de vapeur, brassait l'eau vainement, sans avancer d'un mètre. Bientôt même, sous l'impétuosité de l'ouragan, elle dérivait, rejetée sur les embarcations pesamment chargées qui s'entre-choquaient, embarquant les lames, prêtes à couler. Au même instant, une formidable averse achevait de voiler l'horizon. Ce fut un beau désordre. Il fallut, non sans de sérieuses difficultés, larguer les amarres emmêlées et laisser les canots s'égarer dans la brume, plutôt que de les exposer à se briser l'un contre l'autre. La tempête ne dura qu'une demi-heure, mais les minutes nous parurent sans fin au milieu de l'ondée tourbillonnante et du brouillard. Déroutés, aveuglés comme le voyageur surpris par une tourmente de neige, la rafale nous fouettait et nous poussait Dieu sait où ; impossible de se diriger sur ces eaux enténébrées. Allions-nous heurter un banc de sable ou, qui pis est, un arbre submergé? Un moment, nous eûmes la perspective très nette du naufrage de la mission échouée à peine au sortir du port.

Enfin, la pluie cessa, la nuée fondit aussi rapidement qu'elle était venue, et nous parvînmes à rallier nos barques dispersées. Aucune n'avait éprouvé d'avaries graves ; mais hommes et cargaison étaient trempés. Le garde-manger et la basse-cour avaient souffert. Des bananes, des mangues, des œufs, quelques paires de poulets achetés le matin même, avaient disparu. Ceux des volatiles restés à bord gisaient noyés au fond du canot. De ce qui devait nous adoucir la rigueur des premiers campements, la meilleure part s'en allait à vau-l'eau.

Il était plus de midi, quand, l'ordre rétabli, on put se remettre en route.

Une heure plus tard, nous longions de fort près une grande île très basse, couverte de forêts, inhabitée, inhabitable, l'île Fétiche. Il court à son sujet des légendes extraordinaires : pour rien au monde, un indigène ne s'y aventurerait. C'est une terre hantée. Malheur à celui dont la pirogue touche sa berge maudite ; il périra dans l'année ! Qu'un téméraire se hasarde dans sa jungle, jamais plus il n'en sortira !

La vérité est que l'île dut, à une époque reculée, servir de nécropole aux populations riveraines de la lagune. Les Européens qui l'ont visitée, pour y rechercher l'acajou ou le caoutchouc, y ont rencontré des monceaux d'ossements humains, des traces de sépultures fouillées par les oiseaux de proie, des débris de poteries. Cette constatation funèbre n'est pas faite pour infirmer les préventions de l'indigène : il persiste dans ses terreurs. Pendant que nous rasons l'île de mort, nos gens détournent la tête et parlent bas, très mal à l'aise.

Vers deux heures, l'*Evelyn* jette l'ancre à une encablure du rivage que pare une végétation des plus drues. La forêt s'étend jusqu'au lac : des palétuviers la prolongent dans l'eau à une assez grande distance de la grève, dont on n'entrevoit nulle part le contour. On dirait moins une terre qu'une formidable poussée de plantes aquatiques où, seuls, les caïmans pourraient trouver un abri.

En face de nous s'ouvre une crique voilée, un porche d'ombre donnant accès à une petite plage de sable fin, presque invisible du dehors, dans la lueur crépusculaire tamisée par les branches.

C'est le débarcadère d'Afforénou. Le hameau est situé au bord de la mer, séparé du lac par une bande de terre large d'environ trois kilomètres. Les Anglais, venus d'Axim par la côte, doivent y établir leur bivouac. Nous n'en saurions faire autant. La distance jusqu'au village est courte; mais le terrain est accidenté, coupé de marigots, d'étangs saumâtres. Il faudrait d'ailleurs, pour un séjour de quarante-huit heures, transporter deux fois le matériel de campement et les bagages, manœuvre inutile et d'une exécution laborieuse avec le petit nombre de bras dont nous disposons. Nous camperons donc ici. Ce parti est le plus sage : notre voyage, en effet, se poursuivra par la lagune et le Tanoé, tandis que nos collègues britanniques ont résolu de s'acheminer par voie de terre d'Afforénou à Nougoua.

Rendez-vous avait été pris tout d'abord à ce dernier village, la frontière étant figurée jusque-là par le cours du Tanoé. Quant au jalonnement du tracé entre l'Océan et le lac, l'opération semblait de celles qui peuvent être confiées à des agents subalternes; aucune contestation n'est à craindre. Les chancelleries ne se chamailleront pas pour quelques mètres carrés de broussailles. Mais le commissaire anglais, revenant sur la décision arrêtée en Europe, a demandé dans sa dernière missive que cette partie du travail ne fût pas différée. La simple courtoisie commandait d'acquiescer à son désir, dût-il en résulter un retard de deux ou trois jours.

Nous n'avons que faire ici des pirogues de charge et du détachement de tirailleurs; les vivres sont rares, et la plage est juste assez vaste pour y dresser la tente. On conservera seulement deux des Sénégalais pour la garde du camp, deux embarcations pour les bagages et le *gig* de l'*Evelyn*.

Le soir même, le vapeur continuait vers Frambo, d'où la flottille, sous le commandement du lieutenant Gay, se dirigera sur Nougoua, à petites journées, à la pagaie. Elle nous y devancera de deux ou trois jours.

Nous voici donc campés sous bois, au pied d'un de ces arbres immenses que soutiennent une série de cloisons disposées en étais autour du tronc. Chacun des compartiments a reçu sa destination spéciale. Là, le logement des noirs; à côté, les ustensiles de ménage, les seaux en toile, les filtres; plus loin, la cuisine, le brasier au-dessus duquel, à trois perches réunies en faisceau, pend la marmite qu'Anoman surveille du coin de l'œil tout en se grattant la tignasse avec une de nos fourchettes.

Combien ces premières nuits sous la tente ont de douceur! Comme elles vous reposent des agitations du départ, dans une détente absolue des nerfs, dans le calme d'un sommeil d'enfant!

La soirée est magnifique, l'air plein de lucioles. Dans l'eau, un léger clapotis, un froissement de branches mortes, de feuilles tombées. Par delà le ténébreux portail ouvert dans les palétuviers, un angle d'horizon bleuté, de lac assoupi sous les étoiles.

Camp d'Afforénou, 29 et 30 janvier.

Deux journées bien remplies : visites, réceptions et délimitation combinées.

Le chef de la mission anglaise est M. le capitaine Lang, du corps des Royal Engineers (le Génie). Il est accompagné de M. le capitaine de Boisragon, commandant l'escorte de quarante tirailleurs Haoussas (cet officier appartient à une famille d'origine française émigrée après la révocation de l'édit de Nantes), et d'un jeune médecin, M. le docteur Mallet.

La première entrevue fut on ne peut plus cordiale, la mise en scène de haut style. Ces messieurs sont venus s'asseoir à notre table : à cette occasion, les couleurs britanniques étaient hissées à un mât improvisé, au milieu du camp. Pareils honneurs nous attendaient à New-Town, où, lors de notre visite, l'étendard du Royaume-Uni cédait la place au pavillon tricolore.

Afforénou ou New-Town, indiqué sur la carte en gros caractères, est loin d'avoir autant d'importance sur le terrain. Cette ville neuve n'est même pas un village : simple poste de miliciens noirs, quatre cases entourées d'une palissade. Trois cocotiers déplumés ornent la plage sur laquelle la barre déferle.

Le couvert avait été dressé en plein air, sur des cantines. Le dîner fut très gai. De part et d'autre, on porta des toasts à l'heureuse issue de la mission, dont, au surplus, l'accomplissement ne saurait présenter grandes difficultés, sa tâche étant nettement définie par les termes d'un protocole. Mais qui sait? Il n'est convention si claire qui ne recèle, en germe, quelque litige. Les souhaits sont donc de rigueur : puissent-ils être exaucés ! Ce serait plaisir de voyager ainsi côte à côte pendant trois mois dans une collaboration amicale : les rivalités de peuple à peuple, les divergences d'opinion sur un point de détail, ne peuvent altérer les bonnes relations entre gens du même monde que les circonstances ont réunis sur cette plage désolée, au seuil de la brousse africaine.

La délimitation de New-Town est chose faite. Le commissaire anglais désirait que la frontière fût marquée en pratiquant, à la hachette, une trouée à travers bois. Binger objectait que, sur une distance de trois kilomètres, l'opération exigerait beaucoup de temps, et que l'on pourrait se contenter d'une ligne idéale dont les points extrêmes seraient déterminés au moyen d'une observation. Cependant, devant l'insistance du capitaine Lang, des indigènes s'étaient mis à la besogne, attaquant la broussaille arborescente à coups de machette. Après deux heures d'un travail acharné, la longueur de la tranchée était de cinq mètres. De ce train-là, nous en avions pour cinquante jours. On dut se rendre à l'évidence et recourir au procédé plus expéditif suggéré par Binger.

Notre retour au camp fut accidenté.

On s'était séparé fort tard, le point de jonction pour la semaine suivante devant être Nougoua. Nos hôtes nous avaient reconduits, à la clarté de torches de palme, jusqu'au bord de la nappe d'eau saumâtre qui coupait le sentier allant de la mer au grand lac. Pas d'autre bac qu'une petite pirogue vermoulue qui déjà, à l'aller, en plein jour, nous avait inspiré des craintes sérieuses. Pour une traversée nocturne, bien que le trajet durât tout au plus dix minutes, nous ne jugeâmes pas prudent d'ajouter au poids du passeur celui de nos quatre personnes. Binger et le docteur, embarqués les premiers, atterrirent sains et saufs sur l'autre rive, où nos boys avaient allumé un énorme brasier en guise de phare.

Un quart d'heure après, la pirogue revenait nous prendre, le lieutenant Braulot et moi. Nous fûmes moins heureux. A peine avions-nous franchi deux cents mètres que la misérable coque, dont les plaies mal pansées s'étaient rouvertes, s'emplissait rapidement ; nous coulions. Le pagayeur éperdu sautait par-dessus bord et nous enjoignait de faire de même afin qu'il pût vider le canot : ce ne serait pas long. La manœuvre se renouvela deux fois. Le lac était tiède, peu profond ; nous n'avions de l'eau que jusqu'à la poitrine. Mais le souvenir des caïmans que j'avais aperçus par douzaines, quelques heures auparavant, prenant leurs ébats dans cette onde, m'était extrêmement désagréable. Le contact d'un roseau, un bouillonnement dans la vase, faisaient passer dans mes veines une soudaine fraîcheur. Rarement canotage m'a laissé des impressions plus vives. Et notre tournure en touchant au port, les vêtements collés à la peau, nos habits de cérémonie, méconnaissables, hélas !... Une retraite au pas de course rétablit la circulation dans nos membres engourdis moins par la baignade que par l'appréhension d'un souper de sauriens où nous eussions figuré comme plat de résistance.

Mais devant nous les boys galopaient brandissant des tisons, secouant une pluie d'étincelles ; bientôt nous avions atteint le bivouac où flambait un grand feu. Et, prêts à nous endormir, dans notre chambre à coucher aux parois de feuilles, éclairée comme une salle de bal, nous dissertions, entre deux bâillements, sur les imperfections des moyens de transport et les inconvénients des dîners en ville, à New-Town.

Je ne sais qui de nous, désireux sans doute de couper court aux émotions rétrospectives, et de nous épargner de mauvais rêves, déclara que, somme toute, le péril encouru n'était pas très grand. Les caïmans ne sortent guère à pareille heure; ils reposent dans les palétuviers, près de la rive. D'accord; mais les caïmans eux-mêmes peuvent être affligés d'insomnies : il y a parmi eux des noctambules !

31 janvier — 3 février.<br>Rivière Tanoé.

La navigation fluviale ne nous réussit pas.

Le 31 au matin nous abandonnions Afforénou pour Frambo, où la plupart des villages de la lagune avaient envoyé des délégations nous saluer. De toutes les criques les longues pirogues débouchaient, le pavillon français hissé à l'avant, et déposaient sur la grève les chefs chamarrés de gri-gris, les porte-cannes, les tam-tams. J'ai compté près de deux cents individus massés devant la tente, en demi-cercle. Le palabre a duré trois heures.

Ces gens-là venaient aux renseignements. La nouvelle de l'arrivée simultanée des Anglais et des Français avait ému les populations. Des bruits étranges circulaient; on parlait de guerre imminente. A quel sujet? Dans quel but? Le noir n'en demande pas si long. A ses yeux, des Européens de races diverses escortés de soldats devaient fatalement en venir aux mains. Nous avons coupé court à ces racontars et rétabli les faits. Il est question, entre nous, non de carnage, mais d'un bornage. Cette explication a calmé les esprits, et la séance a été levée après les congratulations, les protestations de dévouement et les politesses réciproques : offrandes de poulets, de régimes de bananes et de vin de palme; distribution d'« Angelus » et de tabatières.

Le lendemain, la tente était roulée avant le jour et, au lever du soleil, nous entrions dans le Tanoé.

Je ne sais guère de cours d'eau plus tortueux. Bien que la distance de la côte à Nougoua soit tout au plus de 60 à 70 kilomètres à vol d'oiseau, le trajet, calculé seulement depuis la lagune de Tendo, peut être évalué au double. Ajoutez à cela les innombrables obstacles créés par les arbres morts échoués un peu partout et qui, sur certains points, barrent presque complètement la rivière. Il est telle de ces palissades dont le passage exige plus d'une heure. L'embarcation, aux prises avec les branches enchevêtrées, semble une mouche qui se débat dans une toile d'araignée. Parfois l'écueil, dissimulé entre deux eaux, ou pointant à la surface, présente de sérieux dangers, surtout aux approches de la nuit ou dans la brume opaque du matin.

Le Tanoé, malgré l'exubérante végétation de ses rives, est d'une tristesse infinie. Aucune trouée dans la forêt, pas un défrichement, pas un village. Deux ou trois fois seulement, au cours d'une journée, apparaît un groupe de huttes à demi effondrées presque enfouies sous la brousse. D'habitants, pas trace. Ces paillottes ne sont occupées qu'à certaines époques de l'année, par des pêcheurs. Les villages se trouvent, pour la plupart, à des distances considérables de la rivière : les points indiqués sur la carte comme lieux habités ne représentent, en réalité, que des débarcadères pour les pirogues. Les seules localités occupées de façon permanente sont les hameaux de Gourougourou et d'Ellubo, sur la rive gauche, et Nougoua, sur la rive droite.

Les ennuis de cette navigation monotone ont été doublés pour nous, à la suite d'une erreur de nos piroguiers.

Mais était-ce bien une erreur?... Un sortilège, affirmaient nos gens; un de ces méchants tours que la rivière joue aux nouveaux venus, surtout si quelque détail, dans la physionomie ou l'accoutrement du voyageur, est de nature à lui déplaire.

Il convient, pour l'intelligence de ce qui va suivre, de ne pas oublier que les fleuves, lacs et sources, et jusqu'aux derniers des marigots, représentent, dans le vague panthéisme local, autant de personnalités distinctes, d'humeur généralement tracassière et fantasque. Les nymphes de ces régions ont des caprices d'enfants gâtés. Celles-ci ne sauraient tolérer que l'on parle ou que l'on chante dans leur voisinage; d'autres ne supportent pas qu'un guerrier se montre en armes sur leurs rives. Il en est pour qui la présence d'une femme osant se baigner dans leurs eaux serait une mortelle injure. Bon nombre professent pour telle ou telle nuance une aversion marquée. Dans ces conditions, voyager n'est pas commode. Le moyen de contenter toutes ces puissances et de ne pas, sans songer à mal, blesser quelque divinité rancunière?

Le Tanoé, paraît-il, ne peut souffrir les couleurs sombres — ce qui, par parenthèse, est au moins étrange de la part d'une rivière coulant au pays nègre. — Quoi qu'il en soit, le fait est acquis; tous les indigènes vous le diront. Pour naviguer sur le Tanoé, n'ayez sur le corps que des étoffes de teintes claires. Le noir, le brun, le vert foncé sont rigoureusement proscrits. Libre aux incrédules de ne pas tenir compte de ces répugnances. Ils sont prévenus : en cas de mésaventure, qu'ils ne s'en prennent qu'à eux-mêmes.

Or le docteur possédait un paletot noir. Il l'avait endossé au départ de Frambo, par-dessus sa veste de toile, l'air étant assez frais sur la lagune au lever du jour.

Et lentement on avançait, très lentement, vers les îles herbeuses disséminées à l'embouchure de la rivière. Le gig était très chargé. Nos quatre boys et Ano l'interprète y avaient pris place avec nous, et pagayaient sans enthousiasme. Un bateau de ce genre, avec ses plats-bords élevés, se prête moins bien qu'une pirogue au maniement de la pagaie, le seul propulseur dont sachent se servir les noirs de la côte. L'aviron ne saurait d'ailleurs être utilisé dans un chenal souvent resserré, encombré de bancs de sable et de palissades.

Ensuite, nos jeunes gens avaient besoin d'être entraînés. Évidemment ils manquaient de zèle, interrompaient la manœuvre sous un prétexte ou sous un autre, pour changer de place, assujettir leur pagne ou pour émettre une observation sur le temps, la durée probable de l'étape. Un avertissement énergique les réveillait :

— *Tamga!... Tamga!...* (Pagayez!... Pagayez!...)

Et ils recommençaient à piocher l'onde sans conviction pendant cinq minutes, au bout desquelles les bras mollissaient, les langues se déliaient de plus belle.

Brusquement il y eut un arrêt, prolongé cette fois. Sourds à nos appels, les gars paraissaient se concerter entre eux, fort émus. Que se passait-il donc? Ano prit la parole au nom de ses camarades et, pour toute explication, désignant Crozat qui tenait la barre, déclara :

— Le docteur... Son pagne noir. Il n'y a pas bon!

— Comment cela?

Les autres avaient repris en chœur :

— Pas bon pour Tanoé!

— Voulez-vous bien vous taire!

Ils se turent, gênés, la tête basse, et ne bougèrent plus.

— *Tamga!*

Alors, résignés, ils ramèrent, mais avec un découragement tel, des gestes si las que le canot se déplaçait à raison d'un demi-kilomètre à l'heure. Une inquiétude les paralysait, cela était visible. Le plus sage était de ne pas s'obstiner. Le bon Crozat, en riant, déposa son pardessus, et l'équipe soulagé redoubla d'efforts.

Cependant — et les noirs ne manquèrent pas d'en

IÉBIÉNIÉ

faire la remarque — le sacrifice venait un peu tard. Déjà nous nous trouvions engagés entre les berges; le Tanoé avait vu le malencontreux paletot. Ne ferait-il pas payer cher cette offense? La situation était grave!

Tandis qu'on discutait de la sorte, les autres embarcations où se trouvaient les effets de campement, les bagages, la cuisine, avaient pris les devants; elles disparaissaient bientôt dans les méandres de la rivière. La journée s'acheva sans qu'on les revît.

Le soleil couché, la nuit venue presque aussitôt, très obscure, comme quelqu'un s'étonnait que nous ne fussions pas encore parvenus au débarcadère d'Elléna, désigné pour le campement, les boys protestèrent. L'endroit était depuis longtemps dépassé. N'apercevant personne sur la rive, ils n'avaient point jugé à propos de nous avertir, et poursuivaient leur route dans le fol espoir de rattraper leurs camarades. Ceux-ci, plus nombreux et plus robustes, montés sur des pirogues effilées, étaient déjà loin sans doute. Songer à les atteindre eût été naïf; l'ombre s'épaississait de plus en plus. Impossible de se diriger au milieu des écueils et des arbres écroulés dans le chenal : à plusieurs reprises nous avions failli échouer. Mais le moyen d'aborder! Partout les berges escarpées, masquées par une végétation touffue, projetaient au loin, au ras de l'eau, les énormes branches chargées de lianes pendantes. Difficile en plein jour, l'atterrissage était impraticable à pareille heure.

Une chance unique nous restait : retrouver la trouée pratiquée dans la brousse par les indigènes d'Elléna pour abriter leurs pirogues. Nos boys étaient sûrs, disaient-ils, de la reconnaître. On vira donc de bord, et doucement, au fil du courant, nous redescendîmes, fouillant du regard les ténèbres.

Combien de temps dura cette dérive? Une demi-heure, une heure peut-être. A chaque détour nous croyions entrevoir le havre tant désiré. Une voix s'écriait : — Des barques amarrées, là, dans cette crique! Mais la prétendue barque était un banc de roches, un tronc renversé. Une brume se levait, très dense. Le mince ruban de ciel étoilé, les hautes falaises de verdure, la coulée d'ombre du fleuve, tout disparut. Il n'y eut plus qu'une blancheur moite, une vapeur de rêve où nous flottions, emportés on ne savait où, sans bruit, à l'aventure.

Pour comble de malechance, le gig fatiguait beaucoup : la membrure gémissait, l'eau filtrait par les joints : nous en avions jusqu'aux chevilles. Les noirs, en asséchant l'embarcation, se démenèrent si bien qu'ils arrachèrent le dalot fermant l'ouverture destinée à faciliter le nettoyage après que le bateau a été halé à terre. Soudain un formidable jet nous inonda. L'esquif à demi rempli s'enfonçait : c'était la submersion imminente à quelques mètres de la rive insaisissable, dans cette rivière peuplée de caïmans. Mais, juste à point, la bonde était retrouvée, par miracle, et remise en place; puis, tout le monde d'écoper avec les calebasses, les gamelles, les gobelets, les chapeaux. Au même moment, Alfred posté à l'avant, en vigie, jetait un cri :

— Elléna!... Elléna!...

Il disait vrai. L'échancrure dans laquelle le hasard d'un remous venait de nous pousser, marquait l'amorce d'un sentier de forêt aboutissant à Elléna. Le village étant à plusieurs kilomètres, il ne pouvait être question de s'y diriger à tâtons. Nous camperions au bord de l'eau. Le bivouac fut vite installé. Quelques brassées de broussailles étalées sur le sol boueux, et le lit est fait. Cinquante centigrammes de quinine, une tasse de thé, une pipe, voilà le souper.

Et nous avons reposé, malgré tout, d'un bon somme. Au matin, de légères courbatures bientôt dissipées par le soleil nous rappelaient seules les émotions de la soirée et les désagréments d'un mauvais gîte.

Celui qui suivit ne fut guère meilleur. Notre avant-garde, après avoir manqué une première fois le point fixé pour l'étape, ne s'était pas troublée pour si peu. Elle avait passé outre, sans se soucier autrement que nous serions contraints de dormir deux nuits de suite, sans tente et sans literie, sur une couche de feuilles recouverte d'un prélart. Par bonheur, nous avions du thé; nous eûmes même l'agréable surprise de découvrir au fond du canot deux boîtes de conserves et, chemin faisant, quantité de pigeons verts et de perroquets. Un ordinaire très acceptable, bien que le rôti tant soit peu carbonisé et privé de tout assaisonnement n'eût pu prétendre à l'approbation des gourmets. Heureusement aussi le temps est resté beau. La moindre pluie nous eût mis dans une situation très précaire.

En fin de compte, l'épreuve avait été bénigne et le

Tanoé s'était montré bienveillant. Sans doute estimera-t-on que la contravention n'entraînait pas un châtiment plus sévère. Deux nuits à la belle étoile, c'est assez pour un paletot noir.

Pareils incidents ne sont pas rares en ce pays. C'est la menue monnaie du voyage, que l'on procède par terre ou par eau. Pour peu que la marche soit longue, si vous vous placez en tête de la colonne, tenez pour certain que la moitié de vos hommes resteront en route. Les faites-vous passer devant? vous stimulerez les traînards : en revanche, les plus agiles feront diligence — une fois n'est pas coutume — au point de doubler l'étape, à moins encore qu'ils ne s'égarent. Toujours est-il que, deux soirs sur quatre, vous pouvez compter dormir ailleurs que dans votre couchette. Affaire d'habitude.

*Nougoua, 3 — 10 février.*

Nos collègues britanniques sont arrivés le 4 au soir.

Ici devaient commencer les travaux de délimitation et, par suite, les difficultés. Le protocole stipule que, jusqu'à Nougoua, le Tanoé formera la frontière, la rive droite restant à la France. Il ne semble pas douteux que ce village doive nous appartenir, puisqu'il se trouve sur la rive droite. Telle n'est pas cependant l'opinion du commissaire anglais, lequel me paraît commenter et éplucher les textes avec la subtilité d'un abstracteur de quintessence :

— De ce qu'un territoire vous appartient *jusqu'à* tel point, il ne s'ensuit pas forcément que ce point-là soit vôtre. Il faudrait pour cela que le dispositif fût ainsi libellé : *jusques et y compris*... Alors il n'y aurait plus doute.

— Mais cela est sous-entendu.

— Permettez-moi de n'en rien croire.

La discussion élevée à cette hauteur, notre devoir est de l'y maintenir. Aussi, adoptant, à l'exemple de notre interlocuteur, une argumentation purement grammaticale, ripostons-nous :

— Vous voudrez bien cependant remarquer qu'aux termes mêmes de la convention, nous devons entreprendre le tracé de la frontière *à partir de* (*starting from*) ce village. Partir d'un endroit, cela suppose qu'on y est entré. Donc nous sommes ici chez nous.

L'entretien s'est poursuivi sur ce ton pendant près d'une semaine. Il aurait pu se traîner pendant des mois. La conclusion à en tirer était l'impossibilité de se mettre d'accord.

Il a donc été convenu que la question réservée ferait l'objet d'un nouvel échange de vues entre nos gouvernements respectifs (1). Il y aura encore de beaux jours pour les commis rédacteurs. Espérons que, cette fois, ils n'économiseront plus leur encre, ne se contenteront pas de sous-entendus et daigneront mettre les points sur les *i*. *Et y compris*... Ce que ces trois mots si fâcheusement oubliés nous eussent épargné de retards et de conversations oiseuses !

Ai-je besoin d'ajouter que ces contestations n'ont

(1) Voir à l'*Appendice*.

nullement altéré la bonne harmonie entre les ~~sions~~ française et anglaise ? Les relations, e~~n~~ ~~dehors~~ des affaires, restent de part et d'autre très cordiales. Toutefois ce premier nuage me fait mal augurer de l'avenir. J'ai grand'peur que la mission n'aboutisse à un échec. J'ajouterai que ce résultat négatif ne serait peut-être pas également déploré par tout le monde. Loin de moi l'idée que le commissaire anglais soit venu ici avec l'arrière-pensée de laisser les choses dans le *statu quo*. Mais il est clair que ce *statu quo* favorise trop les intérêts du protectorat du Gold-Coast pour qu'on ait hâte d'y mettre un terme. A cet égard, M. le capitaine Lang, pendant son séjour à Cape-Coast et à Accra, a eu tout loisir d'être édifié sur les sentiments du gouvernement colonial toujours plus passionné que la métropole. Ceci ne veut pas dire qu'il se soit laissé influencer. Du moins a-t-il pu se convaincre qu'un insuccès ne lui serait pas imputé à crime.

La possession d'un hameau de deux cents âmes serait, en soi, de peu d'importance. Mais Nougoua est le point de départ de plusieurs chemins vers l'intérieur ; un sentier le relie directement à Krinjabo. Sa cession créerait une enclave sur notre territoire, attendu que nous possédons encore, sur la même rive, plusieurs autres villages en amont. Rien d'ailleurs, pas plus dans les termes que dans l'esprit de la convention intervenue entre les deux gouvernements, ne justifierait cet abandon. Enfin, c'est le point extrême — ou peu s'en faut — de la navigation sur le Tanoé. A ces divers titres, sa valeur est incontestable. Le commissaire anglais, à l'appui de son dire, n'invoque d'autre argument sinon qu'Adébia, chef du village, est originaire d'Apollonie, territoire anglais, et désireux de demeurer sujet de l'Angleterre. Or, ledit Adébia — que je viens de voir sortir de sa case, coiffé d'un superbe gibus — a commencé, avant de s'installer à Nougoua, par demander l'autorisation du roi de Krinjabo, dont il a été longtemps le fonctionnaire, payant, aux époques fixées par la coutume, le tribut de patates ou de bananes. A la suite de je ne sais quelle brouille avec le chef d'un village voisin, il a brusquement fait volte-face et se réclame aujourd'hui de l'Angleterre. Il allait même, dans son zèle exagéré de néophyte, jusqu'à vouloir s'opposer à notre débarquement. Il avait fait saisir une dizaine des porteurs envoyés par le roi de Krinjabo, qui nous attendaient campés près du village. Ces hommes avaient été garrottés et envoyés par ses soins sur l'autre rive, à Ellubo.

Une attitude énergique, appuyée de quelques paroles bien senties, eut promptement raison de ce tyranneau grotesque. Faute par lui de mettre sur-le-champ nos porteurs en liberté, il serait à son tour amarré dans une pirogue et expédié, sous bonne garde, à Assinie. La menace a produit son effet. Le chef dépêchait sans retard une embarcation à son collègue d'Ellubo, lequel s'empressait de nous rendre nos hommes. Cependant leurs camarades, effrayés, avaient repris le chemin de leurs villages, et des messagers ont dû être lancés à leurs trousses pour les rallier. C'est maintenant chose faite.

Depuis trois jours, tam-tam en tête, des files de

noirs débouchent de la forêt, en chantant, leur long fusil à pierre sur l'épaule, appareil guerrier qui n'a, d'ailleurs, rien d'inquiétant; chacun sait que l'indigène ne se sépare pas volontiers de son arme inoffensive et s'en munit pour aller ramasser des bananes ou du manioc, comme s'il s'agissait d'une expédition périlleuse.

Ces démonstrations enfantines ont inquiété la commission anglaise ou plus exactement son chef. Car le commandant des Haoussas est fait aux us et coutumes des noirs qui sont rarement à craindre, lorsqu'ils vocifèrent. Chez ces natures prime-sautières, un silence anormal, une démarche grave et compassée devraient plutôt donner l'éveil. Mais M. le capitaine Lang, qui vient de servir au Canada, est parfaitement excusable de se méprendre sur les véritables intentions de ces nègres loquaces. Par deux fois il faisait demander à notre camp par un de ses sous-officiers la cause du bruit. Il ne pouvait concevoir que des individus menant si grand train fussent de simples portefaix. N'étaient-ce point plutôt des soldats fournis par le roi de Krinjabo pour mettre à la raison le chef de Nougoua en rébellion ouverte contre son suzerain?...

O Akassimadou! Monarque pacifique et bedonnant! Il faut ne pas t'avoir contemplé au seuil de ta case, sous le parasol rouge, flanqué de la stérile Elua et de tes épouses honoraires, pour te prêter ces desseins héroïques.

Les explications transmises par le sergent n'ont point paru suffisamment rassurantes. Dans le cantonnement de nos Krinjabiens, la joie était à son comble après le repas du soir : autour des feux un concert s'improvisait, des chœurs incohérents, accompagnés de roulements de tam-tam très habilement exécutés sur des boîtes de conserves et de variations sur la flûte, — une de ces flûtes en fer-blanc à quatre sous, dont nous possédions un bel assortiment dans notre pacotille. Nos boys l'avaient reçue à titre d'encouragement, et c'était plaisir pour ces pauvres diables de se griser d'harmonie une heure sur vingt-quatre. Le capitaine anglais est venu lui-même nous exprimer ses doutes sur l'innocuité de cette musique :

— Capitaine Binger, êtes-vous vraiment sûr de ces hommes?... Entendez-les... Qu'est-ce qu'ils veulent?

— Mais... rien. Ils chantent.

— Leur chant de guerre probablement. Méfions-nous.

— Pas le moins du monde, capitaine Lang. Ces gens-là ont solidement soupé; ils sont contents. Voilà tout.

— Mais ils ont l'air de vouloir tout dévorer.

— Ils viennent en effet de dévorer un mouton; c'est ce qui les met en joie.

— Rien de plus, en vérité?

— En vérité.

Du reste, afin de couper court à des appréhensions plus ou moins fondées, tous les individus embauchés ont été immédiatement désarmés. Ceux que leur jeune âge ou leur apparence débile — et ils n'étaient que trop nombreux — avaient fait reconnaître impropres au service, devaient retourner chez eux dès le lendemain, le village ne pouvant suffire à nourrir les bouches inutiles.

Le litige soulevé au sujet de la possession de Nougoua pouvant faire naître des conflits entre les populations de la frontière, il a été décidé que les deux missions y laisseraient chacune un détachement : ces troupes auraient à se concerter pour maintenir le bon ordre et la paix. Les Anglais y consentent d'autant plus volontiers que la proximité de leur base d'opérations leur permettra de faire venir en quelques jours une nouvelle compagnie de tirailleurs Haoussas et de ne pas se priver de leur escorte. Il n'en sera pas de même pour nous. Deux mois s'écouleraient, trois peut-être, avant qu'il fût possible de recevoir de Dakar pareil renfort. Nous nous séparerons donc de nos Sénégalais, n'emmenant que six hommes pour faire la police de la colonne. Avec ce personnel insouciant et indiscipliné, leur rôle ne sera pas une sinécure. Les autres demeureront à Nougoua jusqu'à ce qu'une compagnie, mandée par le plus prochain courrier, ait pu les relever. Après quoi, ils rallieront notre convoi, si toutefois il en est temps encore. Je crains fort qu'ils ne poussent pas plus loin, ce dont ils se consoleront d'ailleurs aisément. Le plus à plaindre est leur officier, M. le lieutenant Gay, que nous laisserons bien à regret dans cette peu enviable garnison.

A cela près, la perspective de cheminer sans accompagnement de force armée n'a rien qui nous émeuve. A quoi nous serviraient, en cas d'hostilités sérieuses, une quinzaine de fusils? Il ne s'agit pas de faire la guerre. Nous ne nous présentons pas en conquérants, mais en amis; c'est d'une politique moins fin de siècle, mais tout aussi efficace. S'il est admis que la force crée le droit, plus indiscutable encore est le vieil adage suivant lequel les petits cadeaux entretiennent l'amitié. Et, à défaut de cartouches et d'escopettes, nous avons de petits cadeaux !

Ces préliminaires réglés, restait à répartir la besogne ultérieure entre les commissaires. D'ici quelque temps, Anglais et Français ne marcheront pas de conserve. Nos collègues comptent avancer vers le nord sans quitter le protectorat britannique, par le pays Achanti, tandis que de notre côté nous procéderons à travers les possessions françaises du Sanwi et de l'Indénié. Les missions se réuniraient à une cinquantaine de lieues d'ici, au village d'Attiébendékrou, rapprocheraient leurs observations et établiraient d'un commun accord sur la carte le tracé définitif de la frontière. Alors seulement elles continueront leur route côte à côte vers Bondoukou et le 9° de latitude. Le capitaine Lang a même cru devoir, à cette occasion, faire remarquer que cette dernière partie de l'expédition serait accomplie exclusivement en terre française ; il demandait qu'on l'autorisât à conserver jusqu'au bout son escorte de Haoussas. L'autorisation était accordée d'avance. Mais la démarche, des plus courtoises, est tout à l'honneur du chef de la commission anglaise, en qui nous nous plaisons à voir un adversaire résolu doublé d'un parfait gentleman.

L'itinéraire que nous avons à parcourir étant de beaucoup le plus long, nous partirons les premiers.

La majeure partie de notre colonne, sous le commandement de M. le lieutenant Braulot et du docteur Crozat, se mettra en marche demain matin pour Edoubi et la rivière Songan. Le capitaine et moi passerons par Alancabo, en relevant les villages de la frontière appartenant au pays de Sanwi. Nous espérons nous rencontrer avec nos compagnons dans une quinzaine. En répartissant de la sorte le convoi, nous aurons chance de pouvoir alimenter nos hommes. Cette partie du pays est si peu peuplée, les cultures y sont si clairsemées, qu'une troupe de près de cent cinquante hommes aurait grand'peine à se procurer, en manioc, riz ou bananes, la quantité de vivres nécessaire.

9 février.

Une pirogue nous a apporté, hier matin, le courrier de France parti de Marseille le 15 janvier et, en même temps, un télégramme annonçant à notre compagnon de voyage, M. le docteur Crozat, sa promotion de chevalier de la Légion d'honneur. Chacun se rappelle la remarquable exploration récemment accomplie par le docteur Crozat dans le Soudan, au pays de Tiéba et dans le Mossi; la juste récompense de ces importants travaux, reçue au cours d'un nouveau voyage, au cœur de la forêt africaine, a été chaleureusement fêtée. Le capitaine Binger a donné l'accolade au nouveau chevalier et attaché à sa vareuse de toile bise le ruban si bien gagné.

Les réjouissances ont été interrompues par une terrible attaque de la part d'ennemis à qui nous aurons malheureusement souvent affaire dans la forêt, les magnans, race de fourmis minuscule, mais agressive, dont les morsures sont cuisantes. Ce fut un siège en règle.

Nous avions dressé la tente en avant du village, près de la rivière, dans un bouquet de cocotiers et de bambous. L'ennemi, massé en contre-bas sur la berge, débouchait en bataillons serrés. Déjà les premières files n'étaient plus qu'à un mètre des caisses de provisions et des cantines. Il fallait agir promptement, sous peine d'être débordés, harcelés, dévorés, exposés à traîner avec nous pendant des jours et des semaines les implacables rongeurs accrochés à nos hardes. Mais, l'attaque aussitôt signalée, les mesures de défense avaient été prises, le feu ouvert sur tous les points. Chacun se précipitait avec des tisons, des torches, des pelletées de braise, à la rencontre de l'envahisseur. Un instant, il fit bonne contenance, amenant des renforts, hâtant l'assaut. Des réserves fraîches accouraient pour remplacer les premiers rangs décimés, escaladaient les monceaux grillés de morts et de mourants, plongeaient hardiment dans les flammes. Puis, devant l'inanité de l'effort et les pertes éprouvées, les chefs ordonnèrent la retraite. Il semblait que la discipline fût grande, que le plan eût été combiné, à voir avec quelle promptitude et quel bel ensemble la manœuvre s'exécuta d'un bout à l'autre de l'armée. Une retraite, non une déroute. L'ennemi qui se repliait méditait une nouvelle surprise, un mouvement tournant. Moins d'une heure après, il opérait une démonstration à l'extrémité opposée du camp. Mais on était sur le qui-vive; un cordon de feux nous protégeait. Les assaillants hésitèrent à engager l'action : une escarmouche d'avant-poste, et ce fut tout. La position était imprenable. Les bataillons découragés firent demi-tour et disparurent dans les hautes herbes. Nous couchions sur le champ de bataille.

Nos compagnons se sont mis en marche ce matin. Demain, nous plierons bagages et nous dirigerons sur N'Gakin, Alancabo et Assuakourou.

Désormais, nous ne devons plus compter que sur nos jambes pour nous porter jusqu'aux plateaux du Soudan méridional, vers cet intérieur hier encore mystérieux, demain peut-être l'un des plus importants marchés de l'Ouest africain. Trente ou quarante étapes nous en séparent, cent lieues de forêt!

## V

## VILLAGES DE LA FORÊT.

N'Gakin, 10-12 février.

La première partie du programme a été réalisée, non sans difficultés. Pour commencer, il nous a fallu nous mettre en route avec dix-neuf porteurs au lieu de vingt-quatre, cinq de nos hommes s'étant enfuis pendant la nuit qui précéda le départ, en dérobant une pirogue. Le temps était extrêmement orageux, la pluie tombait à torrents. Aussi, afin de ménager un peu nos pauvres tirailleurs sénégalais, avait-on supprimé les postes de factionnaires gardant les abords du village; il paraissait improbable, — en supposant qu'il y eût des gens disposés à nous fausser compagnie, — qu'ils missent leur projet à exécution par une semblable tempête. Nos déserteurs ont profité de la circonstance et fait preuve d'une audace assez rare chez leurs compatriotes. Cela nous contrarie d'autant plus que, parmi les cinq charges laissées en souffrance, se trouvent une caisse de biscuits et dix bouteilles de vin. Notre cave n'avait pas besoin de cette saignée. Assez bien garnie au départ, les difficultés du transport nous avaient décidés à l'alléger au plus vite. Ce que l'on veut ménager est souvent autant de perdu. En une seule journée de marche, innombrables sont les chutes, et quantité du précieux cordial est inutilement répandue : inutilement pour nous, veux-je dire ; car l'indigène profite de ces glissades toujours préméditées. La caisse lancée à terre et les flacons en morceaux, il recueillera le liquide dans une calebasse. Puis le soir, à l'étape, la mine désolée, traînant la jambe, il racontera à sa façon l'accident dont il fut tout à la fois la victime... et le bénéficiaire.

Comment sévir ? Il peut arriver à tout le monde de faire un faux pas ; celui qui trébuche est plus à plaindre qu'à blâmer. Pour ces motifs, il n'avait été mis de côté qu'un très petit nombre de bouteilles, auxquelles on ne toucherait qu'en cas de maladie. Sacrifier ainsi, dès le premier jour, une notable partie de la réserve, c'était là une nécessité cruelle. La destinée a de ces rigueurs !

Il est vrai qu'il nous sera possible de recruter des hommes chemin faisant. Le chef de N'Gakin nous a donné à cet égard les plus belles espérances. Ce chef nous a dépêché son porte-canne pour nous offrir ses compliments, ses meilleures promesses, et nous exprimer son très vif désir de nous voir traverser ses domaines.

L'invitation est de celles auxquelles on ne résiste pas. Et pourtant la route a de quoi décourager les plus résolus. Entre Nougoua et N'Gakin, les relations sont presque nulles : elles ont lieu par eau, en remontant le cours sinueux du Tanoé jusqu'à Alancabo, d'où un sentier de cinq à six kilomètres se dirige vers N'Gakin. La voie de terre, plus directe, que nous suivons, est une sente à peine tracée, en terrain montueux, coupé de ravins et de marigots. Jetés en travers, des troncs d'arbres, des câbles de lianes que l'on franchit à califourchon ou à plat ventre. La plupart du temps, aucune passerelle, un gué douteux où l'on enfonce dans la vase jusqu'à mi-corps. L'orage de la nuit a rendu le sol très glissant. La brousse est trempée et les larges feuilles versent sur nous des cataractes.

A dix heures et demie, nous faisons halte pour déjeuner. Afin d'activer le départ, nous n'avons absorbé, à l'aube, qu'une gorgée de café. Nos boys, y compris le cuisinier, se font attendre : les voici enfin avec l'arrière-garde, haletants, épuisés. Une poignée de riz, une tranche de viande fumée, et l'on repart. La marche devient de plus en plus pénible. Le terrain s'escarpe, coupé de bancs de roches; en même temps, sous la végétation plus drue, l'ombre s'accroît : à chaque instant, plusieurs de nos porteurs s'engagent dans une fausse direction. L'épaisseur du fourré est telle qu'à deux mètres on ne distingue plus l'homme qui vous précède. Les retardataires jettent des appels désespérés, et leurs voix semblent venir de très loin, d'une chambre close par de lourdes draperies. La forêt amortit tous les sons, la branche ployée se redresse aussitôt, immobile : les feuillages ont la rigidité du métal. Et c'est, en plein midi, un silence écrasant, l'accablement de la solitude dans les ténèbres éternelles.

Une chaîne de collines nous barre la route : cent

mètres au plus à gravir, mais avec des peines infinies. La descente de l'autre versant est plus malaisée encore. Il fait presque nuit : l'atmosphère est pesante, chargée de miasmes délétères. Une tempête, plus terrible que celle d'hier, se prépare; elle éclate. Un véritable déluge fond sur nous. Pendant près d'un quart de lieue, nous suivons le lit d'un marigot, courbés en deux, pataugeant dans l'eau bourbeuse, le visage labouré par les épines.

Aux approches de N'Gakin, le sentier disparaît tout à fait, et nous aurions eu grand'peine à nous frayer passage si le chef n'avait eu l'heureuse idée d'envoyer la veille quelques-uns de ses hommes, armés de machettes, marquer la route par des abatis ou des entailles sur les arbres. Malgré cela, il était plus de cinq heures quand nous atteignions le village dans un état pitoyable. Force nous fut pourtant, avant de pouvoir gagner notre case, de subir un palabre interminable et de passer par toutes les phases d'un cérémonial de bienvenue compliqué comme un mélodrame.

Fiencadia, chef de N'Gakin, est un homme de soixante-dix ans, un peu perclus, bien qu'il ait plus d'une fois fait preuve devant moi, parmi les racines et les branches encombrant les sentiers aux environs de son village, d'une agilité inattendue. Par moments même, il procédait par bonds, comme un jeune lapin. Cette allure, il est vrai, s'expliquait par la présence de quelques chemins de fourmis, les terribles magnans, dont les morsures donnent aux plus vieilles jambes une ardeur juvénile. Lors de notre réception, il avait

FIENCADIA, CHEF DE N'GAKIN ET D'ASSUAKOUROU

sorti tous les joyaux de la couronne : pépites d'or breloquant aux bras et aux mollets ; un long collier en grosses verroteries de Venise. A l'unique touffe qui lui reste sur l'occiput, était suspendue une lourde pendeloque en or martelé qui, à chaque mouvement de tête, sonnait sur le crâne luisant avec un bruit de battant de cloche. La physionomie du vieillard est sympathique, sa tenue assez digne. Au bout d'une perche, un drapeau français était déployé au-dessus de la case, un drapeau aux couleurs pâlies, donné par les premiers blancs qui aient visité la localité, il y a cinq ou six ans, lors du passage de la mission Brétignière, venue pour tracer un avant-projet de délimitation entre la Guinée française et les possessions britanniques de la Côte d'Or.

Nous avons séjourné deux jours à N'Gakin, afin de pousser une pointe jusqu'aux pêcheries d'Alancabo, et surtout pour donner un peu de repos à nos hommes, très las. Quatre ou cinq retardataires avaient même passé une nuit dans les bois, et nous avions dû, le lendemain de notre arrivée, faire courir à leur recherche. Ce serait, en effet, une erreur de croire qu'il est possible, surtout aux débuts d'une marche, de maintenir un peu de cohésion dans son monde. Les choses s'amélioreront plus tard, quand nos porteurs seront entraînés et surtout dépaysés. Le noir, tant qu'il se sent chez lui, flâne volontiers, fait de fréquentes haltes d'autant plus interminables qu'il n'a qu'une notion assez vague de la fuite des heures. En pareil cas, la nuit, qui tombe soudainement sous ces latitudes, le surprend loin du gîte. Ajoutez à cela que plusieurs de nos porteurs sont de tout jeunes gens; bien que leur charge ne dépasse pas vingt-cinq kilogrammes, ils sont excusables de la trouver pesante pendant les premiers jours, par de pareils chemins.

Le 12, excursion à Alancabo. Deux heures de marche. Le hameau est occupé par des pêcheurs, serfs de Fiencadia : encore n'y passent-ils, chaque jour, que quelques heures; l'endroit devient inhabitable au coucher du soleil, à cause des moustiques. Il sert surtout d'entrepôt pour les engins de pêche. C'est aussi le port de N'Gakin; cependant les pirogues ne peuvent accoster qu'à deux cents mètres en aval, au-dessous des chutes du Tanoé. Ces rapides manquent de grandeur à cette époque de l'année : leur aspect doit être imposant dans la saison des hautes eaux. Un triple banc de roche coupe le chenal : sur ce barrage naturel, les pêcheurs ont aligné des pieux de bambou auxquels ils accrochent leurs nasses.

Toujours les fétiches du Tanoé! Plus que jamais, il faut se garder des vêtements noirs. On nous a fait déposer nos pèlerines dans le creux d'un ravin, à une portée de fusil de la rivière. Le neveu du chef et le porte-canne, qui nous accompagnent, comptent parmi les plus convaincus. Ce neveu de Fiencadia notamment, qui est en même temps son héritier présomptif, se livre à d'étranges pratiques. Très curieux à observer, ce jeune homme. Il a apporté avec lui, soigneusement enveloppé avec des feuilles de bananier, un pot de terre plein d'une bouillie blanchâtre. Agenouillé sur la rive, il la verse dans l'eau goutte à goutte, en bredouillant des invocations entrecoupées de profonds soupirs et de courbettes. Nos boys eux-mêmes, qui ne sont pourtant pas sceptiques, ont un pli moqueur au coin des lèvres en considérant l'officiant, un gros garçon de vingt-cinq ans, au sourire béat, les yeux à fleur de tête, de tous points inférieur, intellectuellement parlant, à la majorité de ses futurs sujets, ce qui n'est pas peu dire.

### Assuakourou (Dissou de la carte Binger), 14-18 février.

Le 13 février, départ de N'Gakin pour Assuakourou. La distance est trop grande pour être franchie en un jour. Nous passerons la nuit aux cabanes de Kokourou. Le chef Fiencadia nous suit, à une heure d'intervalle. Il retourne à Assuakourou, sa résidence habituelle. Il faut, en vérité, que ce vieillard nous aime pour être venu de si loin au-devant de nous, — et par quelle route!

Si l'étape de Nougoua à N'Gakin a été dure, celle de N'Gakin à Kokourou est terrible. Je n'ai pas souvenir d'un terrain semblable. La végétation en masque les reliefs, de proportions surprenantes. Ce ne sont que ressauts, ravins profonds encaissés entre des parois presque verticales; un exhaussement confus de collines dont les crêtes s'élèvent de quatre-vingt-dix à cent mètres au-dessus des plaines environnantes. A peine peut-on relever çà et là quelque indication de système, une apparence de chaîne régulière. C'est le chaos, autant du moins qu'il est permis d'en juger dans l'ombre qui voile tous les contours. Impossible, même d'un de ces sommets, d'obtenir une vue d'ensemble du terrain parcouru. Sur les cimes comme dans les bas-fonds, les arbres festonnés de lianes opposent aux regards tendus vers l'espace un impénétrable rideau.

Le sol parfois compact, hérissé d'énormes blocs de quartz, se métamorphose, quelques pas plus loin, en une pâte fondante de marne rouge. De sentier, point. Les pas ne laissent aucune empreinte sur l'épais tapis de feuilles qui couvre le sol. On chemine à tâtons, ceux qui marchent en tête ralliant leurs camarades par de fréquents appels, des sons de trompe. Souvent une partie de la colonne s'égare; une demi-heure, sinon davantage, s'écoule avant qu'on soit retombé sur la bonne piste. Les indigènes eux-mêmes ont peine à s'y retrouver. Les gens de N'Gakin nous ont avoué que leurs chasseurs se perdaient fréquemment dans les bois.

Dans cette ombre, supposez un entrelacement inouï de racines, d'arbres écroulés, de broussailles épineuses; dans le pli de chaque vallon, un marigot aux eaux dormantes où l'on s'enlise jusqu'à mi-jambes; des haleines fétides montent des couches de feuilles pourries, des monceaux de bois mort, de tous les détritus végétaux en décomposition : ajoutez les exhalaisons de la fourmi-cadavre, qui mêle à tout cela sa puanteur de charnier, et vous aurez une idée, bien faible encore, de cette jungle africaine. En réalité, elle est indescriptible. Décrit-on un cauchemar?

Six heures de marche dans cet enfer, et nous arrivions presque épuisés aux cabanes de Kokourou, occu-

N'GAKIN (SANWI)

ṇées seulement par quelques femmes, qui se livrent au lavage de l'or dans un marigot voisin pour le compte de Fiencadia. Bien misérables ces trois ou quatre abris de palmes, à demi enfouis sous la futaie, avec une centaine de pieds de bananiers aux alentours pour toute culture. Tels quels, nous les avons salués comme le port dans la tempête. Une heure après nous, arrivait le vieux chef, ficelé dans un pagne suspendu à une perche que deux hommes robustes portent sur l'épaule. J'en suis à me demander comment cette chaise à porteurs, si primitive soit-elle, a pu passer par ce chemin sans nom.

Le 14, en deux heures et demie, par une sente non moins accidentée, nous gagnions Assuakourou (Dissou de la carte Binger). L'ancien village de Dissou, aujourd'hui abandonné, se trouve à cinq ou six milles plus à l'ouest. Dans ces deux étapes, nous avons passé à gué *cinquante-sept* cours d'eau. Dans ce nombre ne figure que pour une unité chacune des rivières dont le lit même sert de sentier sur une distance plus ou moins longue.

Le village, des plus pauvres, compte à peine deux cents à deux cent cinquante habitants qui vivent presque exclusivement de bananes. Aucune culture d'ignames ou de patates; pas une tige de maïs. Le sol peut tout produire; on ne lui demande rien. C'est la misère inconsciente : nul ne semble souffrir de ce dénuement. Les gens passent leurs journées à dormir, les nuits à hurler aux coups assourdissants d'un tam-tam. Quelques poulets étiques errent autour des cases; mais l'achat d'un de ces volatiles suppose de longues négociations. L'unité monétaire ayant le plus communément cours est le pied de tabac, chacune des feuilles équivalant à un sou.

Le terrain défriché pour l'emplacement du village est de deux à trois hectares, au plus. Tout autour, la forêt dresse, comme une enceinte de prison, sa gigantesque palissade. L'impression générale est d'une infinie tristesse, même au plein soleil de midi. Les cases échafaudées pêle-mêle chevauchent l'une sur l'autre comme les pièces d'un jeu de dominos renversé. Pas de rue ou d'avenue, point de place centrale ou rien qui y ressemble. D'étroits couloirs livrent passage d'une case à l'autre suivant les aspérités du sol qu'on ne s'est pas donné la peine de niveler.

Binger a dû s'absenter le 16 et le 17 pour se rendre dans les villages de Muassué et de Baméango, sur la demande des chefs, mais surtout parce que ces villages frontières auraient pu fournir au difficulteux commissaire anglais matière à contestation. Il était bon de constater que ces points, appartenant au pays de Sanwi, étaient effectivement occupés par des agents du roi Akassimadou, notre protégé. Le capitaine n'a emmené avec lui qu'un interprète et quatre hommes, laissant le surplus à ma garde.

Ces deux journées de solitude dans un pauvre village noir ont, somme toute, passé vite. En pareil cas, il n'est guère d'heure inoccupée. Les palabres avec le chef prennent une bonne part du temps. J'avais à lui rappeler son engagement de nous procurer des porteurs. Il se souvenait, disait-il, mais devait les faire venir de tel ou tel village : il enverrait de suite des ordres à ce sujet. Deux heures après, nouveau palabre. Les messagers étaient-ils partis? — Ils allaient partir. J'insistais pour que le départ eût lieu sans délai. Enfin, les porteurs arrivent. Du moins en voici trois, sur trente que le chef a promis. C'est, à peu de chose près, la proportion à laquelle il convient de ramener les promesses ou les renseignements des noirs.

Puis, c'est le train ordinaire de la vie au campement : les besognes multiples qu'il est nécessaire d'entamer soi-même si l'on veut obtenir du nègre qu'il les achève tant bien que mal; la discussion soulevée pour un rien, qu'il s'agit d'apaiser à la satisfaction des deux parties intéressées; enfin, le remède sollicité pour un mal quelconque, fièvre ou colique. Il va sans dire que le noir n'a qu'une confiance très relative dans les drogues dont se servent les blancs. Il les ingurgite par surcroît de précaution; mais, si le mal cède, il fera honneur de la guérison à ses fétiches ou aux pratiques de ses médecins. Nous comptons parmi nos porteurs trois de ces hommes éminents. L'un d'eux surtout, qui répond au nom de Mouraré, jouit auprès de ses camarades d'une réputation indiscutée. Ses spécifiques sont ceux de la médecine nègre : cautérisations au jus de piment pratiquées en capricieuses arabesques sur toutes les parties du corps; incantations baroques dans lesquelles le spécialiste imite tour à tour, avec une perfection rare, les gémissements d'un patient et les cris des animaux les plus divers. La mélopée est appuyée par le chœur des assistants et les roulements du tam-tam. Ces petites fêtes ont lieu la nuit, devant un auditoire nombreux, et durent parfois plusieurs heures. Dans la nuit du 16 au 17, il m'a été impossible de fermer l'œil avant deux heures du matin, à cause de l'odieux tintamarre qui faisait rage dans la case voisine de la mienne. C'était la consultation du docteur Mouraré.

Indépendamment des simagrées des médecins et des féticheurs, le noir use et abuse d'une panacée chère à la thérapeutique de toutes les nations, — la douche ascendante.

L'instrument de Molière, tel qu'on le comprend dans les forêts de Guinée, rendrait quelque peu rêveur un matassin du vieux répertoire. C'est une calebasse piriforme, la gourde du pèlerin, mais percée à ses deux extrémités. De même que dans la clinique du docteur Purgon, le clystère est élevé ici à la hauteur d'un principe. Seulement il s'administre suivant un rite très particulier et requiert, comme par le passé, le concours de deux personnages, l'opérateur et le patient. Celui-ci confie à un ami la seringue, emplie au préalable d'une infusion pimentée, et le camarade lui insuffle le remède de toute la force de ses poumons, avec le sérieux d'un corniste qui déchiffre une page difficile. Le lavement s'absorbe en plein air, sur les places, comme on fumerait une pipe, sans que personne y trouve à redire. Il ne se passe pas de jour sans que nos porteurs s'offrent cette consommation; c'est l'apéritif obligé en arrivant à l'étape. Chacun d'eux porte en sautoir sa calebasse au goulot effilé. Il oubliera son fardeau, ses armes, ses munitions, tout hormis sa canule. En ouvrant le panier

L'INSTRUMENT DE MOLIÈRE AU PAYS NOIR

de cuisine, quel est le premier objet que j'aperçois soigneusement calé au fond de la marmite? La seringue d'Anoman.

Les mamans qui ne doutent de rien appliquent couramment cette médication à des bébés de quelques mois, sans songer aux ravages que ce bouillon corrosif peut exercer dans de jeunes derrières. Les malheureux nourrissons se tordent convulsés, les yeux hors de la tête. Il y a de quoi! Les siècles peuvent passer, la civilisation faire son œuvre, les fétiches tomber dans l'oubli des mythologies défuntes; dans le renouveau du monde noir, sur les ruines des croyances, sur les décombres de la forêt défrichée, une seule institution restera debout, immuable : le clystère au piment.

La population, d'humeur très douce, manifeste à notre égard une curiosité parfois bien gênante. Les moindres de nos actes sont, non pas épiés de loin, mais observés en détail par un cercle de spectateurs empressés. Pas un ne se doute qu'il peut être indiscret : ils sont capables de rester là pendant des heures à vous regarder écrire ou dessiner; levez-vous la séance, l'assemblée fait de même et vous escorte dans les promenades les plus intimes, obstinée, implacable. Avant nous, le village n'a compté qu'une visite d'Européens, la mission Brétignière. La toute jeune génération voit les blancs pour la première fois; chez elle, la curiosité est tempérée par la crainte. A mon approche, les enfants détalent en criant comme des perdus. Je vois encore un malheureux poupard échoué sur son séant et qui, abandonné de ses aînés, plus agiles, jetait des appels désespérés, agitant les bras, écartant de lui l'apparition redoutable avec des gestes d'exorciste. J'ai cru m'apercevoir, du reste, que les mères, à l'occasion, exploitaient cette frayeur et nous faisaient tenir l'emploi de Croquemitaine. Mais, comme il est toujours bien tentant de contempler l'ogre sans en être vu, c'étaient, à chaque instant, brillant entre les palissades, quelques paires d'yeux braqués de mon côté. Faisais-je un pas? Sauve-qui-peut général, un galop de souris surprises par le matou.

Le capitaine Binger est revenu de sa tournée le 18 dans la matinée. Nous devons repartir le lendemain pour rejoindre, dans cinq jours, nos compagnons qui nous attendent à Edoubi. Le détour que nous venons d'accomplir, cette visite aux villages de l'extrême frontière auraient pu être évités, et la délimitation obtenue suivant un tracé à peu près régulier, par de menues concessions réciproques de territoire évitant autant que possible les enclaves, pour peu que le commissaire anglais y eût mis quelque bonne volonté. Par malheur, M. le capitaine Lang, s'il émet des prétentions inattendues telles que la possession de Nougoua et d'autres points notoirement en dehors de la zone à délimiter, n'entend en revanche faire aucune concession. Il n'a, qui plus est, et c'est là le plus regrettable, jamais mis les pieds en Afrique; son inexpérience des hommes et des choses du pays est complète. J'ignore ce que pensent là-dessus mes compagnons de voyage; mais, pour moi, je suis surpris que l'Angleterre, qui compte dans ses possessions africaines tant d'officiers distingués et au courant de ces questions, ait délégué en cette circonstance un homme dont on ne saurait suspecter la valeur, mais dont la compétence est au moins douteuse. Le procédé n'est guère dans les traditions britanniques, qui nous présentent le plus souvent *the right man in the right place*. Ceci, bien entendu, tout en rendant pleine et entière justice aux qualités du capitaine Lang que nous retrouverons avec plaisir sur les confins du pays achanti.

Dadiéso, 19 février, six heures matin.

Une heure et demie de marche par un sentier tolérable. Ce matin, un de nos hommes manquait encore à l'appel. En arrivant à l'étape, un second porteur a disparu. Renseignements pris auprès de ses camarades, nous apprenons qu'il aurait été arrêté par un habitant d'Assuakourou, qui prétendait le faire revenir sur ses pas ou exiger de lui une amende, sous prétexte qu'il le soupçonnait d'avoir passé la nuit avec sa femme.

Sur ces entrefaites, le retardataire arrive, suivi de près du plaignant. Celui-ci est immédiatement saisi et garrotté sur l'ordre du capitaine, qui lui déclare que nul n'a le droit de molester ainsi nos gens. A supposer qu'il eût une réclamation à faire, il devait la lui présenter avant le départ. L'accusation, au surplus, ne repose sur rien de précis ; ce n'est peut-être qu'une tentative d'intimidation pour extorquer une rançon d'un de nos porteurs. L'inculpé, de son côté, nie comme un beau diable. Pour conclure, l'individu est avisé qu'on ne lui rendra la liberté que lorsque le chef d'Assuakourou nous aura renvoyé celui des porteurs disparu pendant la nuit; en attendant, il prendra sa place. L'autre accueille cet arrêt sans émoi, presque avec bonne humeur. C'est égal, voilà un gaillard qui a été bien mal inspiré en ne restant pas chez lui ce matin.

Même jour, midi.

Un étranger de bonne mine, drapé dans un pagne élégant, fait son apparition. C'est Eti, l'un des chefs du village de N'Kossa. Il vient nous demander d'y faire halte. L'endroit ne se trouve pas sur notre itinéraire, lequel se dirige droit sur Toliéso. Mais l'orateur est pressant : il sera malaisé de ne pas céder à ses instances. Son village est tout proche, à peine une petite heure de marche. Pourquoi ne pas nous y rendre le jour même? Nous y passerions la nuit. Cela ne nous détournera guère.

Comme l'étape du matin a été insignifiante, rien ne nous empêche d'accepter l'invitation. L'ordre de départ est donné; nous sommes surpris de la rapidité avec laquelle les noirs ont levé le camp. En moins d'une heure tout est empaqueté, cordé, les ballots enlevés sur les têtes. On n'attend qu'un signal pour se mettre en route. Le départ, d'habitude, est beaucoup plus laborieux. Mais il paraît que N'Kossa est ce qu'on appelle un « bon village », un lieu de ressources, où l'on est assuré de trouver des vivres en abondance, du vin de palme à bouche-que-veux-tu ; bref, une de ces haltes privilégiées vers lesquelles portefaix hâtent le pas, comme chevaux flairant l'écurie.

L'espoir des porteurs n'a pas été trompé. N'Kossa est un « bon village », je dirai presque un beau village, aux cases propres, assez bien alignées, entouré de cultures de patates et d'ignames. Tout y respire une aisance relative, une recherche du confort bien rare en ce pays. Les cases sont fraîchement badigeonnées, deux ornées de fenêtres à volets pleins, l'une même plafonnée. Ces gens n'ont évidemment besoin que d'une direction intelligente pour continuer, sur un champ plus étendu, la tâche spontanément commencée. Ils ont, en partie, déblayé les sentiers aux abords de leur village, jeté sur les marigots des arbres ou des passerelles de bambou. Nul doute qu'un agent européen, avec un peu de savoir-faire, n'obtînt de cette petite population d'excellents résultats. Le village serait des mieux situés pour devenir un marché d'échange important entre la côte et l'intérieur.

*20 février.*

Séjour à N'Kossa. Les chefs ont mis en œuvre toutes les ressources de leur diplomatie pour obtenir que nous demeurions chez eux un jour entier. Nos porteurs envisagent cette perspective avec une satisfaction évidente. Ayant beaucoup à leur demander, il est de bonne politique de leur accorder à l'occasion un court répit. Ils nous revaudront cela aux jours difficiles.

Nous venons de recevoir des nouvelles de nos compagnons campés à Édoubi. Ils sont en bonne santé et nous informent qu'ils ont trouvé dans ce village un contingent de cinquante hommes mis à notre disposition par le roi de Krinjabo. Ils les chargent d'aller à Nougoua prendre le reste de nos bagages.

Aujourd'hui, grande séance de médecine. N'Kossa est la résidence d'un praticien renommé. Lui et sa femme possèdent mieux que personne le secret des simples et des venins. Cette réputation vaut aux redoutables personnages la sympathie et la vénération générales. Qui ne voudrait être au mieux avec le féticheur? Un mot de lui peut perdre ou ruiner un homme. On sait qu'aux yeux des indigènes la maladie, la mort sont moins des événements naturels que les effets d'un sort jeté par un ennemi. Survienne un décès, une épidémie, il s'agira de découvrir de qui émane le maléfice. Chacun, étant exposé à se voir imputer la colique du voisin, doit désirer, à tout hasard, se ménager les bonnes grâces du sorcier, dont les décisions sont sans appel. D'ailleurs, il s'en faut que la cérémonie tourne toujours au tragique. Si la coutume des victimes expiatoires demeure en vigueur chez les peuplades de la forêt, le sacrifice est esquivé neuf fois sur dix; l'inculpé s'en tire en versant la forte somme. L'affaire s'arrange moyennant une ou plusieurs onces d'or comptées à la famille et quelques épices discrètement glissées au « médecin ». Celui-ci, il convient de le reconnaître, ne se renferme pas exclusivement dans ses attributions divinatoires. Il consent parfois à s'improviser guérisseur. Et cela est inappréciable; car s'il est intéressant

de savoir de quoi l'on va mourir, il est préférable encore d'être remis sur pied.

Le spécialiste fait de son mieux. Je viens de le voir en grande tenue, coiffé d'une perruque d'herbes sèches, zébré de tatouages, brandissant d'une main sa baguette magique, et de l'autre une bouteille de gin, exécuter au chevet d'un client une pyrrhique désordonnée. Une dizaine de femmes, — d'horribles vieilles, — assises sur les talons, l'accompagnaient de leurs glapissements et marquaient la mesure en frappant l'un contre l'autre deux bâtonnets. Le malade avait été déposé à l'entrée de la case pour qu'il ne perdît rien de la scène. Sur le seuil de la maison voisine, un jeune ménage battait furieusement du tam-tam, sans doute afin d'écarter les influences morbides. Il fallait, pour ne pas succomber à ce charivari, que le moribond eût l'âme chevillée au corps. Au moins il s'en irait plus gaiement dans l'autre monde.

La musique, les chœurs, les entrechats de convulsionnaire, n'ont cessé que vers le matin. Au moment de partir, j'ai poussé une reconnaissance du côté de la case où régnait maintenant un silence de tombe, avec l'idée d'assister à des apprêts funéraires, lorsque mon boy Kassikan qui avait filé devant, aux informations, est venu m'annoncer d'un air de triomphe que le malade n'était pas mort : il allait mieux, il « mangeait fouto ».

21-29 février.

La pensée de revoir bientôt nos amis nous redonne

des forces. En quatre jours nous pouvions les rejoindre, si le chef de Toliéso ne s'était avisé de nous garder chez lui toute une journée, calculant évidemment que notre munificence serait en raison directe de la durée du séjour. Il est difficile de se soustraire à ces hospitalités intéressées. Parfois aussi le pauvre chef en sera pour ses frais. Non qu'il soit dans nos habitudes de nous faire héberger gratis; les largesses de l'hôte sont toujours payées, bien au delà de leur valeur. L'offre d'un poulet, d'une jarre de vin de palme, d'un régime de bananes, vaut au donateur un foulard bigarré, deux ou trois rangs de perles, une pipe, que sais-je encore? Quant à la ration fournie à nos hommes, le prix — toujours fort honnête — en est régulièrement acquitté en poudre d'or.

On nous avait, à Toliéso, gratifié d'une chèvre et d'œufs frais, une rareté. Si les poules, dans la brousse, pondent aussi volontiers que partout ailleurs, le noir en revanche s'abstient de toucher aux œufs. L'aliment ne lui semble pas assez substantiel : tout au plus le juge-t-il bon pour les fétiches. Il perce les coquilles aux deux bouts, les vide, et en fabrique de longs chapelets qu'il suspend à l'intérieur de sa case ou devant l'entrée, à un pieu, en guise d'offrandes à ses lares. Mais il n'est pas autrement surpris de ne pas nous voir partager ses répugnances. Les blancs ont de si drôles de goûts !

Ces attentions méritaient récompense. Le chef reçut, en plus des colifichets d'usage, un superbe pagne, à pois rouges sur fond crème. Ce fut une extase. Par malheur, les noirs comme les flots sont changeants. Deux heures après, son enthousiasme était tombé : l'étoffe exhibée à l'admiration du populaire, passée de main en main, voici que le dessin ne plaisait plus. Il rapportait le cadeau, déclarant, par l'organe de l'interprète, qu'il souhaitait autre chose. Le pagne fut repris séance tenante, et l'on répondit simplement au bonhomme qu'il pouvait se retirer.

Comment!... S'en aller ainsi, les mains vides?... Il insista, croyant avoir mal entendu. Puis, en désespoir de cause, il ajouta que, toute réflexion faite, le pagne lui convenait; on n'avait qu'à le lui rendre. — Jamais de la vie! L'objet imprudemment dédaigné avait réintégré son ballot : il n'en sortirait plus. Et, dans une improvisation hardie, nous dégageâmes la morale de l'incident, un cours complet de savoir-vivre à l'adresse des noirs de tout rang. Étaient-ce là façons d'agir, de chef à chef? S'imaginait-il donc qu'une chèvre étique et une douzaine d'œufs fussent un si riche cadeau pour des gens de notre sorte?... Nous avions cependant accueilli l'hommage avec des paroles de reconnaissance. Et lui nous faisait l'injure de mépriser nos présents!... Fi!... Quelle honte!... Nous aurions le droit d'être offensés. Les blancs ont l'âme magnanime; ils pardonnent. Le coupable en sera quitte pour se passer de pagne; mais qu'est-ce qu'un pagne auprès des avantages qu'il s'assurera dans l'avenir en méditant cette sage maxime : La façon de donner vaut plus que ce qu'on donne?

Le chef ne s'est pas tenu pour battu. Tout le jour, il

est resté assis devant notre case, la main tendue, le regard implorant. Ce plaidoyer muet eût attendri des pierres. Nous fûmes de bronze. Mais la leçon portera ses fruits.

Le 23 nous sommes à Bafia, le 24 à Koffikrou, village bâti non loin d'un ancien cratère. Tout ce pays est extrêmement accidenté, bossué de soulèvements volcaniques; très arrosé aussi. Entre Toliéso et Bafia nous avons, en une matinée, passé onze cours d'eau. Quelle rude étape! Six heures de marche, par une température de fournaise. Le guide nous avait pourtant juré que le trajet ne demandait pas plus de trois heures. Mais serment de guide nègre équivaut à serment d'ivrogne. Ces gens-là n'ont qu'une notion très relative du temps et des distances, et seront d'autant plus affirmatifs qu'ils parcourent le chemin pour la première fois. Vainement irez-vous aux renseignements : vous ne saurez jamais qu'une chose, l'heure du départ : quant à celle de l'arrivée, c'est le secret de Dieu. Heureusement, à mi-route, nous avons traversé un petit bois de cocotiers, les derniers sans doute que nous verrons de longtemps, car l'arbre ne croît pas loin de la côte. Les porteurs harassés poussent des clameurs joyeuses et, oubliant leur fatigue, grimpent, la machette aux dents, jusqu'aux noix fraîches qu'ils abattent par centaines. Jamais breuvage ne m'a paru plus exquis. Il faut avoir connu, dans la jungle marécageuse dont les marigots exhalent des pestilences, ce supplice atroce de la soif au milieu des eaux imbuvables, pour apprécier comme elle le mérite la source aérienne et limpide qu'un coup de hache fait jaillir sous les palmes.

Enfin le 25, vers dix heures, nous approchons d'Édoubi. Une fusillade retentit : c'est le docteur et M. Braulot qui chassent les pigeons verts. Nos carabines leur répondent, et, de loin, sous les futaies, des voix familières nous souhaitent la bienvenue.

Ces messieurs ont établi leur camp sous bois, à cent mètres du village, au pied d'un gigantesque fromager. Il y a dix jours qu'ils sont là. Le docteur en a profité pour faire un peu de jardinage; dans un carré sarclé avec soin il a semé des graines de radis roses et de laitues. Il rêvait de nous servir des salades; mais ce ne fut qu'un beau rêve. J'ai visité le potager. Il m'a rappelé ces essais de culture que d'ingénieux écoliers élaborent dans le mystère de leurs pupitres, les brins d'herbe décolorés foisonnant au fond d'une boîte à cigares. Dans cette ombre humide et chaude, où jamais un rayon de soleil ne pénètre, les semences ont levé avec une étonnante rapidité, en quelques heures. Le résultat est inattendu. C'est quelque chose de particulier, une végétation rampante et filiforme qui dessine sur l'humus noir de blanches arabesques. Inutilisable pour la cuisine, mais très décoratif.

Trois jours de repos, et la colonne est réorganisée : nous pouvons repartir. Un séjour plus prolongé achèverait d'indisposer la population qui déjà murmure. Bien que le village soit abondamment pourvu de vivres, on ne les cède qu'à contre-cœur. Ce matin, l'achat d'un mouton a donné lieu à une scène épique. Le propriétaire refusait de vendre. La bête a été saisie, dépecée, et le prix consigné entre les mains du chef. Le vendeur malgré lui protestait avec de grands gestes, des effets de torse et de bras nus. Un moment même, laissant tomber sa toge, il s'est écrié, tragique : « Tuez-moi donc avec mon mouton ! »

Iaou, 3-6 mars.

Nous pensions pouvoir gagner directement l'Indénié. Mais devant les difficultés du terrain et surtout l'impossibilité de trouver de quoi nourrir nos hommes dans la zone de brousse épaisse, complètement déserte, qui s'étend au nord d'Edoubi, notre itinéraire a dû obliquer vers l'ouest. Nous repassons du bassin du Tanoé dans celui de la rivière Bia. Entre Assambaé et Koffuékourou, nous rejoignons un sentier venant directement de Krinjabo. C'est la route de Bondoukou, que nous suivrons désormais, après avoir décrit, depuis Nougoua, un arc de cercle très accentué qui nous ramène à trois jours de marche seulement de la capitale d'Akassimadou, à peu de chose près sous la longitude d'Assinie. Nous sommes, par la voie ordinaire, à moins d'une semaine de la côte que nous avons quittée il y a plus d'un mois.

Cette proximité du littoral a ses avantages et ses inconvénients. Elle va nous permettre de réparer une avarie qui nous eût empêchés, pendant le reste du voyage, de relever notre position d'une façon précise. Depuis quelques jours, nous observions dans la marche de nos chronomètres de graves irrégularités. Il est certain que, dans la région tourmentée d'où nous sortons, ils n'ont pas été plus épargnés que le reste des bagages; malgré toutes les précautions et les recommandations réitérées, la caisse qui les contient a dû plus d'une fois butter contre un tronc d'arbre ou piquer un plongeon dans la vase. Bref, les voilà hors d'état de servir. M. Braulot va donc se diriger rapidement vers la côte, de façon à atteindre dans quatre jours Assinie et, de là, Grand Bassam pour le passage du prochain paquebot qui y fait escale le 12. Il se procurera à bord d'autres instruments.

Le lieutenant est parti le 4 au matin avec une pirogue. Il descendra la rivière Bia par Diangui, Ainboisso et Krinjabo. En forçant les étapes, il espère nous rattraper avant quinze jours. Car, au delà de Iaou, notre marche sera ralentie par des obstacles de toute nature. Nous allons, en effet, nous engager dans des territoires beaucoup moins peuplés, dans une brousse très touffue où l'on ne peut évoluer à l'aise. Il faut enfin compter avec les défaillances du personnel, les défections possibles. Les porteurs, se retrouvant à peu de distance de leurs villages, brûlent d'envie de décamper. Le 5, une vingtaine se sont échappés grâce à la négligence de leur chef qui répond au nom harmonieux de Marabouroufi, magnifique seigneur, modelé comme un bronze florentin et bête comme un pot. Deux de nos tirailleurs et des jeunes gens de Iaou ont été lancés à leur poursuite et ne tarderont pas à leur faire rebrousser chemin vers nous.

Dès leur retour, nous donnerons le signal du départ,

avec le vif désir de mettre entre nous et la côte une dizaine d'étapes de plus. Tant que nos gens ne seront pas tout à fait loin de chez eux, on ne pourra en obtenir un effort soutenu ; les traînards seront nombreux, et l'on aura fort à faire pour maintenir l'ordre.

Iaou, du reste, n'est pas un lieu de délices où l'on s'oublie. Rien de plus énervant qu'une longue station dans ces villages de la forêt. Du petit au grand, tous se ressemblent. Les jours se suivent ramenant le même paysage sombre et morne, la même plèbe inactive dont les mœurs ne varient guère. Ce n'est qu'après avoir dépassé la limite de la végétation dense continue, aux approches de Bondoukou, que nous rencontrerons des peuplades possédant, avec une certaine industrie, un sentiment plus élevé de la vie sociale, l'attrait d'une civilisation rudimentaire : le contraste entre le fétichisme et l'islam. L'intérêt renaîtra avec le plein air et la lumière.

ARBRE TOMBÉ (FORÊT DU SANWI)

## VI

TROIS MOIS DANS LA BROUSSE.

Adouakourou, 10 mars.

Toujours la forêt, — la forêt sans clairières, avec ses mares putrides, ses rivières coulant dans la pénombre, sous les arcades des futaies géantes, sous l'écroulement des arbres morts.

Nous voici dans l'Indénié depuis trois jours, quatre peut-être. Le dernier hameau du Sanwi était Tiékokourou où nous avons couché le 6. Au delà, c'est le vague, les solitudes sans nom. En pays noir, la ligne de démarcation entre deux contrées est rarement déterminée de façon précise. La frontière est représentée par une bande de territoire dont la largeur varie de quarante à cinquante kilomètres, sorte de zone neutre où l'on ne rencontre pas un village. Il faut camper soit en plein bois, soit dans de misérables abris élevés par les chasseurs et les caravanes, cases en branchages, inhabitées, à demi effondrées, ouvertes à tous les vents.

Tels ont été nos derniers bivouacs : Bianoa, Adoukakourou et Diambarakrou. Dans ces campements, nous avons été étonnés de trouver accumulées en quantité considérable des marchandises à destination de l'intérieur, notamment des caisses de gin et des centaines de barils de poudre. Voisinage troublant, étant données l'insouciance de l'indigène, son habitude d'allumer du feu dans sa case et, le soir venu, de promener partout, en guise de torches, des tisons incandescents. Toutes ces charges ont été abandonnées là sans gardien, à la merci des allants et venants. Les porteurs reviendront les chercher dans plusieurs jours, sinon dans plusieurs semaines : aucun article ne manquera à l'appel. L'usage est général : il témoigne d'un respect du bien d'autrui d'autant plus remarquable qu'en toute autre circonstance le noir professe, à l'égard du tien et du mien, des idées assez larges. Il n'en va pas de même en pareil cas. L'objet déposé dans un camp, au bord du chemin, est sacré, fétiche : nul n'y touchera.

Étapes de six à sept heures, très dures. En pays découvert de telles marches seraient insoutenables. Néanmoins, en dépit de l'ombre continuelle, un effort de quelque durée est douloureux dans cette atmosphère pesante, saturée de miasmes telluriques. Il semble que la végétation ambiante absorbe tout l'oxygène. La respiration s'accélère, haletante, la poitrine est oppressée, le sang afflue aux tempes.

A mesure que nous avançons vers le nord, les rivières s'espacent de plus en plus. La dernière que nous ayons aperçue a été le Songan, d'une fraîcheur surprenante.

Nous y avons pris un de nos meilleurs bains, quoiqu'elle ait toujours cette teinte pisseuse des eaux dans lesquelles ont longtemps infusé les racines et le bois mort. Ensuite, plus un ruisseau : des mares, des flaques de boue dissimulées sous les feuilles tombées, un sol pâteux. A Adouakourou, ce tout petit village d'une dizaine de cases, toutes à claire-voie, — presque un camp de chasseurs, — l'eau est un luxe. Pas une source. A trois ou quatre cents mètres seulement, un trou fangeux où les habitants se lavent et s'abreuvent.

Population chétive : beaucoup de maladies cutanées, d'ulcères de mauvaise apparence. J'entends encore la plainte navrante d'un jeune garçon de douze à quatorze ans dont le corps n'était qu'une plaie. Ce malheureux, objet d'horreur pour tous, couvert de crasse et de poussière, rampait de-ci de-là autour des cuisines, dévoré par la soif, cherchant à s'approcher d'une jarre. Dès que sa présence était signalée, on lui donnait la chasse à grands cris. L'accès du sentier conduisant à l'eau lui était rigoureusement interdit. Songez donc ! il n'aurait eu qu'à se plonger dans le puisard. La douleur fait faire de ces folies. Repoussé de partout à cause de l'odeur infecte qu'exhalait sa purulence, le pauvre diable s'était réfugié près de nous. Qui sait ? se disait-il sans doute, ces nouveaux venus à la peau blanche doivent avoir l'âme compatissante. Et il s'était blotti sous l'auvent de ma case, à la vive indignation d'Alfred qui menaçait de lui faire un mauvais parti si je ne fusse intervenu. Mais la stupéfaction de mon boy ne connut plus de bornes, lorsque je lui ordonnai de prendre une boîte de fer-blanc qui avait contenu des cartouches, d'aller l'emplir au marigot et de la placer auprès de l'enfant. Par exemple! se donner cette peine pour ce galeux, pour ce pelé qui nous empoisonnait!... Il fallut bien obéir. Je n'oublierai de longtemps le regard que me jeta le misérable en trempant ses lèvres dans l'eau bourbeuse; l'éclair de ces yeux en disait plus que de longues actions de grâces.

Force nous a été de passer ici quarante-huit heures afin de donner aux éclopés semés en route le temps de rallier le convoi. Plus terribles encore que les étapes, ces arrêts imposés par la nécessité d'attendre les traînards, de rassembler des renseignements et enfin de satisfaire aux exigences du chef, désireux de vous garder le plus longtemps possible. Celui qui commande ici est un vieillard étrangement accoutré. Sur une espèce de chemisette en grosse cotonnade de Kong, rapiécée à l'infini, il étale une multitude de gri-gris cousus sur l'étoffe ou suspendus à son cou par des lanières, des sachets de toute forme et de toutes dimensions. Sa coiffure est un bonnet pyramidal agrémenté de coquillages : sur ses épaules, une peau de singe. Il s'appuie sur une longue trique : un gamin le suit portant le tabouret guilloché, insigne du pouvoir suprême. Le personnage, qui n'a jamais vu d'Européens, nous observe avec curiosité, mais à la dérobée. Il a un peu peur. Sa crainte pourtant ne l'empêche nullement de venir s'asseoir sur le seuil de notre case et de rester là en contemplation pendant des heures.

UN VILLAGE DE LA FORÊT (ADOUAKOUROU)

Zaranou, 12-22 mars.

Les rapports avec l'indigène sont plus délicats que dans le Sanwi. La population, très défiante, commence presque toujours par battre en retraite. A notre arrivée, le village est désert. Sauf quelques vieilles femmes, les habitants ont disparu dans la brousse. On nous épie de loin; puis, quand elle s'est assurée que nos intentions sont pacifiques, la foule se hasarde hors de sa retraite. Alors ce sont de longs pourparlers pour l'achat de quelques régimes de bananes ou d'une chèvre, parfois le refus de vendre; des faux-fuyants, des hésitations de tel chef à arborer dans son village le pavillon français. Le malheureux, selon toute apparence, tremble de se compromettre. Il a peut-être bien entendu parler, de façon très vague, des traités passés, au nom de la France, avec les principaux chefs de l'Indénié. Mais ces traités remontent à plusieurs années (1887). Depuis, aucun voyageur n'a reparu pour en raviver le souvenir.

Comment s'étonner que, pour l'indigène, les actes ainsi passés n'aient qu'une valeur relative? D'autant que la contrée renferme bon nombre d'immigrés Apolloniens, anciens sujets du protectorat britannique de la Côte d'Or, toujours enclins à se recommander de leur pays d'origine. Cette circonstance a été mise à profit par les traitants noirs parcourant les villages où ils se présentent comme porte-parole autorisés des Anglais. Aucun n'est d'ailleurs investi d'un titre officiel, d'une mission déterminée. Simples trafiquants, c'est tout au plus si, à leur départ de Cape-Coast ou d'Axim, on leur aura insinué qu'il serait bon, au cours de leur voyage à l'intérieur, de relever les points occupés sur les territoires limitrophes par leurs compatriotes, et de s'efforcer de les maintenir en relations constantes avec le protectorat. Ces conseils donnés sous forme de conversations, par un parent ou un ami n'ayant avec le gouvernement aucune attache apparente, suffisent pour persuader à notre homme qu'il est qualifié pour agir. La vanité du noir n'en demande pas davantage. Cette disposition d'esprit favorise le recrutement d'une nuée d'agents volontaires, qu'il sera toujours aisé de désavouer pour peu que leur zèle immodéré risque de créer des embarras.

Il est hors de doute que ces individus ne sont pas demeurés inactifs dans l'Indénié. Leurs menées, à vrai dire, n'ont pas grande importance, puisque les traités sont là. Mais elles sont un prétexte à exactions constantes, impôts extraordinaires, amendes infligées pour le motif le plus futile ou même sans motif, amendes et impôts dont le produit, est-il besoin de le dire? constitue le plus clair bénéfice des susdits traitants, lesquels s'improvisent ainsi tout à la fois gendarmes, juges et agents du fisc. Aussi faut-il voir l'attitude piteuse de l'humble chef de village qui ne sait trop de quelle puissance il relève, tremblant, s'il obéit à Paul, de s'attirer le courroux de Pierre : « Ne m'en veuille pas. Je ne suis qu'un petit chef, ce n'est pas moi qui commande le pays. Vois les grands chefs. Ce qu'ils décideront sera bien. » Les grands chefs nous font bon accueil ; mais leurs lenteurs, leur amour des palabres nous ont déjà causé et nous causeront encore bien des arrêts.

Cet état d'esprit dûment constaté dans les villages précédents, à Ébilassékrou, à Bocaso, et ici même, il était indispensable d'avoir une entrevue avec le roi de l'Indénié et ses principaux feudataires. Nous n'avons que trop tardé à faire acte de présence. Le passage de la mission est une occasion excellente de leur montrer que la France existe et que, derrière les traités signés, il y a des hommes. Mais notre malechance veut que l'aristocratie des villages soit en ce moment réunie en un palabre, à l'effet de régler je ne sais quel conflit, dans la capitale, Ammoakonkrou, située à trois fortes journées de marche, au nord-ouest. Nous y avons envoyé en ambassade un de nos chefs de porteurs, Amon, porte-canne du roi de Krinjabo, pour inviter de notre part le roi et ses chefs à venir nous retrouver ici. Quelle réponse obtiendrons-nous? C'est ce qu'on ne saurait dire. Ce qu'il y a de sûr, c'est que nous devrons attendre une semaine, et même plus.

Quel séjour! Sur une trentaine de cases, trois ou quatre à peine constituent de véritables abris. Le reste semble ne tenir debout que par la force de l'habitude. Des ruines apparaissent un peu partout, à côté des constructions habitées qui empruntent elles-mêmes à ce voisinage un aspect minable. L'exiguïté de ces réduits, les matériaux employés, ne répondent en quoi que ce soit aux exigences du climat. Le pisé qui recouvre le frêle édifice de perches s'échauffe sous l'action des rayons solaires. La maison, avec sa porte basse pour toute ouverture, se trouve de la sorte transformée en un poêle qui conserve, aux plus fraîches heures de la nuit, la majeure partie de la chaleur du jour.

Le terrain, qui plus est, conquis sur la brousse pour l'emplacement du village a été scrupuleusement dégarni. Aucun arbre à part le grand ficus, sous lequel se tiennent les palabres. Les journées sont terribles, les nuits pires. S'il survient une ondée, c'est à peine si le thermomètre descend au-dessous de 28°. La tornade finie, l'atmosphère, saturée d'humidité, est encore plus lourde. Camper sous bois? Impossible... La forêt, à une assez grande distance autour du village, sert de dépotoir : il s'en dégage des effluves à faire tressaillir un trépassé.

Nul moyen d'échapper à l'ennui dissolvant de l'inaction. La sylve vous enveloppe. Point d'autre promenade que le sentier par lequel vous êtes venu, et celui par lequel vous partirez. De chasse il est à peine question, tant le gibier est difficile à lever dans la brousse.

Si encore la population présentait un attrait quelconque. Mais rien de décevant comme cet exotisme noir. Il manque de physionomie distinctive. Nulle originalité, aucun trait saillant de mœurs ou de caractère, pas l'ombre de personnalité, d'industrie quelconque, de recherche ingénieuse dans les occupations ordinaires de la vie. Ni forme, ni grâce, ni couleur. Il est bien entendu que je ne parle ici que de ce que j'ai sous les yeux, sans prétendre généraliser. Je ne fais allusion qu'à l'indigène de Guinée. Je n'ignore pas que nous trouverons plus au nord, à Bondoukou et à Kong, des populations dont le niveau intellectuel est autrement élevé. Mais ici, à peine un embryon d'intelligence.

Certes, il m'est arrivé de séjourner, parfois durant des semaines, dans tel village indien où j'espérais ne passer que vingt-quatre heures. Mais nulle part, ni sur les plateaux du Mexique, ni dans les villages perdus de la Cordillère, ni chez les tribus des rivières amazoniennes, la sensation d'énervement n'a été aussi aiguë. Là-bas, chez l'homme rouge des deux Amériques, mille détails réveillent l'attention somnolente. Un rien : la coupe gracieuse d'un canot ou d'une pagaie, le galbe curieusement contourné d'un ustensile domestique, argile ou vannerie, la ciselure d'une sarbacane, la mélopée d'un rythme pénétrant chantée autour des feux, le soir. Ici le bruit, la cohue, le tam-tam, des hommes d'un âge mûr capables de passer la moitié de la nuit à caresser avec un bâton le fond d'une boîte à sardines, quelque tambour informe. Dans ce pays où le sol fournit en abondance l'argile la plus fine, pas d'autres ustensiles de ménage que de grossières terrines, de lourdes vasques creusées en plein bois. Et cependant le bric-à-brac de la civilisation nous enserre. Dans plusieurs de ces villages où le blanc paraît aujourd'hui pour la première fois, l'industrie européenne a pénétré depuis des siècles sous la forme de cotonnades criardes et de verroteries. Vous arrivez ; la population affolée se disperse au fond des bois ; mais vous trouverez sur le terrain, abandonnés par les fuyards dans la hâte de leur retraite, le pagne tissé à Manchester et la bouteille de gin.

Cherche-t-on parmi les superstitions qui hantent ces cerveaux d'enfants le trait caractéristique qui manque partout ailleurs? De ce côté encore la désillusion est grande. Rien qui dépasse les pratiques d'un fétichisme grossier. Chacun a un fétiche, animal, plante ou fruit, dont il change, d'ailleurs, suivant l'inspiration du moment, sans qu'on puisse démêler de ses explications confuses le sens qu'il attache à ces brimborions. Des calebasses placées à proximité du village, des tas d'ordures en travers du sentier pour fermer le passage aux démons de la forêt, telles sont les manifestations de ce culte primitif. A qui s'adressent les offrandes? A tout et à rien. Les dieux du Panthéon barbare gardent invariablement l'anonyme. L'homme, il est vrai, portera sur lui des emblèmes d'une signification plus précise : pour se faire aimer, pour n'être jamais malade, pour être heureux à la chasse. L'amulette varie selon les individus.

A cela près, c'est le chaos que n'éclaire aucune légende. Quelques voyageurs, s'efforçant de rattacher à travers les continents et les âges la chaîne des traditions, ont cru reconnaître dans plusieurs de ces pratiques baroques un souvenir affaibli des mythes de l'Orient. Illusion respectable, mais un peu hasardeuse, d'ethnologue qui se flatte de découvrir les mêmes aspirations au berceau de tous les peuples. Non, les mythes exquis de la Grèce qui personnifiaient les fleuves et les fontaines, le mont et la forêt, les clameurs de la mer et le bruit du vent, peuplant de faunes et de nymphes le pli des vallons, toutes les lumineuses créations de l'âme antique n'ont aucune parenté avec ces ténèbres.

Boca-o-Koré, 22 mars.

Hier enfin Amon était de retour avec la réponse des chefs. Elle pourrait être meilleure. Nous leur demandions de venir à nous : ils ont répondu d'aller à eux, à Ammoakonkrou. Le détour, expliquaient-ils, ne nous retarderait que d'une journée, le sentier n'était pas mauvais ; arguments d'individus qui n'ont point envie de se déranger. Qu'il soit donc fait selon leur bon plaisir.

Nous avons dit, ce matin, adieu à Zaranou, un éternel adieu, j'espère ! Et nous voici, après une promenade de deux heures, campés à Boca-o-Koré (la Montagne Rouge). La contrée est accidentée plutôt que montueuse : des collines élevées de cent mètres à peine, dont le sol est riche en pyrites de fer.

Accueil très réservé. On a fait le vide à notre annonce : chèvres, moutons et poules ont été dissimulés dans la brousse. Restent les bananeraies, chargées de magnifiques régimes, de quoi nourrir un corps d'armée. La superficie du défrichement n'atteint pourtant pas deux hectares : mais telle est la fécondité du sol, qu'un seul hectare planté de bananiers donne, bon an, mal an, *deux cent mille kilogrammes* de fruits. C'est le fond de l'alimentation indigène : la disette n'est jamais à craindre en dépit d'un gaspillage effréné. Une moitié de la récolte pourrit sur place. Ce n'est donc pas sans surprise que nous nous sommes vu refuser la ration pour nos hommes. Les habitants ont eu l'audace de déclarer qu'ils ne vendraient à aucun prix. Devant ce mauvais vouloir il n'y avait qu'à passer outre. L'un des porteurs s'est offert à aller couper la quantité de régimes nécessaires à la troupe. Ce que voyant, un noir, furieux, se précipitait, brandissant une machette et menaçant de trancher la main au premier qui s'aviserait d'entrer dans son champ. L'énergumène fut empoigné, ligotté séance tenante, et fit les plus plates excuses. L'incident n'eut pas de suite. En présence de cette attitude décidée, l'émotion se calmait comme par enchantement. La population a ramené sa basse-cour des profondeurs du bois; les bananes sont apportées par monceaux.

Le village est situé à cent mètres du Mézan, important affluent du Comoé. La sinueuse rivière, aux eaux couleur de thé fort, s'écoule avec lenteur, sans un frisson, dans un perpétuel crépuscule. Des deux rives les arbres s'inclinent, confondent leurs feuillages en une ogive d'une hardiesse incomparable. Sur le parvis mouvant de cette cathédrale, des ombres flottent, tiges fracassées, buissons arrachés à la berge, entraînés à la dérive. De rares bruissements, une branche qui craque, une noix de singe tombant dans l'eau, rendent plus solennels encore les intervalles de silence.

L'étape de demain sera longue, nous dit-on, très longue. Ce renseignement nous la présage démesurée. Entre Boca-o-Koré et Abengourou, le pays n'est qu'une solitude. Il est vraiment regrettable de ne pouvoir mieux diviser la route. Pourquoi nous arrêter ici? Il est à peine dix heures. Poussons plus loin et campons en forêt. Mais il paraît que c'est impossible. Jamais les noirs n'y consentiraient. Ils sont persuadés que cette région est hantée par un animal redoutable, la Bête : ils ne le désignent pas autrement. Quiconque passerait la nuit dans les bois serait certain d'être dévoré. Il n'y a pas à discuter. Ces frayeurs auront ceci de bon que personne, demain, ne sera tenté de muser en route. Le monstre donnera des jambes aux moins agiles. Nos porteurs, du reste, envisagent allègrement cette pénible marche. Ils ont appris qu'on vient de tuer un éléphant aux environs d'Abengourou, ce qui leur promet à l'arrivée un ample festin de viande fraîche.

L'heureux chasseur est ici. Il est fort admiré, bien que d'une laideur repoussante. C'est un garçon contrefait, affligé d'une tête énorme et d'une bosse; difformités qui n'empêchent pas la sûreté du coup d'œil et l'endurance des interminables affûts dans les cavités d'un tronc séculaire ou dans un trou masqué par des herbes. Du reste, il possède des fétiches qui lui confèrent des prérogatives inouïes, telles que la faculté de se rendre invisible, de se transformer à volonté. Pour échapper aux atteintes du pachyderme blessé, il devient tour à tour buisson, fleur, oiseau. Ces balivernes nous sont rapportées le plus sérieusement du monde par nos boys, intelligents pourtant, qui ont fréquenté l'école d'Assinie. Je leur ai suggéré que si le personnage avait le don des promptes métamorphoses, il devrait bien commencer par changer de figure. Mais j'ai vu que l'argument ne portait pas.

Abengourou, 23-24 mars.

Terrible journée! Neuf heures de marche effective avec une seule halte de quarante minutes, à mi-chemin.

En réalité, nous aurons été sur pied pendant treize heures. On s'est mis en branle à une heure du matin, le passage du Mézan exigeant de trois à quatre heures, attendu qu'il n'y avait à Boca-o-Koré qu'une seule pirogue pour transborder plus de cent personnes et les bagages. Le convoi massé au bord de la rivière, l'opération a commencé à la clarté des torches et de brasiers allumés sur les deux berges. Le va-et-vient de ces hommes nus, de ces peaux noires et luisantes, les silhouettes des hautes ramures reflétées dans l'eau morte donnaient à la scène un caractère saisissant. La barque des ombres sur le fleuve infernal.

La première partie du trajet a été relativement facile. La sente est unie, libre d'obstacles. La seconde moitié fut plus âpre. Le sentier serpente maintenant parmi les paquets de lianes, les racines, les arbres écroulés jusqu'à Abengourou. Le lever à la boussole nous donne, à vol d'oiseau, 30 kilomètres 400 mètres; soit un développement réel de quarante-cinq kilomètres : une course honnête par tout pays, extraordinaire sous les tropiques. Aussi l'épuisement de notre suite était tel qu'elle en a oublié ses alarmes. Soixante porteurs sont demeurés en arrière, en détresse. De notre côté, nous

LA CASE DE KOFI, CHEF D'ABENGOUROU

avons grand besoin de repos et nous perdrons sans déplaisir quelques heures à les attendre.

Abengourou est le village le plus habitable que nous ayons vu depuis notre entrée dans l'Indénié. Pour la première fois, nous y rencontrons un personnage dont les allures tranchent singulièrement avec celles de la population environnante. C'est le musulman, le Mandé Dioula de Bondoukou qui parcourt les territoires fétichistes, non dans un but de propagande, mais pour trafiquer, colporter et vendre des amulettes, des cotonnades indigènes. Cependant il prêche d'exemple, fait salâm le front incliné vers l'Orient, à l'ébahissement des naturels, et, parfois, laissera derrière lui des prosélytes. C'est par lui que l'islamisme gagne de proche en proche et atteindra bientôt les rivages du golfe de Guinée.

Son influence se trahit déjà dans la structure de quelques cases. Celle de Kofi, chef d'Abengourou, est, à cet égard, très remarquable. Simple bâtisse en torchis, couverte en chaume, comme les maisons voisines; mais deux colonnes torses qui supportent l'avant-toit, la porte à plein cintre, une fenêtre à croisillons, participent, à n'en pas douter, de l'architecture arabe. A noter également la chaise du chef, recouverte de feuilles de cuivre entaillées d'arabesques.

Le 24 à midi, vingt-deux heures après nous, les derniers porteurs arrivaient complètement exténués. Ils ont passé, dans la brousse, une nuit de jeûne et d'angoisses. Si la Bête les a épargnés, ils ne doivent leur salut qu'aux bons fétiches dont plusieurs d'entre eux s'étaient munis. Ces gri-gris-là défient maintenant la concurrence.

*Ammoakonkrou, 25-28 mars.*

A Ammoakonkrou, capitale de l'Indénié, l'un des pires endroits du monde, réside Kassidi-Kié, le chef ou roi, dont le costume de cérémonie consiste en une culotte de soie cerise, un dolman de velours vert et un chapeau gibus. Jeune, de mine avenante, il a recueilli tout récemment l'héritage de son prédécesseur Ammoa, qui avait donné son nom au village. Lors de notre réception, il vint à nous, hissé sur le dos de ses serviteurs, dans un lit de parade, vaste corbeille ornée d'oripeaux et d'amulettes, du haut de laquelle il étendait les mains sur la multitude avec des gestes de pontife. Autour de lui, les autres chefs, rassemblés pour se rencontrer avec nous en grand palabre, péroraient, gesticulaient, se trémoussaient aux accords de plusieurs tam-tams. Le roi lui-même, descendu de sa corbeille, n'a pas dédaigné d'esquisser un pas, tandis que la majeure partie de la population, rangée en hémicycle, accompagnait la danse de ses clameurs. La garde royale — des gaillards brandissant des cimeterres en fer battu à poignée d'or grossièrement travaillée ou de longs *flingots* à pierre parfaitement inoffensifs — encadrait le monarque, s'abandonnant à des improvisations chorégraphiques telles qu'on n'en vit jamais de pareilles, même en rêve. Des cris, de la poussière, des mouches, voilà le bilan de la fête.

Malgré ces sarabandes de bienvenue, le roi de l'Indénié nous a donné du fil à retordre et mis notre patience à une rude épreuve. Lui et les autres chefs comprennent vaguement que le protectorat de la France sert leurs intérêts, leur pays devant être le trait d'union naturel entre le Bondoukou et le Sanwi et bénéficier du transit. Néanmoins, les menaces incessantes des traîtants de l'Achanti, agents de l'Angleterre, les ont rendus timides. Il n'a pas fallu moins de quatre palabres, pour que le roi consentît à nous adjoindre un de ses chefs. Celui-ci nous accompagnerait jusqu'à notre rencontre avec la commission anglaise et fournirait au besoin des éclaircissements sur les villages de la frontière dont la possession serait débattue.

Yacassé, 29 mars.

Ce matin, à six heures, prêts à quitter enfin l'infâme capitale de Kassidi-Kié, suprême palabre. Au moment de s'exécuter, le roi cherche à esquiver la promesse faite la veille. Il n'a pas encore eu le temps de choisir son ambassadeur. Il le désignera demain. Aujourd'hui sera pris par des préoccupations plus graves ; l'un des vieux chefs est décédé la nuit dernière, et l'on va procéder à ses obsèques. En effet, bien avant le jour, des coups de fusil avaient retenti, annonçant la funèbre nouvelle, et depuis la mousqueterie continuait de plus en plus nourrie. Kassidi-Kié conclut que nous pouvions partir et que son envoyé nous rattraperait — peut-être — dans deux jours. Nous sommes fixés. Jamais nous n'en entendrons parler.

Au delà d'Ammoakonkrou, la brousse très épaisse

recouvre des puits forés pour en extraire la terre aurifère que les travailleurs — des captifs — vont laver au marigot le plus proche, souvent à plusieurs kilomètres de marche. Ces fouilles constituent un danger permanent, surtout le matin, lorsqu'il fait à peine assez jour pour se diriger sous bois. A un brusque coude du sentier, le trou apparaît béant, ne laissant, sur les bords, qu'une bande de quelques centimètres, glissante. Le péril est plus grand encore, quand l'abîme se dissimule sous un buisson, entre deux racines. Il convient de n'avancer qu'avec prudence, les regards rivés au sol. La moindre distraction pourrait être fatale. La chute sans doute ne serait pas mortelle; mais, à la distance où nous sommes de la côte, une simple fracture peut avoir des suites graves.

De loin en loin, un coup de jour brutal, une coulée de lumière tombant sur un arpent de forêt sommairement déblayé : un chantier de lavage. A défaut de rivière, une série de fosses alimentées par l'eau des pluies. Dans ces fosses, plongés jusqu'à la poitrine, une vingtaine de travailleurs, hommes et femmes, pétrissent la boue de quartz dans de grandes vasques en bois. C'est le lavage à la battée, mais très imparfait. La main-d'œuvre ne coûtant rien aux chefs, l'affaire pour eux équivaut à un placement de tout repos. Je n'oserais affirmer qu'une exploitation à l'européenne, à supposer qu'on pût amener la machinerie à pied d'œuvre, se solderait en bénéfices, bien que l'or abonde dans la région boisée, notamment sur la lisière, au delà du 7ᵉ degré de latitude. C'est la seule monnaie, ce qui, par

SENTIER DE FORÊT DANS L'INDÉNIÉ

parenthèse, rend les transactions laborieuses. L'emploi de la balance et des différentes graines représentant les poids veut une attention soutenue. L'achat d'un poulet ou d'une douzaine d'œufs est une œuvre de longue haleine.

Vers midi, nous avions fait halte pour déjeuner. Au moment de se remettre en marche, l'interprète nous amène un individu de mine suspecte; il dit venir au nom de Kassidi-Kié pour réclamer un captif qui a pris la fuite pendant la nuit et s'est glissé dans nos rangs au départ d'Ammoakonkrou. Le fugitif est là, dans l'attitude des suppliants; il embrasse nos genoux et, dans une pantomime des plus expressives, explique que si nous le livrons, on lui coupera la gorge. En effet, la physionomie de celui qui le réclame ne dit rien de bon. C'est une espèce d'athlète, au front déprimé, au regard dur. Il brandit un coutelas affilé. Nous demandons à qui appartient le captif. Réponse : son maître est mort la veille au soir. Voilà qui est clair. Et nous nous rappelons alors la fusillade entendue dans la matinée, les salves en l'honneur du défunt. Plus de doute : le malheureux serviteur était destiné à lui continuer ses soins dans l'autre monde. Il a préféré s'en aller.

On fait comprendre à l'émissaire qu'il devra s'en retourner comme il est venu, seul. Il n'y a plus ici de maître ni d'esclave. Dès l'instant qu'il s'est placé sous la protection des blancs, l'homme est libre.

L'autre proteste, le prend de très haut. Il est alors prévenu que s'il ne se tait pas, on va l'amarrer et, s'il fait le méchant, lui loger une balle dans la tête. Il n'insiste pas et disparaît. Nous adoptons le libéré qui prendra place dans le convoi en qualité de porteur. C'est un garçon dans la force de l'âge : il a nom Bilali et est originaire du pays de Samory. Il s'est déjà acquis les sympathies de nos tirailleurs sénégalais, parce qu'il parle leur langue. Je dois ajouter qu'une fois en lieu sûr, il parut oublier bien vite, avec l'insouciance de sa race, et les émotions passées et le service rendu. Le soir même, il murmurait. Quelques heures en avaient fait un mécontent. Et il venait se plaindre, alléguant que le ballot qu'on lui avait confié était trop lourd !

Yacassé, où nous arrivons après une étape de sept heures, est bâti à la base d'une chaîne de collines dont l'attitude maxima ne dépasse pas cent cinquante mètres, mais dont le relief est très accusé. L'inclinaison atteint souvent quarante-cinq degrés, surtout sur le versant sud, en sortant du hameau de Bocabo. Ce nom seul (la Grande Montagne) atteste que, même pour l'indigène, cette partie du trajet est considérée comme une pénible escalade. De fait, sur un pareil terrain et par cette chaleur de bains maures, une ascension d'une heure éprouve davantage qu'une demi-journée de marche dans les Alpes.

Nous avons retrouvé ici M. Braulot, dont la veille on nous signalait la présence à Abengourou. Avisé de notre prochain départ, il avait coupé au plus court par un sentier qui, du village de Zébénou, se dirige sur Yacassé en évitant Ammoakonkrou. Il a rempli heureusement sa mission, nous rapporte un chronomètre cédé par le vapeur *Thibet* et, ce qui n'est pas moins précieux, un courrier de France, daté du 23 février : des nouvelles toutes fraîches, les dernières peut-être que nous recevrons avant de regagner la côte. Car nous n'espérons pas trop revoir Azémia-Amon, un homme sûr que nous avons chargé de porter nos lettres à Assinie en le faisant escorter par quatre de ses camarades dont les charges étaient épuisées. Ces gens voyageant ensemble, armés de coupe-choux et munis d'un pavillon français, ne seront pas inquiétés à l'aller. Amon s'est engagé à ne faire que toucher barre; il prendra les dépêches venues de France par les derniers paquebots et repartira à notre poursuite. Il jure de nous rejoindre à Kong. Réussira-t-il? A cet égard le doute est permis. Il sera seul au retour et se heurtera à bien des obstacles. Le caprice d'un chef de village pourra l'immobiliser pendant des semaines... et des mois.

M. Braulot nous fournit sur les mouvements des commissaires anglais des renseignements inattendus. Il les a devancés à Zaranou. Alors qu'ils devaient, d'après nos conventions, passer par l'Achanti, les voici revenus sur notre territoire et sur nos traces. Que signifie cette volte-face imprévue?

Le lieutenant est fatigué de sa marche forcée. Il nous a paru légèrement changé, maigri. Sans doute aura-t-il fait à notre endroit la même remarque. Ces modifications, opérées sous l'influence débilitante du climat et de l'effort quotidien, restent imperceptibles dans l'accoutumance de la vie en commun. Une séparation de quelques jours les met en valeur.

Nous sommes d'ailleurs tous en bonne santé, en dépit de la saison qui est dure. La température n'est tolérable — dans les villages — que jusqu'à dix heures du matin. Passé ce moment, elle atteint bien vite, à l'ombre des cases, trente-cinq ou quarante degrés. Le travail assis est insupportable; il faut changer de place à chaque minute, pour se donner l'illusion d'un peu d'air. Aussi est-ce sans regret que nous reprenons notre route à travers bois. Nous en sommes à notre soixantième jour de forêt. Nous n'atteindrons guère le pays découvert avant une quinzaine et Bondoukou aux approches de Pâques.

*30 mars.*

Repos à Yacassé. Cet arrêt donnera tout loisir au chef promis par le roi de l'Indénié de rallier la mission, si tant est qu'il en ait envie. Mais il se gardera bien de venir, et nous savons maintenant pourquoi.

Il y avait brouille entre chefs. Histoire de femme. Le fils de Kofi, chef d'Abengourou, avait mis à mal une des épouses du chef de Yacassé. *Indè iræ*. Le roi Kassidi-Kié, désireux d'arranger l'affaire, mandait devant lui les deux parties. Kofi a comparu avec son fils. Mais le mari lésé refuse fièrement de faire acte de vassal en se rendant à Ammoakonkrou. Le porte-canne royal a été retenu prisonnier. Ceci explique comment nul, parmi ses collègues, ne tient à s'aventurer sur ce territoire, fût-ce en notre compagnie et sous notre sauvegarde. C'est la guerre, une Iliade en miniature, la « Belle Hélène » au pays noir.

Les gens de Yacassé jettent feu et flamme. Vingt guerriers, armés de fusils à pierre, se démènent en hurlant des défis à l'adresse de l'ennemi lointain. Tam-tam le soir, devant la case des fétiches qui se dresse à l'entrée du village. L'intérieur de cette chapelle est orné de fresques grossières figurant des serpents enroulés, des caïmans la gueule ouverte. Il renferme un assemblage de calebasses fêlées, de marmites hors d'usage, pêle-mêle avec des chapelets de graines séchées, de coquilles d'œufs et d'os de poulet. C'est le repaire de Sakarabrou, le démon par excellence, qui synthétise les mille puissances des ténèbres. Il se manifeste à certaines époques, changement de saison, renouvellement de la lune. En ces occasions solennelles, un crieur parcourt le village, annonçant que Sakarabrou se montrera le soir. Cette nouvelle est, pour les femmes, un ordre d'avoir à se renfermer chez elles; la coutume leur défend d'assister à ces cérémonies.

Sakarabrou a paru cette nuit, le corps emprisonné dans une robe en longues fibres de palmes, le chef recouvert d'un postiche représentant une tête hideuse de dragon cornu. Chacun est censé ignorer le nom de l'acteur affublé de cette défroque. Celui-ci prend au sérieux son rôle de démon, pousse des cris inarticulés, rugit et bondit, tandis qu'autour de lui une ronde furieuse tourbillonne à la lueur des torches. Puis, au plus fort de la danse, rompant le cercle, il s'enfuit à toutes jambes et disparaît sans que personne s'avise de le poursuivre.

Très las, nous avions tenté d'obtenir que la fête fût remise au lendemain, après notre départ. Impossible :

ces rites-là ne sauraient être différés d'un jour, surtout dans des circonstances si graves, à la veille d'une guerre. Somme toute, beaucoup de bruit pour peu de chose. Les hostilités ne feront pas couler des flots de sang, les adversaires ne se souciant nullement d'en venir aux mains. On demeure sur la défensive. Tout se bornera à des interdictions de passage, à des pillages de caravanes, jusqu'au jour où les intéressés préféreront, pour régler le conflit, la poudre d'or à la poudre à canon.

Attiébentékrou, 1-15 avril.

Les Anglais se sont fait attendre une semaine. Ainsi que nous l'avait dit M. Braulot, ils avaient, au lieu d'adopter une marche parallèle à la nôtre par le protectorat britannique (Achanti et Broussa), emboîté le pas derrière nous, parcouru le Sanwi et l'Indénié, procédé à une sorte d'enquête, comme s'il s'agissait non d'appliquer, mais de préparer un traité. Ils palabraient avec les chefs, s'efforçant de faire accepter leur pavillon.

C'est qu'en effet, aux yeux de M. le capitaine Lang, le traité aurait été mal fait : les territoires qu'il nous attribue feraient partie de la zone d'influence anglaise et ne sauraient en être distraits. De là des prétentions portant sur une notable portion du Sanwi, jusqu'à une journée de marche de Krinjabo, la totalité de l'Indénié et une province entière de l'Abron (l'Assikasso). Ceci reculerait notre frontière dans l'ouest jusqu'au Comoé, interceptant nos communications entre la côte et Bondoukou, et menacerait nos relations avec le pays de

PESEURS D'OR

Kong. Le protocole de juin 1891, complétant l'arrangement d'août 1889, est cependant formel. Il stipule que la frontière devra suivre autant que possible le 5ᵉ degré de longitude et spécifie que la commission de délimitation prendra pour base de ses travaux la carte dressée par le capitaine Binger. Il prend soin d'indiquer nettement certains points entre lesquels les commissaires ont toute liberté de se mouvoir et de se faire réciproquement des concessions de détail, mais par où la ligne de démarcation devra de toute nécessité passer.

« La frontière, est-il dit, passera à mi-chemin entre Attiébentékrou et Débisou et se maintiendra ensuite à dix kilomètres à l'est de la route de Bondoukou (itinéraire suivi en 1882-83 par le capitaine Lonsdale). »

M. le capitaine Lang ne conteste pas ces termes du protocole. Il se refuse seulement à continuer les travaux en suivant le tracé jalonné par les plénipotentiaires avant d'avoir reçu plus amples instructions de son gouvernement. Or, l'échange de cette correspondance exigeant de quatre à six mois, la délimitation se trouve dès à présent suspendue et la reprise des travaux renvoyée aux calendes... britanniques. Le fait était à prévoir et ne nous a pas autrement surpris. Dès le début des opérations, les difficultés soulevées par le commissaire anglais au sujet de Nougoua étaient d'un fâcheux présage.

La prolongation du *statu quo* fera merveilleusement l'affaire des traitants de la Côte d'Or. A Cape-Coast comme à Accra, on n'a pu voir d'un bon œil l'arrangement intervenu entre l'Angleterre et la France. On considérait qu'il faisait à cette dernière la part trop belle. Mais si, — ce qu'il est juste de reconnaître, — la France a été avantagée dans le partage, elle doit avoir payé ces avantages par des concessions consenties sur d'autres points du littoral africain. L'arrangement comprenait plusieurs chapitres réglant des questions de frontière au sujet de territoires fort éloignés les uns des autres : établissements du golfe de Guinée, Sierra-Leone, Rivières du Sud. Voilà ce qu'il ne faudrait pas perdre de vue et ce dont M. le capitaine Lang ne paraît pas se souvenir. Il a eu même un joli mot. Comme on lui objectait que les plénipotentiaires anglais, rédacteurs et signataires du protocole, devaient avoir agi en connaissance de cause, il a répliqué vivement : « Ce n'est pas sûr », ajoutant qu'à Londres on avait pu être insuffisamment renseigné sur l'état des affaires et les droits acquis par l'Angleterre dans ces parages. L'Angleterre, mal renseignée, mal servie par ses agents, l'Angleterre oublieuse de ses droits! Une telle supposition semble quelque peu paradoxale. On demeure incrédule, alors même que l'allégation émane d'un sujet de Sa Très Gracieuse Majesté.

Toutefois, afin que l'échec de délimitation ne pût être imputé plus tard à la mission française, nous avons fait en sorte d'obtenir de M. le capitaine Lang une lettre attestant sa décision de suspendre tout travail.

Cette correspondance diplomatique n'a pas manqué de saveur. Elle a occupé cinq jours, du 8 au 12 avril. Nous sommes campés en dehors du village, qui n'est qu'un amas de ruines. Notre tente a été dressée en pleine brousse, sur un carré de terrain nettoyé tant bien que mal par le fer et le feu. A cent pas de nous sont les Anglais. Chaque jour, on voisine. On parle de la pluie et du beau temps, de tout, sauf de l'affaire pendante. Celle-ci ne se traite que par lettres.

Le commissaire anglais ayant écrit qu'il ne pouvait poursuivre les opérations sans en avoir référé à Londres, la réponse fut :

« Comme il vous plaira. Dans combien de temps espérez-vous recevoir de nouvelles instructions ?

— Je ne saurais dire au juste. Mais cela exigera plusieurs mois, quatre au moins, peut-être six.

— Voilà qui est parfait. Nous attendrons. Ne sommes-nous pas bien ici ? »

La proposition n'agrée point à nos collègues. Ils estiment que le seul parti à prendre est de laisser la question en suspens : elle sera l'objet d'une entente ultérieure entre les cabinets de Londres et de Paris.

Nous n'en demandions pas davantage. Il ne nous reste qu'à tirer chacun de notre côté. La commission franco-anglaise a vécu. Les Anglais sont partis le 12 dans la direction d'Annibilékrou et de Bondoukou, d'où, selon toute apparence, ils obliqueront à l'est pour revenir à la Côte par Salaga et la Volta.

Nous n'avons plus qu'à réaliser la seconde partie de notre programme. Il importe de surveiller les agissements de nos adversaires et surtout de nous montrer dans le Soudan méridional. A Bondoukou et à Kong, les chefs ont certainement eu vent de notre approche. Ils s'étonneraient à juste titre que leurs amis fussent revonus si près d'eux sans leur faire visite. Nos droits acquis sur ces territoires n'en seraient pas diminués; les traités sont là. Mais les Anglais ne manqueraient pas de mettre à profit notre absence et d'exploiter les mécontentements. Ils s'efforceraient de démontrer que les Français n'ont point osé reparaître; que leur influence est un leurre, et d'empêcher que le courant du trafic se dirigeât vers nos postes de Grand-Bassam et d'Assinie, au détriment des établissements de la Côte d'Or.

Annibilékrou, 15-16 avril.

Les Anglais ont amené ici leur protégé, Ebé Aka, chef de Dianéso, dans l'Achanti, qu'ils prétendent présenter aux populations comme véritable suzerain de l'Assikasso. Or, cette province n'a jamais cessé de faire partie des domaines d'Ardjima, roi de Bondoukou et de l'Abron, qui s'est placé sous notre protectorat. Il y nomme les chefs, qui lui payent régulièrement le tribut fixé par les coutumes. Aussi, lors du palabre d'arrivée, après avoir serré la main du chef d'Annibilékrou, avons-nous passé devant celui de Dadiéso en le saluant seulement du geste, voulant marquer qu'à nos yeux il n'est qu'un étranger et ne saurait prétendre aux hommages dus au souverain.

Kakou, chef d'Annibilékrou, est un jeune homme plein de tact et qui, chose extraordinaire chez un noir, ne se laisse pas intimider. Pressé par le capitaine Lang d'accepter un pavillon anglais, il a judicieusement fait observer qu'il y avait dans le voisinage un autre chef blanc dont l'opinion pouvait avoir du poids; il préférait donc s'abstenir jusqu'à nouvel avis. Entre temps, il nous avisait de ce qui se passait et nous priait de venir à son aide.

Binger l'a chaudement félicité de son attitude correcte, lui rappelant le traité conclu avec la France par le roi Ardjima, sous les auspices de M. Treich-Laplène, en 1888. Le bon noir n'avait rien oublié. Il affirme de nouveau qu'il reconnaît Ardjima pour son seul maître et réglera toujours sa conduite sur la sienne. Si Ardjima veut être Français, eh bien ! lui aussi sera Français. Nous ne saurions exiger plus.

M. le capitaine Lang a gardé auprès de lui son détachement de quarante tirailleurs Haoussas. On lui a envoyé une note pour lui faire observer que, la mission de délimitation ayant cessé officiellement ses travaux, rien ne justifie plus l'emploi d'un appareil militaire. Le capitaine Binger a expédié au gros de son détachement, demeuré à Nougoua, l'ordre de ne pas rejoindre, et ne conserve que six Sénégalais comme ordonnances. Il espère, en conséquence, que le capitaine Lang voudra bien agir de même sans exciper de l'autorisation obtenue de traverser avec sa troupe les territoires français. Ladite autorisation prévoyait le cas où les deux commissions opéreraient conjointement : elle n'a plus de raison d'être. Du reste, lorsqu'une question territoriale est l'objet d'un litige entre deux plénipotentiaires, il est de règle que les parties évitent, jusqu'à décision de leurs gouvernements, tout procédé pouvant être interprété comme un acte d'intimidation vis-à-vis des indigènes.

M. le capitaine Lang croira-t-il devoir tenir compte de ces observations? Il est probable que la protestation ne l'empêchera pas d'aller de l'avant avec ses Haoussas. Advienne que pourra. Le procédé n'en sera pas moins irrégulier, et nous en aurons pris acte.

Dans ce beau village, nous avons une surprise : du bétail. Même, quatre bœufs superbes. Nous n'en avions pas vu depuis la France. Nous en avons acheté un hier au soir, que nos porteurs se sont partagé. Comme le chef nous a fait cadeau d'un autre, il y a eu ripaille et fête chez nos gens la nuit dernière.

La viande réservée pour nous a été boucanée sur des brasiers. Les hommes, eux, ont mangé leur bœuf entier en une séance. Jusqu'à minuit les chants ont retenti autour des feux où rissolaient les quartiers de viande embrochés à des perches. A trois heures du matin, le festin reprenait. Les coups de pilon pleuvaient dans les mortiers de bois, réduisant en pâte les bananes, tandis que ronflaient cinquante marmites où mijotaient les *foutos*. Autant dire que nous n'avons pas fermé l'œil. Tout extra de ce genre provoque chez le noir des phénomènes analogues à ceux de l'ivresse. Même excitation, mêmes gestes désordonnés, cabrioles, apostrophes à la lune et, cette fièvre tombée, la démarche titubante, la mine ahurie du pochard un lendemain de noce.

17 avril-Pâques.

La nuit a été d'une limpidité et d'une douceur absolues. La matinée est admirable : un beau jour de

Pâques. Le capitaine Lang ne nous ayant pas rendu visite et n'ayant point répondu à la note relative à sa force armée, nous ne jugeons pas convenable de filer à l'anglaise sans l'informer de notre départ. Nous nous sommes donc présentés à son campement, malgré l'heure matinale, sans espoir de le trouver déjà sur pied. Ces messieurs, en effet, reposent encore. Nous prions le factionnaire de ne pas troubler leur sommeil, mais de leur transmettre plus tard nos compliments de congé. A supposer qu'ils persistent à nous suivre, ce ne sera pas aujourd'hui. *They will not break the Sabbath!*

Assuokrou, 18.

Hier, étape normale, de quatre heures, jusqu'à Demba. Les porteurs cependant n'ont pas été vaillants. Les derniers traînaient encore en chemin au coucher du soleil. C'est le bœuf qui les ralentit.

Aujourd'hui, marche des plus pénibles de sept heures, par un effroyable sentier. Racines, lianes, tous les obstacles créés par la végétation rampante, chevauchée de troncs d'arbres, rien n'y manque. Jamais nous n'avions rencontré autant d'abatis causés par les ouragans : les circuits, pour éviter ces inextricables palissades, allongent le trajet d'un tiers. Il est près de deux heures, quand nous débouchons de la brousse devant les cabanes d'Assuokrou.

La chaleur est terrible : pas un filet d'eau courante. Celle qu'on nous apporte dans des calebasses provient des fosses creusées pour le lavage de l'or : de son séjour dans le quartz elle a conservé une teinte de petit-lait. Des colonies microbiennes y prennent leurs ébats; un vrai bouillon de culture. Elle devra passer par le filtre. Mais le filtre et la batterie de cuisine sont encore loin. Heureusement l'un de nos boys nous apporte quelques oranges, une trouvaille! Le fruit est si rare dans les villages de la forêt. Celles-ci sont fort amères.

Il est plus de cinq heures, et mes porteurs n'ont point encore paru. Je me passerai de couchette et de moustiquaire. La perspective de coucher sur la dure, après une journée pareille, n'est point gaie. Mais à quoi bon s'insurger contre l'inévitable?

Un Dioula de Bondoukou, fabricant d'amulettes, semble avoir été mis là tout exprès pour me donner l'exemple du fatalisme résigné! Nous occupons la même case. Du coin d'ombre où je me suis étendu sur la terre battue, je le regarde découper paisiblement ses petits carrés de cuir. Son mobilier n'est pas encombrant : une peau de bœuf et une marmite en terre. Et ce néo-musulman semble heureux; il vient d'interrompre son travail pour procéder à ses ablutions. Après ce simulacre de lavage, il tire de la poche de son boubou un morceau de natte large comme un mouchoir de poche — son tapis de prière — et son chapelet. Courbé vers l'Orient, il prie, invoquant le fils du chamelier, le Prophète qui repose là-bas, dans la Mecque lointaine, ce rêve de tout vrai croyant. Il n'y a guère de chances que mon camarade de chambrée entreprenne le pèlerinage et soit un jour salué du titre de Hadji. Mais le pauvre noir doit à ces pratiques, au peu qu'il a retenu des discours des marabouts, à ces formules dont le sens lui échappe, une dignité de langage et de manières qui le classe fort au-dessus de ses congénères fétichistes. C'est un homme parmi des enfants.

19-22 avril.

Le 20, à Matémangoua, abandonnant l'itinéraire suivi par les expéditions Lonsdale et Treich-Laplène, nous inclinions légèrement à l'ouest, par Matta et Sapiasé, vers Amenvi où réside Ardjima, roi des Abrons. Ce vieillard a fait solliciter la visite de Binger. Le détour n'est pas considérable. Dût-il retarder de plusieurs jours notre arrivée à Bondoukou, il est de bonne politique, avant de marcher sur la capitale, d'aller saluer le prince dans sa villégiature.

Le terrain est de plus en plus accidenté. En revanche, la haute futaie fait place à une végétation basse, très fournie, où dominent les palmes et les fougères. Pays de transition entre la forêt et le plateau soudanien. C'est la patrie du *Raphia Vinifera*, l'arbre à vin, d'où l'on extrait le *Doka*, le grand cru de la brousse. La sève qui s'écoule d'une entaille pratiquée à la naissance des tiges, est recueillie dans une bouline : le liquide rappelle certaines tisanes de champagne. Mais la fermentation est si rapide qu'on ne saurait le conserver plus de vingt-quatre heures. Boisson saine entre toutes, inappréciable dans ces régions où les eaux sont généralement mauvaises.

La contrée se peuple. Gomélé, Abarakroum, Céango,

Kouboutou, Kouamaro, tous villages dont l'aspect riant contraste agréablement avec les masures croulantes de l'Indénié. La case circulaire du Soudan dresse son toit conique, près des cabanons carrés des peuplades forestières.

L'apparition des blancs est un événement; de tous les points de l'horizon les curieux accourent. L'accueil est sympathique. L'entrevue est, d'ailleurs, fort brève. Voici, d'ordinaire, comment les choses se passent. La population se range en hémicyle, les chefs au centre, les femmes et les enfants aux ailes. Nous prenons place vis-à-vis, à une vingtaine de pas. Après une courte pause pendant laquelle aucune parole n'est échangée, nous défilons devant le chef et lui serrons la main. A leur tour, lui et les siens viennent nous saluer avec le même cérémonial. Puis on demande à notre interprète de donner les nouvelles, ce dont il s'acquitte aussi sobrement que possible, expliquant qui nous sommes, d'où nous venons, où nous allons. Après quoi le chef est prié de nous donner un guide jusqu'au prochain village. Il en désigne un sans trop de difficulté, et nous reprenons notre route.

Le vendredi 22 avril, — notre quatre-vingt-quatrième jour de forêt, — au village de Matta, nous atteignions enfin la limite de la végétation dense continue. Non que la forêt cesse brusquement pour faire place au pays découvert, les bois s'étendent bien au delà vers le nord; mais ce ne sont plus pour ainsi dire que des îles de verdure, quelques-unes d'une superficie considérable d'ailleurs. L'espace intermédiaire comprend d'immenses clairières, plateaux ondulés coupés de ravins. Sur les parties élevées, des hautes herbes, des arbustes clairsemés au feuillage grêle et, par places, de longs affleurements de roche ferrugineuse où la réverbération solaire se fait cruellement sentir. Dans les bas-fonds reparaissent les grands arbres festonnés de lianes. Le terrain se relève sensiblement; une chaîne de collines se développe vers le nord.

Le 23, du village de Céango perché sur une hauteur comme un village kabyle, nous découvrions, pour la première fois depuis la côte, un vaste horizon. Le panorama est superbe : du moins il nous paraît tel après ce long emprisonnement dans les bois. En réalité, le regard plane sur des ondulations sans fin, d'un vert désespérant. Mais l'air libre, la clarté épandue, le vent frais qui soufflait sur cette crête faisaient de cette halte un des meilleurs moments du voyage.

Du 24 au 29 avril, séjour à Sapiasé; tandis que le capitaine Binger se rend à Amenvi, à cinq heures de marche dans l'Ouest, pour voir à Ardjima, le gros de la colonne jouit d'un repos dont elle a grand besoin. Amenvi, du reste, est un assez pauvre village où il nous eût été impossible de trouver de quoi nourrir nos gens. Sapiasé, en revanche, offrait mainte ressource. Aux alentours, dans les clairières, des centaines de bestiaux pâturent. De la viande de bœuf, des œufs par douzaines, c'est presque du luxe. Par contre, les fruits sont toujours fort rares : quelques papayes, pas une orange. Sur ce plateau élevé, l'air, plutôt vif, tempère la chaleur des journées. C'est le premier répit véritable que nous ayons goûté depuis le littoral.

Les indigènes eux-mêmes, de taille élevée, de physionomie plus énergique, ont jusque dans leurs effarements, dans leur gaucherie, je ne sais quoi de mâle. Ici la terre est moins féconde qu'à la côte, la vie moins facile. La loi du travail reprend son empire. Le tisserand équipe son métier au pied d'un arbre ; le forgeron, sous un hangar, façonne les outils de paix et de bataille, la houe et la lance ; les ménagères filent au fuseau.

Durant ces trois mois passés dans la brousse, nous n'avons vu que des êtres à face humaine, indolents, improductifs. Sur les Hauts-Plateaux, voici des hommes. Il semble que l'humanité, encore à l'état d'ébauche dans les ténèbres de la forêt, ait eu besoin, pour s'épanouir, d'air et d'espace, des larges horizons baignés de lumière.

POUPÉES-FÉTICHES

## VII

NAMAROU.

Elle nous apportait du lait, au petit jour, dans la rosée, et le soir, à l'heure où le bétail en pelotons serrés, abandonnant les prairies, se rassemble au centre du village, dans les enceintes des cases ruinées, pour y dormir à l'abri des panthères et des hyènes.

Du lait : boisson de captif, disent les noirs, chez qui pourtant les mères donnent le sein à des nourrissons depuis longtemps ingambes, à des polissons de trois ou quatre ans. Pour quel motif est-il plus dégradant de boire du lait que du *doka* (1) ou du *dolo* (2)? Le proverbe ne le dit pas. C'est là un de ces préjugés d'autant plus tenaces que rien ne les justifie. Il me suffit, sans l'expliquer, de constater la surprise manifestée par les indigènes de Sapiasé, lorsque les blancs ont demandé qu'on allât traire, à leur intention, les ruminantes aux pis gonflés, des vaches superbes, le pelage blanc et

(1) Vin de palme.
(2) Bière de mil.

noir, modelées comme des bêtes de Schwitz. J'ajouterai même que dans ces étonnements il entrait une pointe de raillerie. Aux heures des repas, dans notre salle à manger installée en plein air, sous un ficus, les bonnes gens formaient le cercle, très amusés, clignant de l'œil d'un air entendu.

Et c'étaient, à voix basse, des commentaires sans fin coupés de rires étouffés, lorsqu'on nous voyait, la soif étanchée, une mousse blanche aux lèvres, replacer à terre la calebasse.

Namarou, elle, ne se mêlait point à ces démonstrations enfantines. Notre requête, le premier jour, lui avait paru très naturelle, et, sans mot dire, se coiffant d'une écuelle renversée qui lui donnait l'aspect d'un tirailleur annamite, elle avait pris sa course vers les pâturages. Une heure plus tard, elle rapportait le vase empli jusqu'aux bords et le déposait devant la case, à la stupéfaction du populaire qui ne lui ménagea pas les quolibets. Mais elle n'était pas femme à s'émouvoir pour si peu. Notre laitière supportait ces choses en silence, impassible. Les plaisanteries glissaient sur elle, comme le rayon de soleil sur ses épaules nues, sans laisser de brûlure.

Et, tous les jours, son écuelle de bois en équilibre sur la tête, elle était revenue. Une paire de foulards, quatre rangs de perles, l'avaient récompensée de ses prévenances, et, sans aucun doute, l'espoir d'autres menus présents contribuait à entretenir son beau zèle.

Il s'en fallait néanmoins que Namarou fût une personne intéressée. Comme tous les êtres pour qui la vie a été dure, la femme, aux pays noirs, est volontiers compatissante : son intelligence a des éclairs, son cœur des délicatesses inconnues du sexe fort. L'observation d'ailleurs serait également vraie sous d'autres latitudes.

Que Namarou eût eu des malheurs, cela ne faisait pas doute. De quelle nature? A quel moment? On l'ignorait. Les tatouages tracés sur ses joues, sur sa poitrine, rappelaient moins les marques distinctives adoptées par les populations qui vivent entre le Comoé et la Volta que les incisions visibles beaucoup plus à l'ouest, dans le Diammala et le Djimini. Tout ce qu'on savait, c'est qu'elle était arrivée, il y avait de cela un nombre considérable de lunes, vêtue d'un lambeau de pagne et portant sur la tête, dans un filet, son petit bagage, une marmite en terre et des calebasses. Qui elle était, d'où elle venait? Captive en fuite, épouse répudiée? Sur tous ces points on en était réduit aux conjectures. Du reste, les gens l'avaient admise sans peine dans la communauté. Elle avait pris possession d'une case abandonnée, sans que personne songeât à lui en contester l'usage. Brin à brin, elle réparait le chaume, bouchait avec de la glaise les lézardes des murailles, battait le sol à coups de pierre. Et elle vivait là, paisible.

Depuis, son intérieur s'était animé par la venue de deux enfants, un garçon, une fillette, arrivés eux aussi on ne savait d'où, le père ayant, dans les deux cas, jugé plus convenable de garder l'anonyme.

Cette maternité ne semblait pas gêner Namarou. Les petits grandissaient, mêlés aux autres bambins du village, partageant leurs jeux ; le mystère de leur état civil n'étant pas de nature à leur aliéner, non plus qu'à leur mère, les sympathies de cette société primitive. Tous deux, au surplus, se rendaient utiles. La fille écrasait déjà, comme une ancienne, le maïs et le mil dans un mortier de bois. A peine aussi haute que son pilon, elle le manœuvrait à tour de bras pendant des heures, n'interrompant sa besogne que pour vanner la farine sur un écran en fibres de palmier. Le garçon passait la moitié de ses journées sous le hangar du forgeron, à entretenir le feu au moyen d'un soufflet en peau de bouc, sur lequel il exécutait des deux mains, avec une satisfaction évidente, des battements de tam-tam.

Namarou n'était point belle. Le front bas, les traits plutôt durs, la poitrine mieux conservée que chez la plupart des noires qui ont dépassé la vingtième année. Avec cela, très grande, haute sur jambes ; des épaules de lutteur. A la voir assise sur les talons au seuil de sa case, ramassée, tassée sur elle-même, on n'eût jamais deviné sa taille majestueuse, sa robuste carrure. C'était, quand elle se levait, une détente de ressort ; on cherchait dans le sol, involontairement, la trappe par où la longue apparition venait de surgir. Elle n'avait de véritablement beaux que les yeux, immenses, très doux, les calmes prunelles de Junon « aux yeux de génisse ».

Simplement mise, elle portait un étroit pagne de Kong ; mais, le plus souvent, une bande de *fou*, tissu naturel, écorce de teinte rougeâtre, qui lui ceignait les hanches. Pour toute parure, un collier de cuir auquel était suspendue une pépite d'or de la grosseur d'un pois ;

aux jambes et aux chevilles, quelques grosses perles de verre et des cauris enfilés dans des cordelettes très serrées. Sa coiffure était celle des femmes Mandé, la chevelure soutenue par des postiches et relevée en cimier, avec deux petites tresses tombant sur les tempes, en cadenettes.

Particulièrement propre et soignée, la maison de Namarou avait dû jadis abriter une tribu. C'était la case malinké, ronde, en forme de ruche, mais d'un diamètre inusité ; elle eût pu abriter vingt personnes. Mobilier plus que sommaire : trois nattes roulées, une dizaine de calebasses alignées par rang de taille le long du mur, c'était tout.

En revanche, attachés aux perches supportant la toiture, une multitude de gri-gris, des os, des queues de vache, des bouquets d'herbes séchées, des plumes de pintade et de perroquet, ainsi qu'une poupée-fétiche, odieuse figurine taillée dans une bûche.

Dans l'une des calebasses aussi vaste qu'un chaudron, un monceau de coton, la récolte de plusieurs mois, que Namarou filait et dont elle avivait l'éclat avec un peu de terre crayeuse écrasée entre le pouce et l'index. Lorsqu'elle apportait son lait, l'écuelle déposée, elle s'asseyait à terre, prenait le fuseau fiché à sa ceinture et se mettait à l'ouvrage.

Elle passait de la sorte les matinées : le soir, elle demeurait là jusqu'après le soleil couché, tandis qu'aux alentours s'allumaient les feux des cuisines et que, dans la paix du crépuscule trop court, vers le ciel pâli les fumées montaient, bleues.

※

Un matin notre amie ne parut point au camp selon son habitude. Les boys, partis aux informations, rapportèrent qu'elle était dans sa case : il y avait beaucoup de monde attroupé devant la porte. Mais Namarou ne viendrait pas ; Namarou avait « gagné mort »!

Beaucoup de monde en effet devant la case, une foule ameutée par les cris des enfants qui, au réveil, avaient trouvé la mère les membres raidis, déjà froide. A l'intérieur, des vieillards, des notabilités, parmi lesquelles le féticheur, discutaient très animés près de la morte. Elle était là, sur sa natte, les mains crispées sur le pagne ramené jusqu'au menton, la tête rejetée de côté, les yeux grands ouverts.

Il était dit qu'elle s'en irait comme elle était venue, mystérieuse. Pays des agonies brèves, des accès foudroyants et, qui plus est, des subtils poisons versés par la main d'un ennemi ou d'un débiteur. Pour clore une discussion, pour apurer un compte en souffrance, rien de plus expéditif qu'une décoction de strophantées. Mais Namarou n'avait pas d'ennemis ; de créances, moins encore, la pauvre. Quelques poignées de cauris, la pépite d'or qu'elle portait au cou, c'était toute sa fortune. Quelqu'un l'avait frappée pourtant. On ne meurt pas comme cela, naturellement. Les noirs le savent.

D'où venait le coup? D'un maléfice ou du démon? Sakarabrou a de ces colères. Et malheur à ses victimes!

Il les poursuit jusque dans la mort, étouffant les plaintes des parents, imposant silence aux voix amies. Il fait le vide autour du cadavre qui ne connaîtra pas le repos de la sépulture dans la case ou, près du village, sous un tertre orné des bons fétiches, de touffes de plumes, de fruits sauvages piqués sur des bâtons, de calebasses qu'emplit la rosée, où viennent boire les oiseaux. La dépouille maudite sera jetée au loin dans la brousse, à la merci des panthères et des vautours. Telles sont les funérailles que l'on accorde à quiconque s'est attiré la haine de Sakarabrou.

On saurait vite à quoi s'en tenir sur les causes du décès. Le féticheur avait fait un signe; les curieux s'écartaient, livrant passage à deux hommes qui portaient une espèce de civière, quatre bâtons arrachés à une toiture, liés ensemble; un appareil bien frêle, bon pour un petit enfant : jamais la longue Namarou ne s'y étendrait. Aussi n'était-il pas question d'opérer la levée du corps, mais d'attacher sur ce brancard différents effets ayant appartenu à la morte : son pagne d'abord, puis ses fuseaux, des écuelles, plusieurs des gri-gris pendus aux murs, les objets témoins de sa vie, témoins de sa mort. Eux diraient qui l'avait fait mourir; ils conduiraient les porteurs chez celui qui avait jeté le sort.

Namarou semblait suivre ces mouvements, les yeux fixes, les prunelles comme dilatées par l'épouvante.

Et voici qu'on la laisse, sur sa natte, seule dans la case dévastée. Le groupe des anciens, le féticheur et ses acolytes portant la civière se dirigent, escortés de la foule, vers la demeure des fétiches, le temple de Sakarabrou, enceinte palissadée enveloppant un arbre à demi mort dont le vieux tronc est fouillé de cavités béantes. Là sont déposés des fruits, des plats de *fouto*, offrandes aux mauvais génies : inutile de se mettre en frais pour les bons; on ne flatte que ceux qu'on redoute. A une basse branche pendent les guenilles que revêt le démon lorsqu'il apparaît dans le cercle des danseurs, à la lueur des torches, les soirs de grande fête : la tunique de feuilles, la tête de dragon à la gueule menaçante. Et sous cette défroque, le vulgaire croit à la présence réelle. Invisible, impalpable, Sakarabrou est là ; il plane dans le rayon de soleil, dans la poussière que le vent soulève. C'est lui que le féticheur invoque en touchant de sa baguette les hardes de la morte.

Les deux hommes ont placé la civière sur leur tête; frémissants, ils attendent, ils hésitent. Indifférents tout à l'heure, un frisson les secoue, leurs faces se convulsent; ils fléchissent sous le léger fardeau. Ils ne s'appartiennent plus : un singulier phénomène de suggestion en fait les dociles instruments du sorcier qui, d'un geste irrésistible, les ploie, les lance en avant.

Ils détalent, ils bondissent, parcourant le village en tous sens, heurtant les cases de-ci de-là. Parfois ils s'appuient à une porte, aux écoutes, et repartent d'un train fou.

De l'endroit où nous sommes, sur une éminence, à l'entrée de Sapiasé, le terrain s'abaisse en pente douce, le regard suit toutes les péripéties de la chasse. Et ce sont des cris, des protestations enragées, lorsque les coureurs, buttant contre une cabane, ruisselants de sueur, pantelants, font halte une minute pour reprendre haleine. Le propriétaire qui craint d'être désigné comme fauteur du sortilège, se défend avec véhémence, prend les assistants à témoin. On le connaissait. Est-ce qu'il était capable de vouloir du mal à qui que ce fût? Pourquoi donc aurait-il « fait fétiche » contre Namarou? Il n'avait rien à lui reprocher : ils étaient amis. Mais les coureurs s'éloignent; il s'apaise.

Cela dure des heures. Et je songe à l'autre, à la trépassée, oubliée là-bas dans sa hutte, les yeux grands ouverts, qui attend.

Il est plus de midi quand, pour la vingtième fois, les deux énergumènes reviennent près de l'enclos sacré, où ils s'arrêtent enfin haletants, une écume aux lèvres. Ils s'adossent, têtus, à la palissade, d'où l'on ne peut les arracher. Le crime n'a pas été commis par un humain. C'est de là que, la nuit dernière, les fétiches ont frappé Namarou. Elle est jugée maintenant; son corps ne reposera pas dans la terre.

Alors éclate une clameur féroce, un concert d'imprécations; la meute se rue à la curée. On amène au milieu de la place les tam-tams géants creusés dans un tronc d'arbre, et l'orchestre prélude à petits coups. Puis la cadence s'accélère, le bruit s'enfle en grondement d'orage.

Namarou a été roulée dans une natte : on l'apporte, on la traîne pour mieux dire; dans la bousculade, la sinistre bourriche crève, la tête pend, raclant le sol de son haut chignon en cimier. Et, le corps jeté à terre, autour une ronde s'organise. D'abord serrés l'un contre l'autre, marquant le pas, l'échine courbée, les bras ballants, les danseurs se redressent et partent d'un vertigineux galop. Dans un poudroiement de sable rouge, le village entier, un millier de personnes, tourbillonne, les enfants et les femmes, les jeunes mères elles-mêmes avec leur marmot pendu en sautoir comme une giberne. Le féticheur et ses gens, à coups de martinet, activent le branle; sur les épidermes en sueur, les lanières claquent avec un bruit de linge mouillé.

Le tapage a mis en fuite les animaux domestiques : moutons et chèvres se sauvent dans la brousse; les poules effarées sont perchées sur les toits. Et, massées dans la prairie, les vaches inquiètes, cessant de paître, le mufle tendu, regardent.

Au plus fort du tumulte, des hommes se précipitent, s'emparent du cadavre et l'emportent en courant vers les bois.

Pendant une heure encore, la danse et les chants ont repris avec un redoublement de furie. Puis, subitement, les trépidations du tam-tam cessent. Trois coups largement espacés, et tout se tait. La chaîne est rompue : à pas lents, muette, la foule se disperse; les habitants rentrent chez eux, apaisés, dans la sérénité du devoir accompli.

Le soir vient. Le village est retombé à son train de vie accoutumé. Des ménagères vont puiser de l'eau, les pilons retentissent dans les mortiers, broyant le maïs et le sorgho. Le forgeron, sous son hangar, façonne les engins de culture et de guerre : les cuisines s'allument et, des cases en forme de ruches, les fumées montent vers le ciel pâle.

BONDOUKOU VU DU SUD-EST

## VIII

### CHEZ SITAFA.

De Sapiasé à Bondoukou, on franchit la chaîne de hauteurs qui sépare le bassin du Comoé de celui de la Volta.

Le 29 avril, à dix heures du matin, après une traite de cinq heures assez fatigante, nous faisions notre entrée dans Bondoukou.

Le premier aspect est des plus inattendus. Adieu les abris de palmes des villages forestiers, les cases rondes de Matta et de Sapiasé! Toits en terrasse, murailles de brique séchée au soleil; le tout formant une masse compacte couleur d'ocre jaune au centre d'une immense clairière où des centaines de bestiaux pâturent.

Vue ainsi de loin, dans la lumière éblouissante, avec sa mosquée au minaret pyramidal, ses crêtes de murailles agrémentées d'ornements en pointes, la ville se montre à son avantage. On dirait vraiment d'une capitale.

En y regardant de plus près, le tableau change, la

belle ordonnance disparaît. C'est la cité saharienne, avec son dédale de ruelles, ses maisons massives prenant jour sur des cours. Le vieux Biskra moins les dattiers ; mais un vieux Biskra croulant, vermoulu, fétide, émergeant à peine de la couche d'immondices accumulée par les siècles. La perfection dans le délabrement. Tout ce que l'islam si riche en guenilles, en vermine éparse dans la poussière dorée, nous fait entrevoir ailleurs, semble atteindre ici son apothéose. L'incurie poussée à ce point touche au sublime. L'ordure ainsi mise en valeur tient du génie.

La population ne doit pas être inférieure à trois ou quatre mille âmes. Travailleuse et active, elle donne par son va-et-vient continuel l'illusion d'une communauté beaucoup plus nombreuse.

La fraction de la race Mandé-Dioula qui s'est implantée ici depuis deux ou trois siècles, sinon davantage, n'a cessé d'y prospérer. La position, commercialement parlant, était du reste fort bien choisie. Placés sur la ligne de partage des bassins de la Volta et du Comoé, les nouveaux venus n'ont pas tardé à monopoliser le trafic entre cette partie de la boucle du Niger et le littoral. Industriels, commissionnaires, prêteurs sur gages, ils font tous les métiers, prêts à spéculer sur tout, sur l'or et sur les cauris, sur les kolas, sur les captifs.

La race est belle, de carrure forte, d'allure plus décidée, plus virile que la population du Sanwi et de l'Indénié. Les femmes ont la démarche légère, une grâce inconnue dans les villages de la forêt, où la compagne de l'homme est, le plus souvent, ravalée à l'état de bête de somme. Nombre des jeunes vendeuses circulant à travers le marché, la corbeille ou la calebasse sur la tête, posée un peu de côté comme un bonnet de police par un prodige d'équilibre, sont autant de bronzes florentins qui raviraient un statuaire.

Au demeurant, tous, du petit au grand, importuns, loquaces et sans gêne, à l'égal de leurs congénères des pays voisins, avec un air de supériorité prétentieuse, un parler onctueux, des gestes bénisseurs dont on se lasse vite.

Tout le monde ici est « Karamokho » (homme illustre), s'il n'est déjà « Allahmokho » (homme de Dieu). « Karamokho » l'individu qui vient vous vendre un mouton, des ignames, des bananes; « Allahmokho » le négociant exhibant à sa clientèle des pagnes à ramages et des amulettes, le mendiant qui, la nuit tombée, psalmodie sa prière de maison en maison sur un rythme d'enterrement. Cette profusion de titres honorifiques a je ne sais quoi d'agaçant. C'est comme si chez nous chacun, du porteur d'eau au ministre, se donnait de l'altesse et du monseigneur.

La maison de Sitafa, notre hôte, est un spécimen accompli d'une installation d'homme riche à Bondoukou.

Sitafa est l'un des notables de l'endroit, le plus cossu peut-être. Il a de la monnaie plein ses coffres, guinées anglaises et sachets de poudre d'or : il possède des pépites grosses comme le poing, je ne sais combien de mètres cubes de cauris. Quinze femmes se disputent les honneurs de sa couche; une légion de captifs vaquent à son service.

« Captif » est, par parenthèse, l'euphémisme pour désigner ici l'esclave. Il existe, au reste, une différence marquée entre la situation du « captif » et l'esclavage tel qu'il est pratiqué sur d'autres points du continent noir. Le captif est, presque toujours, acheté tout enfant sur les marchés de l'intérieur, à la suite de guerres. Une fois chez son maître, il fait en quelque sorte partie de la famille, y prend femme, et n'est point exposé à passer de main en main comme un article d'échange, sinon en punition d'une faute grave. Souvent il est chargé de missions de confiance. C'est lui qui, pour le compte de son maître, colportera des marchandises, conduira une caravane de l'intérieur à la côte et recevra en retour une prime modique qui peu à peu lui constitue un pécule. Le maître, en plus d'un cas, lui donnera des marques d'attachement, lui fera en mourant un legs parfois important. Si le captif n'obtient pas sa liberté, sa descendance a chance de s'affranchir. J'ai vu un homme de position indépendante, ayant gagné dans le commerce une certaine fortune, dont le père était captif dans la famille de notre hôte. Les relations étaient demeurées, de part et d'autre, affectueuses. Ce descendant de serfs, parlant de luimême, disait non sans fierté : « Je suis un homme de Sitafa », du ton dont un laird des vieux clans d'Écosse se serait écrié : « Je suis un homme de Douglas ! »

La position du captif, au moins dans cette partie du Soudan, n'est pas sans offrir quelque analogie avec celle du *famulus* antique.

Sitafa a autour de lui bon nombre de ces familiers,

une cinquantaine environ. Le principe de la division du travail est strictement appliqué. Chacun a sa besogne déterminée, qui n'est jamais bien lourde et dont il s'acquitte à sa guise avec un sans-façon remarquable. Il y a le captif du cheval, le captif de la vache, celui des moutons et de la volaille, chacun spécialement préposé à la garde et aux soins de ces divers animaux; le captif chargé de balayer la cour — une sinécure! — le porte-clefs; l'homme qui prépare le repas et le lit du maître, etc., etc.

Les métiers de notre hôte sont multiples. Sitafa est un vrai Protée, tour à tour marchand, entrepositaire, courtier, changeur, entrepreneur de transport. « Homme illustre », cela va sans dire. « Homme de Dieu », pas pour un sou, pratiquant la manœuvre des faux poids ou le jeu des deux balances, une pour la vente, l'autre pour les achats, avec une effronterie qu'eût enviée Robert Macaire. Ce qui n'empêche pas le drôle de faire ses salâms à grands gestes, pour la galerie, en suppliant Allah de bénir son petit commerce. Bon diable au demeurant, et grossier comme pain d'orge. Mais son industrie maîtresse est celle de *diatiké* ou logeur. C'est lui qui héberge les voyageurs et les caravanes. Il est le Grand-Hôtel de l'endroit.

La maison occupe un espace très vaste. C'est une façon de caravansérail, une suite de cours encadrées de bâtisses en terre très basses, crevassées, fleurant la crasse et la moisissure séculaires. Une entrée unique pour les gens et pour le bétail. On y accède par les ruelles les plus étranglées de la ville, parmi des monceaux d'ordures et de déjections où il est difficile de ne pas piétiner.

L'habitation principale, située dans la première cour, ce qui lui vaut le privilège de servir de passage à la valetaille et aux animaux domestiques, rappelle en petit le préau d'une maison centrale : quatre murs percés d'une demi-douzaine de cellules sans jour, sans air, où l'on ne pénètre qu'en se courbant. Les murailles ont trois pieds d'épaisseur, le plafond de perches entrecroisées qui supporte la terrasse est à peine élevé de deux mètres. L'intérieur de ces antres est égayé par un badigeon de bouse de vache.

La vermine pullule : punaises, cancrelats, araignées grosses comme des crabes. La température, nuit et jour, ne descend jamais au-dessous de trente degrés. Impossible de fermer l'œil. Le soir venu, nous traînons nos couchettes dans la cour, préférable à tous égards, en dépit de la promiscuité qui y règne et des senteurs qu'elle exhale. Et la nuit se passe tant bien que mal, tandis qu'autour de nous les gens jacassent, vont, viennent, procèdent avec la candeur des premiers âges à la satisfaction de leurs exigences les plus intimes, se soulagent ici ou là, au petit bonheur.

Bondoukou présente ce caractère, peut-être unique, d'une cité musulmane capitale d'un pays fétichiste.

Mahométisme des plus accommodants d'ailleurs, qui

RUELLE DEVANT LA MAISON DE SITAFA
(BONDOUKOU)

ne rêve, à l'ombre de la mosquée de terre battue, ni conquêtes, ni guerre sainte. Il s'agit moins ici de ferveur religieuse que d'une question de décorum, d'une loi morale dont on observe les préceptes, de même que l'on porte un vêtement pour se distinguer des peuples voisins, de condition inférieure, adonnés à des jongleries, et qui vont tout nus. Les musulmans de Bondoukou et de Kong ne professent aucune prévention contre l'infidèle, blanc ou noir. Tout entier aux affaires, leur esprit très positif n'entend rien aux abstractions. Cultiver, trafiquer, colporter sur les marchés soudaniens tout ce qui peut faire l'objet d'une vente ou d'un échange, tel est leur rôle. Ils constitueront, avant qu'il soit longtemps, la meilleure clientèle de nos factoreries du littoral. En attendant, ce sont, pour la plupart, de braves gens, hospitaliers, serviables, observateurs des traités librement consentis, des amis sûrs. Ils représentent déjà la civilisation, une civilisation noire, bien imparfaite encore, mais qui étonne au sortir des ténèbres de la forêt.

Le Mandé-Dioula vit dans les meilleurs termes avec l'autochtone et reconnaît la souveraineté d'un païen, le vieil Ardjima, roi de l'Abron.

Il ne déclare pas la guerre aux superstitions indigènes, mais se borne à en tirer un bénéfice honnête, se fait marchand de gri-gris, de sachets mystérieux, dont le noir porte sur lui un assortiment complet. Dans cette colonie de marchands, tout, y compris la religion, est prétexte à négoce.

Les Abrons ne sont représentés ici que par un groupe

de cent à cent cinquante individus qui occupent un hameau aux cases de chaume, à une portée de fusil de la ville. Leur chef est le délégué officiel de l'autorité royale, autorité plus nominale que réelle, mais à laquelle, en certains cas, le Bondoukou musulman ne dédaigne pas de recourir.

Lors de notre arrivée, la population était en liesse à l'occasion de la clôture du Ramadan. Réjouissance musulmane célébrée avec un tumulte et un luxe d'accessoires qui révèlent le voisinage immédiat du pays des fétiches. Les deux quartiers, ville haute et ville basse, chantaient et processionnaient, faisant assaut de vacarme. Sur les peaux luisantes, frottées de beurre de Cé, chatoyait le bric-à-brac des grands jours : amulettes de tout genre, oripeaux de nuances criardes. Détail à noter, dans cette foule mahométane : les hommes sont les plus vêtus; l'ample boubou en cotonnade de Kong, à ramages bleus et rouges, les drape majestueusement à la romaine. Les femmes vont le torse nu, le pagne roulé autour des reins. La partie essentielle de leur toilette est la coiffure, édifice compliqué, la haute perruque en cimier agrémentée de pendeloques. Elles brandissent une sorte de crécelle composée d'une calebasse recouverte d'un filet très lâche, dans les mailles duquel sont enfilées des cauris — la monnaie du pays, monnaie encombrante (trois cents de ces coquillages représentent la valeur de cinquante centimes).

Tout ce monde marchait en bataillon serré, scandant le pas par une mélopée chantée à tue-tête où les mêmes paroles sur le même dessin mélodique reviennent à l'infini. En tête de la procession, les griots, armés de fouets, bondissaient et vociféraient, élargissant la haie des curieux à grands coups de lanières.

La fête, comme il arrive souvent, a dégénéré en bagarre. Au moment où nous regagnions nos cases, des gerbes de flammes s'élevaient dans la direction du marché. Croyant d'abord à un simple accident, à une flambée causée dans les auvents de paille par les tisons de quelque marchande de friture, nous allions rebrousser chemin pour aider à circonscrire le sinistre en faisant la part du feu. Les noirs affolés ne songent jamais à ce procédé élémentaire. Vint à passer un des fils de notre hôte. L'enfant, par une pantomime expressive, nous enjoignit de rentrer. Là-bas, il n'y avait rien de bon à gagner; les horions pleuvaient : déjà un homme avait péri. Réflexion faite, qui pouvait répondre que, dans cette foule superstitieuse et surexcitée, quelque imbécile ne s'aviserait pas d'attribuer à l'arrivée des blancs, à un maléfice lancé par eux, les malheurs de la journée? Cette voix trouverait certainement de l'écho, et la position pouvait devenir critique. Mieux valait s'abstenir.

Renseignements pris, personne n'avait eu garde de nous mettre en cause. Le hasard ou les sortilèges n'étaient pour rien dans l'événement. Les griots, par une distribution de coups de fouet trop libérale, avaient provoqué le conflit. Des invectives on en était venu aux coups, puis aux mesures incendiaires. Le feu, en l'absence de toute brise, s'éteignait de lui-même au bout de trois heures. Mais toute la nuit le village fut sur pied. Notre hôte avait réuni chez lui tous ses fidèles : dans ces conciliabules on agitait les résolutions à prendre pour le lendemain. Les esprits paraissaient très montés. De part et d'autre on ne parlait de rien moins que de recommencer la lutte au petit jour. On allait expédier des émissaires dans les villages des environs, rassembler des troupes, élire un chef de guerre, que sais-je?... Le jour est venu, le soleil s'est levé sur un horizon immaculé; pas une clameur guerrière n'a retenti dans la ville ou dans les campagnes. Le bilan de la journée se chiffre par un mort, une demi-douzaine d'éclopés, quantité de vermine livrée aux flammes et un marché réduit en cendres. Telle fut cette bataille dont les moindres incidents, perpétués et magnifiés par la tradition, seront discutés en plein midi sous les arbres des carrefours, la nuit, dans la tiédeur des cours empestées, par les générations futures.

Les conseils pacifiques qui avaient prévalu émanaient précisément du chef de la religion, l'Almamy. On s'était, d'après ses avis, décidé à laisser au vieux roi le soin de régler le différend. Une délégation devait se rendre auprès de lui à Amenvi et solliciter ses bons offices.

Ardjima accueillit favorablement la requête, envoya à Bondoukou un de ses fils qui s'aboucha avec les notables des deux quartiers en hostilité, distribua aux uns et aux autres de bonnes paroles et se tira de l'arbitrage à la satisfaction générale.

Faute d'autre abri, les marchés se tiennent provisoirement au pied des arbres, à l'ombre d'un pan de mur, un peu partout. La caractéristique de ces marchés est l'absence presque absolue de denrées européennes. Sur les éventaires s'étalent les pains de beurre végétal (beurre de Cé), les chenilles séchées que l'on pulvérise pour en assaisonner les aliments, condiment fort apprécié des gourmets, les noix de kola blanches et rouges. Campées derrière un écran de paille, les marchandes de *niomis* (galettes de mil au beurre végétal) surveillent leur friture que des fillettes vont ensuite offrir à domicile.

La vente des tissus n'a pas lieu en plein vent. Les principaux articles sont les cotonnades de Kong et les couvertures en belle laine du Macina. Ici même on fabrique des étoffes analogues à celles de Kong, mais moins fines. Le tisserand dresse son métier primitif dans un coin d'ombre quelconque, sous un parasol de nattes. Le travail s'opère par bandelettes larges de 10 centimètres sur 5 à 6 mètres de long, rayées de bleu et de blanc. Ces bandes sont ensuite assemblées par des coutures en gros fil de coton. Il y a plusieurs teinturiers disposant d'une cinquantaine de puits. La nuance universellement adoptée est le bleu foncé tirant sur le noir.

La véritable influence, l'homme le plus considéré, dont on invoque à tout propos l'arbitrage et dont les décisions font loi, c'est l'almamy ou chef religieux.

L'almamy de Bondoukou, Ibrahima Kitaté, est un grand vieillard, encore droit malgré ses quatre-vingts ans bien sonnés. La tête est fine, la physionomie bienveillante, la parole douce sans emphase, le geste sobre.

L'ensemble du personnage est vénérable : on rencontre trop rarement chez les noirs, même avancés en âge, cette dignité d'allures qui commande le respect.

Quand nous lui avons fait notre première visite, le jour de notre arrivée, il était étendu sur une natte, devant sa porte, entouré de quelques serviteurs, un manuscrit du Coran à portée de la main, égrenant son chapelet. Le salâm de quatre heures était proche. Sur la place encore inondée de lumière, les fidèles se dirigeaient vers la petite mosquée coiffée de trois minarets en forme de pyramides. Du plus loin qu'ils apercevaient le vieillard, les passants s'inclinaient, les mains jointes sur la poitrine. L'entrevue fut on ne peut plus cordiale, bien que nous nous soyons soustraits le plus vite possible aux compliments de bienvenue afin de ne pas gêner l'almamy dans ses dévotions.

Depuis, le digne homme est venu plusieurs fois nous voir. Pas un jour ne s'est passé sans qu'il dépêchât un de ses gens pour prendre de nos nouvelles et répéter au capitaine Binger combien il remerciait Dieu de lui avoir permis, à lui si vieux, de revoir une fois encore le chef blanc dont il avait conservé si bon souvenir. Il nous a envoyé un mouton d'une blancheur d'hermine et un pot de miel. La mission, de son côté, lui a fait quelques cadeaux, boubous brodés, bournous, chechias, du papier, des plumes, des couleurs, articles si recherchés des marabouts. L'envoi a provoqué chez le destinataire une effusion de gratitude. Le jour même il arrivait présenter ses remerciements. La scène n'a pas été sans grandeur.

UN COIN DU MARCHÉ (BONDOUKOU)

— Ce que vous m'avez donné — à moi, pauvre serviteur de Dieu — c'est comme si vous l'aviez donné à Dieu même.

Puis, sans autre préambule, il appelait sur nous les bienfaits du Très-Haut :

— Que Dieu vous accorde le bonheur, la santé, la force, la richesse, la gloire d'une postérité nombreuse, etc., etc.

Les trois disciples assis en face du Maître répétaient en chœur chacune des formules comme les répons d'une litanie.

La visite s'est terminée sur une prière improvisée à notre intention :

— Daigne le Tout-Puissant écouter la voix du vieillard son serviteur. Qu'il prenne ces hommes blancs sous sa garde, leur donne un heureux voyage, écarte de leur sentier les obstacles et les périls ; qu'il les conduise par la main jusque dans leur pays et les ramène sains et saufs dans leurs villages, à l'ombre de leurs cases.

Les assistants — la cour est pleine de monde — la tête courbée, les mains appuyées sur le front, répondent :

— Amina! (Ainsi soit-il!)

La chaleur croissante et l'infection de l'air nous éprouvent. La dysenterie a fait son apparition. Heureusement le bon Crozat veillait et a triomphé du mal en quelques heures.

Nos hommes ne sont guère en meilleur état. Accoutumés à l'ombre, à la fraîcheur relative de leur pays boisé, aux ablutions fréquentes, ils supportent avec peine la sécheresse, cet emprisonnement dans des cours fétides, au milieu de ce peuple dont les coutumes et la langue leur sont inconnues. Deux ou trois cas de variole se sont déclarés. L'épidémie sévit en ce moment à Bondoukou, où elle cause d'assez sérieux ravages. Quant à se laisser vacciner, le noir n'y consentirait à aucun prix. C'est là un fétiche « bon pour blancs ».

Notre bagage, il est vrai, s'allège. Nous pourrons laisser ici les moins valides, qui regagneront aisément le Sanwi dès qu'ils seront en état d'entreprendre le voyage. D'ici là l'hospitalité de Sitafa leur est acquise — il est payé pour cela — et l'Almamy s'assurera que notre hôte tient ses promesses.

Parmi ceux que nous congédions figure Anoman, notre cuisinier, devenu impossible. Il sera remplacé par un simple porteur, Kassi, que ses antécédents ne semblaient pas destiner à la dignité de maître queux. Sa ratatouille n'en sera pas pire. Au moins consentira-t-il à allumer le feu, ce que nous ne pouvions même plus obtenir de son prédécesseur. Une heure après l'arrivée à l'étape, lorsque, les dents longues, quelqu'un de nous partait en reconnaissance du côté de la cuisine, il trouvait le foyer mort. Sans doute le chef était allé aux provisions? Erreur. Vautré sur le ventre, Anoman dormait du sommeil du juste. Nous voici débarrassés de cet oiseau. — C'est ce que veut dire le mot en agni — et jamais nom ne fut moins volé.

La plus grande souffrance provient du manque d'eau. Pas une source, pas un rivulet : un simple marigot qui ne coule qu'à la saison des pluies. Le reste de l'année, on s'abreuve dans des puisards, autant de dépotoirs où les averses drainent les ignominies d'alentour. L'eau, filtrée avec le plus grand soin et bouillie, n'en garde pas moins une apparence savonneuse et une saveur ammoniacale qui soulèvent le cœur.

Et cependant, malgré la saleté repoussante, la vermine, la clientèle d'importuns suspendus à vos grègues dès le petit jour, les rassemblements de deux ou trois cents curieux que suscite la moindre tentative pour prendre une photographie, un croquis ; malgré les nuits plus fatigantes que les jours, malgré ses eaux empoisonnées, Bondoukou n'est pas sans attraits, à certaines heures. Lorsque le soir descend sur cette ville étrange ; quand les collines lointaines s'estompent de bleu sur l'horizon des forêts ; au moment où le bétail, éveillé de la torpeur du jour, s'ébroue dans les pâturages, où les fidèles, après la prière, viennent prendre le frais, assis sur les racines des ficus, un grand calme, une paix souveraine semble envelopper cette petite cité marchande isolée à la lisière des bois.

*6 mai.*

Nous comptons partir dans cinq ou six jours, bien qu'on insiste pour nous retenir jusqu'à la fin de la lune. Trois semaines, ce serait un peu long. La lune est toute neuve, et son retour récent a même été prétexte à réjouissance. La cour de Sitafa n'a pas désempli de la journée. En général les visites commencent après la prière de quatre heures et se suivent jusqu'à huit ou neuf. Les arrivants s'assoient sur leurs talons autour de notre *diatiké* allongé sur sa natte, et l'on cause tout en égrenant son chapelet. L'affluence est grande les jours de nouvelle lune. De même que chez certaines nations d'Europe, — chez les Grecs orthodoxes, notamment, — les gens s'abordent, le matin de Pâques, par ces mots : « Christ est ressuscité », il est d'usage de venir ces jours-là voir ses amis, uniquement afin de leur annoncer cette bonne nouvelle : « La lune est revenue ! »

Lorsque notre hôte, entre neuf et dix, rentre dans ses appartements, il a vu défiler de soixante à quatre-vingts figures de connaissance qui lui ont débité la même phrase. Et Sitafa, en se mettant au lit, doit, à n'en pas douter, savoir à quoi s'en tenir sur le cours de la lune !

Nous procédons, non sans plaisir, à nos préparatifs de départ. De Bondoukou à Kong on compte environ quinze jours. Le sentier, par places, est praticable aux bêtes de somme; aussi ferons-nous le trajet partie à pied, partie à âne. Après nos trois mois de marche en forêt, nous échangerons volontiers la canne du piéton pour le bât de la bourrique.

Sitafa s'est chargé de nous maquignonner des ânes. Il eût désiré nous vendre, par la même occasion, son cheval, un animal jaune filasse, un peu plus haut qu'une

UNE VISITE CHEZ SITAFA

vre et d'une maigreur diaphane. Sitafa l'enfourchait, [une] fois la semaine, pour se rendre à la mosquée, en [gran]de pompe. L'animal employait le reste du temps à [brou]ter dans la cour, sur l'herbe fraîche que lui [ap]portait, matin et soir, son captif attitré. La nuit, ce [ser]viteur zélé ne manquait jamais de lui suspendre au [co]u une clochette fêlée, — la nuit seulement, — atten[tio]n délicate qui, dans l'état d'énervement où nous [ét]ions, nous condamnait à de fâcheuses insomnies. [A]gacé, certain soir, j'enlevai à la bête son carillon et [le] dissimulai dans ma poche. Mais le silence inusité [ré]veilla maître et valets, qui, très agités, se mirent [in]continent en quête de l'objet perdu. Je consentis à [ca]lmer leurs alarmes à la condition que, jusqu'à la fin [de] notre séjour, le cheval-orchestre donnerait ses audi[ti]ons pendant les heures diurnes, ce à quoi Sitafa voulut [bi]en consentir avec une petite moue. Car ce bruit lui [ét]ait nécessaire pour s'endormir; cette musique berçait [ag]réablement ses rêves et ses amours. Ledit palefroi [fo]urnirait difficilement plus d'une étape; nous donnons [la] préférence à maître Aliboron.

Tous les bourriquots présentables, sans parler des [a]utres, nous ont été amenés, les prix âprement débat[t]us. Chaque bête nous coûte de cent à cent cinquante [fr]ancs, un tiers de plus que sa valeur réelle. Nous [a]vons fait emplette d'un animal supplémentaire qui [p]ortera la provision de mil; on ne pourrait en effet s'en [p]rocurer avant d'avoir atteint le Comoé, c'est à dire [a]vant une dizaine de jours.

Nos arrangements complétés, après une visite d'adieu

à l'almamy, qui appelle une dernière fois sur la caravane la protection d'Allah, le 11 mai, au soleil levant, nous sortions de la capitale de l'Abron par le sentier de Kong.

Notre hôte et l'un de ses fils nous escortèrent jusqu'à une lieue de la ville. Quand ils eurent pris congé, réitéré les protestations d'amitié et les baisements de main, en nous suppliant de revenir les voir..... avec d'autres, beaucoup d'autres marchandises, ils demeurèrent longtemps sans faire demi-tour, les regards fixés sur la caravane qui s'éloignait lentement vers le nord-ouest. Ma dernière impression de Bondoukou, c'est, dans les hautes herbes trempées de rosée, la sombre silhouette du *diatiké* planté sur son cheval jaune.

## IX

PAYS DE KONG.

14 mai.

Ces premiers jours de chevauchée nous ont remis. Cela nous paraît bizarre d'être ainsi portés après tant de lieues parcourues sur nos jambes. Il est rare, à vrai dire, que l'étape s'achève sans que l'on soit forcé de mettre pied à terre pour franchir un passage scabreux. Le terrain, sur une distance de quarante à cinquante kilomètres, est très accidenté. C'est une succession de coteaux, sillonnés de ruisseaux encaissés qui nécessitent de fréquentes haltes. Il faut décharger les bêtes, les pousser de force dans le ravin, puis les hisser sur l'autre berge, plus mortes que vives, ruisselantes de fange, et procéder de nouveau à l'arrimage des ballots. En réalité, c'est tout au plus si nous restons en selle une heure sur deux. Mais la marche ne nous effraye point. Le malaise qui nous envahissait était dû moins aux fatigues de la route qu'aux longues stations dans les villages, à Bondoukou en particulier, à la promiscuité de la plèbe vermineuse, aux nuits sans sommeil, à l'atmosphère empoisonnée.

Nous respirons à présent. Nos nerfs se détendent : les regards déshabitués de la lumière, las de scruter la pénombre interminable des futaies, se reposent sur cet horizon varié, sur le vert plus tendre des clairières. Les matinées sont d'une infinie douceur. Brise fraîche, ciel pommelé, température d'Europe.

Ce n'est pas que l'éloignement des villes, l'enchantement du plein air nous affranchisse des importuns. Je n'en veux pour preuve que les incidents de l'avant-dernière nuit au hameau de Fouangansoura.

L'endroit était joli, paisible, sur une hauteur balayée par la brise; tout auprès, la rivière Bâ coulait entre des collines boisées. Déjà nous nous félicitions de notre nouveau gîte qui allait nous faire oublier la cour empestée de Sitafa et son vacarme de caravansérail.

Jusqu'à dix heures, en effet, tout alla bien; la soirée fut d'un calme idyllique. Le chef et les notables étaient venus, suivant l'usage, faire un bout de causette, puis s'étaient retirés à pas discrets, en gens désireux de laisser reposer leurs hôtes. Et nous sommeillions, depuis un quart d'heure à peine, lorsqu'un atroce charivari nous éveilla. Une bande armée de crécelles parcourait le village en poussant de plaintives clameurs.

Les exécutants, le chef en tête, s'approchaient de nos cases et nous donnaient l'explication de tout ce bruit. Un gros nuage s'avançait qui menaçait de manger la lune. On suppliait le capitaine de délivrer un remède pour conjurer un tel malheur. Binger en riant parvint

CAPTIVES DE SITAFA (BONDOUKOU)

à les congédier, peu rassurés pourtant. Mais bientôt le trouble du populaire se changeait en épouvante lorsque, le nuage passé, la lune reparut. — L'instant (nuit du 11 au 12 mai) coïncidait avec une éclipse partielle de notre satellite. — Le phénomène, par un hasard étrange, s'était produit précisément pendant que la pleine lune était dissimulée sous la nuée. Maintenant elle revenait, mais mutilée, méconnaissable. Nouvelle visite, plus bruyante cette fois, du chef et de ses administrés. — « La lune est mangée! Il en manque un grand morceau!... » On leur répond de prendre patience, que le mal sera réparé dans quelques minutes. Ils n'en croient rien. Il faudrait d'abord qu'ils nous crussent sur parole; car, durant l'entretien, un rideau de vapeur s'est de nouveau interposé, et le ciel va rester couvert pendant la plus grande partie de la nuit.

Jusqu'au matin Fouangansoura fut en rumeur. Les habitants ne réintégraient leurs cases qu'aux premières lueurs de l'aube; l'astre venait de reparaître dans sa rotondité parfaite. Mais s'ils avaient retrouvé la lune, nous avions, nous, perdu le sommeil.

A quelque cent mètres de Kindi, notre campement d'hier, remarqué les débris d'une importante bourgade, une ruine toute neuve où traînaient encore au milieu des cases éventrées, noircies par l'incendie, divers ustensiles, vases, terrines, caisses de tam-tams, abandonnés par les habitants dans le désordre de la retraite. Cette localité, nous a-t-on dit, a été rasée, il y a un an, par les ordres d'Ardjima, en punition de je ne sais quel méfait. Qu'est devenue la population? Mystère.

Les occupants du nouveau Kindi ont tenté de nous donner, à ce sujet, des explications dont le résultat le plus appréciable a été d'embrouiller davantage le fil de l'histoire. Dans la politique nègre, tout est confusion et ténèbres.

En dépit de son appellation arabe, le village où nous stationnons aujourd'hui, El Hedi (le Dimanche), ne contient aucun musulman. Le nom lui aura été imposé par les Dioulas voyageurs.

Pendant le déjeuner, un incident. Un serpent s'est glissé chez le docteur. Le boy de Crozat, tout ému, apporte la nouvelle, ajoutant que le reptile est gros comme la jambe. L'intrus, roulé sous la couchette, est délogé avec une gaule et abattu d'un coup de fusil. Ce n'est point le boa annoncé, mais une superbe vipère noire, longue de deux mètres, armée de terribles crocs. Des espèces de bajoues lui donnent une certaine ressemblance avec le cobra de l'Inde. Rarement ces bêtes pénètrent à l'intérieur des villages. Le cas pouvait être attribué à ce fait que la case du docteur était isolée des autres et placée immédiatement à la lisière du bois. C'est la seconde apparition de ce genre, depuis le début du voyage. Quoique les reptiles abondent, on peut circuler pendant des mois sans en apercevoir un seul; ils se dérobent au bruit d'une troupe en marche.

Dans le village, plusieurs albinos, dont une femme, nommée Firi, que j'ai eu beaucoup de mal à photographier. Elle pleurait, cherchait à fuir et croyait évidemment sa dernière heure venue.

Kagoué, vendredi 20.

Les collines se sont effacées; la végétation devient plus maigre, la population moins dense. Du 18 au 19, entre Panamvy et Nasian, sur une distance de cinquante kilomètres, nous avons traversé une région absolument inhabitée. La plaine herbeuse se déroulait à l'infini : çà et là seulement, un bouquet d'arbres marquant l'emplacement d'une mare ou d'un ruisseau, de nombreux affleurements de roche ferrugineuse, de granit accusant très nettement le travail des anciens glaciers. Nous avons même dépassé de remarquables blocs erratiques.

Le trajet est monotone à l'extrême : une série de plateaux légèrement ondulés, un désert piqué d'arbustes grêles. A cette époque de l'année, des orages quotidiens font foisonner sur ces plaines les herbes folles. Au moment de la sécheresse, la réverbération du soleil doit y être intolérable. Même en cette saison, il est très dur de voyager en terrain découvert passé neuf heures du matin.

A partir de Nasian, on a l'impression d'être parvenu à une altitude relativement élevée; mais rien ne rompt l'uniformité du vaste horizon, si ce n'est, dans un lointain bleuâtre, des crêtes apparues au lever du soleil, vers le nord, dans la direction du Lobi.

Villages très clairsemés, espacés de trois à quatre heures en moyenne. Qui en a vu un en a vu cent; partout la même case malinké, ronde, à toit conique, les mêmes fétiches pendus aux parois, la même femme occupée, son marmot ficelé en croupe, à piler une pâtée quelconque dans un mortier de bois. Quelques cultures d'ignames ou de maïs; d'assez beaux troupeaux paissant aux abords des villages, en toute liberté, à tel point qu'il n'est pas rare d'être éveillé au milieu de la nuit par une incursion de chèvres ou de moutons prenant leurs ébats dans notre case, sinon par la visite d'un bœuf au souffle bruyant.

Peu de monde sur le chemin. Les gens de Kong sont actuellement détournés de leur commerce par une guerre avec des voisins pillards, du côté de l'ouest, les Palagas. Les hostilités retiennent sous les armes bon nombre d'entre eux. Les caravanes que nous croisions venaient, pour la plupart, du pays de Bouna, avec des kolas, de l'ivoire, du coton, du sel et quelques articles de ferronnerie de fabrication indigène. Hommes et femmes portent gaillardement sur la tête leur charge de trente à quarante kilos, et marchent bon pas, la lance à la main, le sabre pendu à l'épaule. Tous ces caravaniers sont des Mandés-Dioulas, la race voyageuse conquise à l'islam. La population des villages est composée de Pakhallas sédentaires, cultivateurs, doux et hospitaliers, mais fétichistes à l'égal des peuplades de la forêt.

Celle de Kagoué est d'une timidité excessive. Le hameau a tout à fait bon air. Des arbres magnifiques l'encadrent, un baobab surtout qui, renversé jadis par l'ouragan, a repris racine et projette sur la place son ombre tourmentée. Nous avons été bien accueillis; mais il ne faut pas songer à prendre des notes, un cliché,

ARBRE RAMPANT — VILLAGE DE KAGOUÉ (PAYS PAKHALLA)

autrement que par surprise. La vue de l'album ou de la chambre noire cause une panique générale; petits et grands prennent la fuite. C'est à Kagoué que Binger, lors de son premier voyage, ne put obtenir d'être reçu par le chef. Non que celui-ci fût hostile : ses offres de services, ses compliments transmis par un envoyé témoignaient de ses dispositions amicales. Il refusait seulement de se trouver face à face avec le voyageur appartenant à une race inconnue. Les années ne paraissent pas avoir atténué ses préventions. Il nous a traités de son mieux, amplement approvisionnés de maïs et d'ignames, mais est demeuré invisible. Ses ancêtres, disait-il, n'avaient jamais vu d'hommes blancs; il redoutait, en cédant à sa curiosité, que cette faiblesse ne lui portât malheur.

Violent émoi provoqué par un de nos hommes qui s'est permis de dérober un poulet. Le coupable a été vertement tancé et le poulet restitué à son propriétaire avec des excuses et un cadeau. Ce n'est pas la première fois que nous avons à réprimer ces rapines susceptibles de nous créer, même en pays ami, de sérieux embarras.

Très vive aussi, l'inquiétude manifestée par mon hôte. Il m'avait cédé sa case en me recommandant de ne pas y faire de bruit, le moindre tapage pouvant effaroucher les fétiches appendus au mur. J'ai promis de m'observer. Mais il n'était pas tranquille et revenait à chaque minute voir ce qui se passait, me suppliei de ne pas chanter, de ne pas siffler surtout. Je n'en ai nulle envie.

Samedi 21.

Traversée du Comoé, entre Nabaé et Timikou. Le fleuve a près de cent mètres de large et roule ses eaux d'un rouge d'ocre, à raison de deux à trois kilomètres à l'heure. C'est une magnifique coulée où des pirogues lourdement chargées flotteraient aisément ; elles remonteraient même sans difficultés bien au delà, jusqu'à deux journées de marche de Kong. Mais actuellement elles ne poussent pas plus haut qu'Attakrou. Ce terminus de la navigation est situé à près de cent lieues en aval. Les riverains ne sont pas mariniers. Ils ont déjà fort à faire de manœuvrer leur bac informe creusé dans un tronc d'arbre.

Le transbordement a occupé tout l'après-midi, l'esquif ne pouvant transporter à la fois que six hommes avec leurs charges. L'épisode de la journée a été le passage de nos bourriques. On a dû d'abord descendre, précipiter plutôt, les malheureuses de la berge à pic élevée de plusieurs mètres. Puis, la distance et la rapidité du courant ne leur permettant pas de gagner l'autre rive à la nage, quatre furent amarrées de chaque côté de l'embarcation. On leur maintenait, tant bien que mal, la tête hors de l'eau. Le pis est que la pirogue, appesantie par cette remorque, est partie en dérive pour atterrir dans un fourré où le débarquement fut un vrai tour de force. La traversée a duré une demi-heure. C'est miracle que pas une seule de nos bêtes n'ait péri.

Le cinquième bourriquot, qui n'avait pu trouver

place dans le premier convoi, nous donnait pendant ce temps des peines inouïes. En voyant s'éloigner ses camarades, il s'était mis à braire en désespéré, et s'élançait bravement à leur poursuite. Il était perdu si on ne l'eût ressaisi juste à temps, et ramené à terre... par la queue.

Sipolo, 23 mai.

Une chaîne de hauteurs dont l'altitude atteint près de mille mètres, court sur la rive droite du Comoé et se prolonge vers le sud en arc de cercle. Nous l'avons escaladée ce matin, entre Gouroué et Sipolo. Du col, le regard embrasse un horizon immense, mais d'une tristesse infinie, sans autres reliefs qu'une ou deux éminences isolées, en forme de cône, pareilles à des récifs en plein océan. A perte de vue, la plaine d'un vert sombre mouchetée de plaques de sable; à nos pieds, la traînée bourbeuse du Comoé qui semble s'engouffrer au loin dans le ciel chargé de brumes.

Sous la pluie, la descente du versant ouest est scabreuse. Les animaux bronchent, s'affalent sur le flanc. Bien entendu, nous avons mis pied à terre et conservons difficilement notre équilibre sur la pente détrempée, glissante comme une planche savonnée. Depuis notre départ de Bondoukou, les orages se succèdent : chaque jour c'est une tornade, parfois deux.

Nous avons laissé derrière nous avec le Comoé, la frontière du royaume d'Ardjima, le pays des Pakhallas. La population des villages est presque exclusivement composée de captifs de Kong, autochtones qui vivent sinon à proprement parler sous le joug, du moins dans la dépendance des Dioulas dont ils sont, en quelque sorte, les fermiers, les colons partiaires.

Superstitieux en diable. Le chef de Sipolo nous a désigné, pour y installer la cuisine, une case menaçant ruine, appartenant à une vieille femme. La maîtresse de céans a vivement protesté contre la réquisition, ce qui se conçoit de reste. Il est toujours vexant de voir son domicile envahi par des gens qui viennent y faire bouillir leur marmite. Mais ce que je serais impuissant à rendre, ce sont les vociférations que lui arrache l'apparition du moindre ustensile inconnu. C'est là, pour elle, un fétiche destiné à ensorceler sa demeure. Le montage du filtre l'a jetée dans des convulsions.

Sipolo est un cloaque : chaumes percés à jour, murailles de terre rongées par la mousse. Du sol piétiné par le bétail, empuanti par les déjections des bêtes et des gens, montent sous le soleil de midi des senteurs inexprimables. Avec quelle joie nous abandonnerons le gîte demain, avant l'aurore !

*Kawaré, mercredi 25, midi.*

Deux longues étapes, de cinq heures en moyenne, sous l'averse. Les marigots étaient gonflés. Hommes et bêtes ont été, à plusieurs reprises, contraints de les passer à la nage. Le déluge vient seulement de cesser. Il aura duré quarante-huit heures consécutives. Un de nos porteurs est pris de fièvre violente. Le docteur appréhende la variole. Ce serait le troisième cas depuis

KAWARÉ (PAYS DE KONG).

une semaine. Nous avons déjà laissé un malade à Na-sian, un autre à Timikou, chacun avec un camarade. Il est pénible d'abandonner ainsi ces pauvres gens; mais le noir se refusant d'ordinaire à absorber d'autres médicaments que les drogues préparées par ses féticheurs, il n'y a qu'à laisser agir la nature ; le repos sera le traitement le plus efficace. D'ailleurs, le premier devoir est de mettre notre troupe à l'abri de la contagion : exposer une ou deux vies humaines pour le salut du plus grand nombre, telle est la loi, en voyage comme à la guerre. En pareille expédition, l'infortuné qui tombe au bord du sentier, c'est le matelot emporté par une lame : les cœurs se serrent, mais le navire poursuit sa route, dans la tempête.

Kawaré se compose de trois villages, distants l'un de l'autre de quelque cent pas. L'ordure n'y est pas moins abondante qu'à Sipolo. Les immondices s'amoncellent; chacun dépose les détritus devant sa case, le temps manquant sans doute pour les transporter à dix mètres plus loin, dans la plaine. Kawaré est pourtant la résidence d'un prince du sang. Le chef est un Ouattara, de la famille royale de Kong, où il occupe le rang de huitième héritier.

Ce personnage nous a reçus à l'antique, sous un arbre, entouré des notables. Nous lui faisions face, assis sur des nattes. Le peuple, rangé en cercle, assistait à l'audience, grattant ses poux. Nous avons relaté brièvement le but et l'itinéraire du voyage. Après quoi permission nous fut donnée de chercher des logements convenables, ce qui n'était pas chose aisée.

Dans la journée, second palabre. Un autre chef est venu nous interviewer, histoire de vérifier si notre récit concorderait avec les explications fournies le matin. Cette confiance nous honore. Hideux, ce vieux chef : la face rongée par un lupus. On apporte, sur son ordre, une grande calebasse de dolo, la rasade de bienvenue, et, suivant les us de la politesse noire, nos hôtes se disposent à se rafraîchir les premiers, copieusement. Déjà le vieillard tend vers le vase ses lèvres suppurantes, lorsque Binger observe tranquillement que l'heure de notre repas est proche : on le remercie du cadeau ; mais il y a juste de quoi nous désaltérer. En même temps, il fait signe à un boy d'emporter le dolo dans la case. Et le tour est joué.

Nous craignions d'être obligés de séjourner ici jusqu'à après-demain, pour faire honneur au chef, dans le cas probable où celui-ci insisterait pour nous garder. Il n'insiste pas. Brave homme !

Vendredi, 27.

Hier, nous rencontrions à Kongolo Bafotiké, ancien captif de Karamokho Oulé, roi de Kong, envoyé au-devant de nous par le prince. Ce dernier, absent de sa capitale, se trouve actuellement dans le camp établi à une journée de marche vers le nord, pour surveiller les mouvements des pillards Palagas qui inquiétaient les caravanes. Il nous adresse ses compliments, ajoutant que nous sommes attendus ; on nous a préparé des cases. — Dieu sait ce qu'elles seront ! — Bafotiké a poussé l'attention jusqu'à nous apporter deux sacs de cauris, dans le cas où nous eussions été à court de menue monnaie. Voilà un homme pratique.

De Kongolo à Kong, nous traversons, pendant près de trois heures, des champs d'ignames, de mil, des cultures maraîchères. Paysage de banlieue; on sent qu'on approche d'un grand centre. La ville s'aperçoit d'une lieue; de ce côté, l'effet en est médiocre : une ligne de constructions basses couronnant une crête arrondie; si l'on ne savait qu'elle est là, on risquerait de la confondre avec un relief du sol. Elle se développe en éventail sur le revers du plateau. C'est du nord-ouest qu'il faut la voir.

A neuf heures du matin, par un clair soleil, nous y faisons notre entrée par le quartier de Kourila. Il y a dix-sept jours que nous sommes en route. De la cour de Sitafa à Kong, nous venons de parcourir environ trois cents kilomètres.

Notre arrivée n'a pas causé autant d'émotion que la venue du premier blanc, il y a quatre ans. Néanmoins, la curiosité était grande; plusieurs milliers de spectateurs s'écrasaient dans les carrefours, les ruelles, sur les terrasses. Les gens, avides de nous contempler, se bousculaient pour se disputer les premiers rangs. De la poussière, des cris, des effrois de femmes et d'enfants.

Une bonne vieille, rejetée en arrière, protestait violemment et s'écriait : « Quand quelque chose de joli arrive dans une ville, on a bien le droit de regarder ! »

« Quelque chose de joli ! » Le mot était flatteur. Et pourtant, l'avouerai-je? juchés sur nos pauvres ânes aux oreilles pendantes attestant les vicissitudes et les désespérances de cette voie douloureuse, dans nos vêtements maculés et raides, nous n'étions pas de toute beauté.

## X

KONG.

Vendredi, 3 juin.

Une semaine écoulée déjà. Je ne puis dire qu'elle ait passé vite. Le malheur des villes comme celle-ci, c'est qu'on n'y saurait chercher autre chose qu'une impression, très vive à coup sûr, mais rapide. L'implacable régularité de l'existence, l'exacte répétition des mêmes scènes aux mêmes heures, l'exiguïté du cadre, ne tardent pas à émousser l'attention. Le tableau est de ceux qui devraient, à peine entrevus, s'estomper et disparaître comme une apparition rêvée.

L'aspect de la ville est à la fois soudanien et saharien. Les palmiers à huile remplacent le dattier : le désert, c'est la plaine environnante. En fait de constructions, c'est l'éternelle bâtisse des oasis, le cube de terre brune consolidé par des madriers, les murs tour à tour effrités par le soleil et lavés par les pluies. Une capitale cependant, une des plus grandes agglomérations soudaniennes, la plus remarquable peut-être par le caractère de ses habitants, uniquement adonnés au commerce et à l'industrie. C'est l'un des rares points du continent noir où il soit permis d'observer une société policée, l'effort d'une civilisation très primitive, mais essentiellement originale et pacifique.

Kong est infiniment moins sale que Bondoukou, bien que le chiffre de sa population soit six ou sept fois plus élevé. Les miasmes délétères sont moins persistants en raison sans doute de l'altitude (environ 700 mètres). A ces hauteurs, le vent a raison de l'infection. Bâtie sur une croupe allongée, la ville est rafraîchie par la moindre brise. Les environs, sauf quelques groupes de gros arbres servant de *dormoirs* aux bestiaux, sont déboisés à perte de vue. A cette époque de l'année, cette immensité est d'un vert cru de gazon anglais, l'ensemble du paysage d'un charme infini. — Et la grâce, le charme, sont choses si rares sur ce continent morose ! — La ville, surtout vue du nord-ouest, dorée par le soleil couchant, avec les minarets pyramidaux de ses cinq mosquées, les palmiers détachant leur fine silhouette sur le ciel, les terrasses superposées où des groupes de fidèles apparaissent à l'heure de la prière, est une vision inoubliable. C'est de ce côté que Binger vit Kong pour la première fois, et j'imagine quel dut être son saisissement.

Le séjour, pour une cité tropicale, ne serait pas autrement désagréable, n'étaient les gîtes qui laissent trop à désirer. Le besoin d'un intérieur est un sentiment inconnu de l'indigène. Il vit dehors, reçoit les visites étendu sur une natte, dans sa cour ou devant sa

UNE MOSQUÉE DE KONG

porte. Il passera la majeure partie de ses journées sous un arbre, dans un carrefour, au milieu d'un cercle d'amis, à jaser, à égrener son chapelet, tout en arrêtant les passants pour s'enquérir des nouvelles. A quoi bon, dès lors, un chez-soi? Un abri pour la nuit, le moins aéré possible (le noir est très frileux) ; il n'en faut pas davantage.

Nous avons retrouvé ici, chez Bafotiké, les tanières puantes de Bondoukou. Notre hôte ne s'est pas mis en frais. Il nous a logé dans le quartier réservé d'ordinaire à ses captifs. La cour est plus vaste que celle de Sitafa, mais aussi malpropre. Nous avons dressé la tente au centre ; c'est la seule retraite ombragée : chambre à coucher et réfectoire, salle d'audience et magasin.

Nous sommes à la merci des visiteurs dix-huit heures sur vingt-quatre. A cinq heures du matin, le supplice commence. On vous éveille avant l'aube pour vous souhaiter le bonjour. On vous trouble dans votre premier sommeil pour vous souhaiter une nuit heureuse. Tous les notables, tous ceux qui n'ont pas besoin de travailler pour vivre ou vivent du travail de leurs captifs sont là du matin au soir, assidus, tenaces. La collection est complète ; du petit au grand, tout Kong s'est promis d'assister à l'ouverture de nos ballots, à l'étalage de la pacotille. C'est le « Bon Marché » au Soudan. Et il faut voir ces dames, la tête tournée par ces falbalas, négocier une « occasion », un « solde » de foulards ou de corail avec des soupirs, des gloussements, des impatiences de petites bourgeoises. Le défilé ne se ralentit pas, même à l'heure du dîner. C'est, dans la poussière, un traînement de sandales, une envolée de boubous, des : *Anissé... Ani oualé... Ani oula... Baracalla... Allacidihama* (1), répétés à l'infini; et la marmaille qui pullule, toujours pourchassée, toujours présente, comme les mouches.

La société passe devant nous : autant de tableaux vivants. Le spectacle en vaut la peine, surtout dans une ville où flâner n'est pas commode. Il n'est jamais très agréable de se promener quand on traîne à ses trousses une cohue d'un millier de personnes. Dessiner, n'y pensez pas. Prendre un cliché photographique, même instantané, à la volée, c'est toute une affaire. On y arrive, non sans soulever parfois des clameurs. La majeure partie de la foule est généralement sympathique; dans sa curiosité n'entre aucun sentiment hostile. Mais, dans tout rassemblement, il peut se trouver un imbécile. C'est ainsi que, sans le vouloir, j'ai provoqué la colère d'un individu qui s'écriait que ma « mécanique, dans laquelle je regardais », devait être une « machine à faire pleuvoir ». Et il m'invectivait à plein gosier. Cependant la foule était pour moi, c'était visible. On riait de la fureur du trouble-fête. Aussi dis-je à celui de nos six tirailleurs qui m'accompagnait, et qui parle le mandé : « Réponds-leur que cela ne me fâche pas. Cet homme, pour parler ainsi, a trop bu de dolo, ou il est fou. » Ce qui fut fait; et l'on rit de plus belle.

Ici, pas plus qu'à Bondoukou, le sentiment religieux

(1) La gamme des formules de politesse : Merci, bonjour, Dieu vous garde, Dieu vous donne une nombreuse famille, etc.

n'est exalté. C'est un islamisme à fleur de peau, pour la convenance, parce que le fait d'être musulman constitue une supériorité. Cela ne va pas plus loin. On fait salâm; mais on boit du dolo. Toute cette race de Dioulas, âpre et travailleuse, dont les caravanes arpentent la boucle du Niger, a l'esprit trop absorbé par son négoce pour s'attarder dans l'idéal.

Kong ne compte qu'un seul Hadji, personnalité solennelle et ventripotente, figure béate où rien ne trahit la flamme intérieure, la ferveur du croyant retour des Lieux saints. Un grotesque dont le rôle est des plus effacés; ses concitoyens paraissent plutôt disposés à tourner le digne homme en ridicule. Son pèlerinage lui a pris seize ans; il est revenu seulement il y a quelques mois. Il nous a présenté son héritier, venu au monde peu de temps après son départ. Les relations entre le père et le fils témoignent d'une certaine gêne : ils n'ont pas encore eu loisir de faire très ample connaissance.

Ce pèlerin, qui a traversé deux fois l'Afrique de part en part, dans sa plus grande largeur, a peine à coudre deux paroles. Sa moisson d'aumônes semble avoir été abondante, puisqu'il vit à ne rien faire avec un apparat relatif; sa moisson de souvenirs est nulle.

Le type du bourgeois de Kong, du commerçant arrivé, c'est notre ami Mokossia, le boucher, un personnage considérable dans une cité musulmane. A ses fonctions de tueur selon les rites, Mokossia joint celle de brasseur. Ce mahométan fabrique et débite la boisson fermentée, bière de mil ou de maïs, tranquillement, sans songer à mal, ne dédaignant pas d'y tremper les lèvres pour s'assurer de la qualité.

Mokossia est un compère un peu replet, à la physionomie avenante, un tantinet goguenarde. Le visage fin est encadré d'une barbe grisonnante, bien plantée : tête remarquable, lors même qu'il ne s'agirait pas d'un noir. C'est un de nos fidèles, toujours disposé à rendre service, à s'entremettre pour l'achat ou la vente de bêtes de somme, pour nous aider à faire notre marché. Jaloux de s'instruire, il nous accable de questions sur l'Europe, sur la façon d'y traiter les affaires, sur les routes, les modes de transport. Il veut savoir si nous habitons tous les quatre le même « village ». — Pas précisément. Les plus rapprochés, est-il répondu, sont distants l'un de l'autre comme Kong de Bondoukou. Et lorsque nous lui affirmons que chez nous le trajet peut s'accomplir en une matinée, il accueille cette déclaration par un sourire incrédule. Il exige des explications; on les lui sert comme on peut. Alors il admire. Quels hommes que ces blancs!

Mokossia s'intéresse fort aussi à la condition et au prix des femmes en Europe, au prix surtout. Que vaut une femme là-bas, une jeune fille agréablement tournée, le premier choix enfin? Il est étonné d'apprendre que l'article ne figure pas sur les marchés. Les blancs n'achètent pas leurs femmes.

— Mais pour se marier?...
— Surtout pour se marier, Mokossia.
— Tu ne donnes pas au père en échange de sa fille de l'or, des cauris, un bœuf?

— Jamais de la vie. C'est au contraire le père qui...
— Non?...
— Je t'assure. Cela s'appelle la dot.

La dot!... Mokossia n'en revient pas. Il se fait répéter le mot. La dot!... Et ses yeux pétillent. Il trouve le procédé très supérieur.

*O Ka fé çà!* (Mais c'est très bon!) s'écrie-t-il.

Dans ses visites, Mokossia est souvent accompagné de sa femme. Il n'en a qu'une, et le ménage semble très uni. La commère est une ménagère vigilante qui a la haute main dans la maison, commande aux captifs et surveille la fabrication du dolo, pendant que son mari vaque aux achats de viande sur pied. Il lui communique ses impressions et ne manque pas d'ajouter, pour la taquiner, qu'il compte aller bientôt choisir une autre épouse en Europe, dans ce pays où tout le monde est riche, une de ces blanches qu'on n'achète pas et qui vous apportent une fortune. Et il nous prend à témoin :

— Je pars avec vous?
— C'est convenu.
— *O Ka fé çà!*

Mais l'autre ne s'y trompe pas. Elle sait bien que Mokossia plaisante. Et tous deux, se regardant un instant dans le blanc des yeux, partent d'un grand éclat de rire.

Il se tient un marché tous les jours et, tous les cinq jours, un grand marché, sorte de foire où les habitants des villages voisins viennent vendre leurs denrées. Marchandises de peu de valeur, mais étalages très variés. Les comestibles dominent : noix de kola, piments, ignames, mil, maïs, fritures de niomis et des assaisonnements divers, beurre de Karité, sel du Sahara. Le sel en barre arrive par caravanes, de gisements situés au nord-ouest de Tombouctou à plus de soixante jours de marche de Kong. Son prix atteint cinq francs le kilogramme. Lorsque des relations régulières seront établies entre Kong et la côte, le transport pourra s'effectuer en un mois.

Il y a le coin de la viande où, sous des auvents, les captifs de Mokossia, la hachette à la main, dépiautent les quartiers de bœuf et de mouton en tout petits morceaux. Les étoffes sont représentées par les tissus du pays, en bandelettes. L'importation d'Europe se réduit aux perles de verre et à des foulards rouges destinés à être effiloqués pour fournir aux brodeurs de boubous la nuance qui leur fait défaut. Plus loin, voici des corbeilles d'indigo, du coton brut ou enroulé sur des bobines, du blanc pour les fileuses, préparé avec des coquilles d'œufs pulvérisées.

Tout ce monde mène grand bruit, bien que le marché ne s'ouvre guère avant neuf heures (le nègre n'est pas matinal) ; il bat son plein dans l'après-midi de quatre à six. Le soleil couché, les affaires cessent, les vendeurs plient bagage ; les soirs de grand marché, fête de nuit, mais seulement lorsqu'il y a de la lune. Rien, dans ces divertissements populaires, de très caractéristique et qui diffère sensiblement des réjouissances en pays fétichiste.

UNE EMPLETTE — MARCHÉ DE KONG

Au surplus, il ne faut pas perdre de vue que les fétiches n'ont point disparu de la circulation. L'islamisme
n'a pas entrepris de balayer les superstitions anciennes.

Nous avons, ce matin, occasionné un scandale. De
très bonne heure, quand toute la ville dormait encore,
Crozat et moi, étions partis à la chasse. A une lieue
au nord-ouest de Kong se dresse une colline isolée
couronnée de roches dont mon compagnon eût désiré
déterminer la nature. Tout en poursuivant perdrix et
pintades, nous atteignions ce belvédère; l'ascension ne
demanda que quelques minutes. De là-haut, on décou-
vrait dans une vapeur la ville entière nimbée de rose,
comme une fantaisie de mirage flottant sur l'océan des
plaines; un panorama admirable.

Tandis que, toujours chassant, nous redescendions
vers Kong, nous vîmes, non sans surprise, les travailleurs abandonner leurs champs, accourir de tous côtés
en nous interpellant avec violence. Qu'étions-nous allés
faire sur la montagne? On ne devait pas aller là; il y
avait un diable... Pourquoi tirer des coups de fusil?...

Le docteur, très calme, se contenta de répondre à
ces agités que, s'ils voulaient palabrer avec nous, ils
vinssent chez Bafotiké, notre hôte. Ils se le tiennent
pour dit et emboîtent le pas. Bientôt nous eûmes une
belle suite. Notre rentrée en ville fit sensation. Les
gens s'assemblaient par groupes, soucieux, s'informant
de l'événement. Le cortège grossissait; nous traînions
à nos trousses près de quinze cents personnes. Une
députation, admise dans le cantonnement, exposa les
griefs de la multitude, le mécontentement causé par

notre promenade sur la colline ensorcelée. Les députés furent congédiés avec de bonnes paroles, assurés qu'aucun malheur ne résulterait de cette équipée; nous n'avions péché que par ignorance. Des étrangers sont excusables de ne pas connaître la loi.

Au fond, ces terreurs populaires n'ont rien que de très naturel. On aurait tort d'en plaisanter. Ce qu'on éprouve ici, c'est non seulement la sensation du changement de milieu, mais l'impression très nette d'un brusque recul à travers les âges. Soyons justes et demandons-nous, dans un effort d'imagination, comment un de nos contemporains, transporté par magie en pleine société moyen-âgeuse, serait accueilli s'il venait s'installer sur une place publique avec son attirail d'instruments de précision, ses horizons artificiels, son objectif et sa chambre noire. Vous vous représentez la scène : l'individu cueilli par la prévôté, traduit en justice comme inculpé de sorcellerie, livré au fagot, à moins que la foule ne lui eût déjà fait son affaire en le pendant haut et court.

Ces peuples en sont encore à l'état d'âme où vivaient nos aïeux. Il convient de se mettre à leur niveau, avant de les élever au nôtre, ce qui d'ailleurs est réalisable, car ils sont de mœurs douces, ont l'intelligence éveillée. En attendant, on ne saurait trop se persuader qu'un voyage dans ces régions, c'est une exploration dans le passé.

*Samedi 5.*

Nous avons perdu hier Améki, l'un de nos porteurs,

— un des meilleurs malheureusement, — d'une façon très soudaine. Indisposé à midi, il mourait à la nuit tombante d'un spasme au cœur. Les premiers symptômes semblaient révéler un ictère grave. Mais, en présence de cette mort quasi foudroyante, on était en droit de se demander si le pauvre diable n'avait point été empoisonné. Il ne fallait pas, au milieu des curieux qui nous assiégeaient jour et nuit, songer à pratiquer l'autopsie : c'eût été dangereux, les indigènes ne pouvant y voir qu'une profanation. On a dû se borner à une enquête sommaire de laquelle il paraît résulter que la mort d'Améki fut naturelle. Il vivait en bons termes avec ses camarades, on ne lui devait pas d'argent; enfin, la demi-once de poudre d'or qui formait tout son avoir avait été retrouvée intacte, nouée dans son pagne. On lui a fait les seules obsèques possibles en pareil lieu. Il a été enseveli comme on enterre à Kong, en pleine rue. Seuls les gens de qualité dorment leur dernier sommeil dans la cour de leur demeure, sous un mausolée de terre qui sert en même temps de lit de repos à la famille et aux visiteurs.

La tombe creusée non loin du marché, à quelques pas d'une mosquée, la cérémonie s'est accomplie dans la nuit. Le cadavre avait été ficelé dans une toile de ballot, la tête enveloppée d'un pavillon tricolore. Le petit cortège dans la ville endormie, sous le clair de lune, les noirs rangés autour du trou, cette sépulture sans nom dont la trace serait effacée demain sous le piétinement de la foule, tout cela nous impressionnait péniblement. Lorsque le corps fut descendu, on plaça près du mort ses objets familiers, sa calebasse, son tabac, sa pipe, la fiole d'huile de palme dont il lustrait ses membres au sortir du bain, son éponge en écorce. Cela fait, Binger a adressé aux assistants quelques paroles que l'interprète traduisait :

— « Nous ne savons pas, leur dit-il, si Améki avait encore un père et une mère. S'il lui reste des parents, les hommes de Krinjabo, de retour dans leur village, pourront leur dire combien sa mort nous a fait de peine. C'était un brave garçon dont nul n'a jamais eu à se plaindre; je l'aimais bien. Et les trois blancs qui sont avec moi l'aimaient aussi. Nous aurions voulu lui donner un cercueil. Ce n'était pas possible : il faut se plier à la coutume du pays. Mais, du moins, nous avons creusé sa tombe très profonde afin qu'elle ne soit pas fouillée par les oiseaux de proie. Qu'il repose en paix ! »

Puis chacun de nous a jeté sur le corps une poignée de terre, et la fosse a été comblée.

7 juin.

Près de six mois écoulés, de marches et de contre-marches; tant de journées vécues dans cette intimité du campement que l'éloignement de la patrie rend si douce, et notre petit cercle va se rompre. Le docteur Crozat, se dirigeant vers le Nord, gagnera les États de notre allié Tiéba, dont il a déjà été l'hôte : il rentrera en France par Bammako et le Sénégal. Le lieutenant Braulot ralliera la rive gauche du Comoé et effectuera son retour vers Grand-Bassam en explorant le Barabo. Le capitaine Binger et moi descendrons par le Djimini et — s'il est possible — le Diammala et le Baoulé.

Le docteur devait se mettre à la recherche de la mission Ménard dont on avait perdu les traces depuis son passage à Kong, en décembre dernier, et sur le sort de laquelle on n'était pas sans inquiétudes. Ces craintes n'étaient que trop fondées. Aujourd'hui le noir Amon, envoyé de Grand-Bassam, arrivait au camp. Il était en route depuis cinquante-huit jours ; mainte fois arrêté, il s'était acquitté de sa tâche avec une persévérance et une énergie bien rares chez les indigènes du littoral. Les dépêches qu'il nous apporte — le premier courrier d'Europe distribué à Kong — contiennent une triste nouvelle. Une dépêche du gouverneur du Sénégal, transmise par le résident de Grand-Bassam, nous apprend que M. le capitaine Ménard et cinq de ses tirailleurs sénégalais ont été massacrés par les gens de Samory, non loin de Sakhala.

La nouvelle du désastre aurait été apportée aux premiers postes français par deux hommes de l'escorte échappés à grand'peine. Le malheur ne semble donc que trop certain. A coup sûr, les chefs de Kong ont eu connaissance de ces faits. S'ils n'en ont soufflé mot, se contentant de répondre, lorsque nous nous informions de notre compatriote, qu'ils l'avaient vu partir en bonne santé, on ne saurait pour cela les accuser de fourberie. En semblable occurrence, la plupart des noirs agissent sous l'empire de ce sentiment, qui nous fait hésiter longtemps avant d'affliger un ami par l'annonce d'une mauvaise nouvelle. S'ils se décident à la révéler, c'est à la fin d'une longue conversation sur des sujets sans importance, après mille parenthèses et circonlocutions : au moment de se retirer ils transmettront leur triste message. Quoi qu'il en soit, la mission du docteur Crozat devra se borner maintenant à recueillir quelques renseignements plus précis sur les circonstances dans lesquelles a péri le capitaine Ménard et, s'il est possible, les papiers du voyageur.

Nos préparatifs sont terminés; les trois convois peuvent partir de Kong, dans des directions différentes, au premier signal.

L'achat des provisions, le partage des marchandises, la disposition des charges nous ont aidés à tuer le temps. Maintenant, c'est le calme plat, le désœuvrement et l'ennui qu'exaspèrent encore les inconvénients de notre résidence, la contrainte dans laquelle nous vivons. J'ai dit qu'il ne fallait pas songer à la promenade, un pas, un geste pouvant donner lieu à des commentaires désobligeants. Pour un rien, pour un caillou qu'on ramasse, une branche cassée, on vous accusera peut-être d'avoir combiné quelque maléfice. Un chiffon de papier laissé derrière une haie mettra les esprits à l'envers. Celui qui l'aura découvert sera tout fier de sa trouvaille qu'une délégation de notables vous rapportera en vous reprochant de recourir à des charmes suspects, singulière façon de reconnaître une hospitalité généreusement offerte. Les cent pas sur le marché, un petit tour de ville, voilà nos seules distractions; le reste du temps nous sommes réduits à tourner dans notre cour puante, comme des reclusionnaires dans un préau.

L'affluence des visiteurs est moins considérable. La

classe aisée a épuisé ses économies. A présent, devant nos étalages stationnent des enfants, des captifs qui, de retour des champs, se récréent à nous contempler pendant des heures, ployés sur les jarrets, psalmodiant d'un ton nasillard une complainte interminable en s'accompagnant d'un embryon de guitare à une corde; des fillettes, des femmes libres ou esclaves qui offrent du riz, du miel, des kolas.

Mais sont-ce là des femmes? Comment ne pas garder rancune à ce continent maudit d'où la grâce féminine est absente comme le parfum des fleurs, la source limpide? Bête de somme ou bête à plaisir, la compagne de l'homme y déambule, un fardeau sur la tête, un poupard dans le dos, la poitrine houleuse, le ventre ballonné. Enfant, elle aura parfois la drôlerie d'attitudes du jeune quadrumane, jamais le charme ingénu. Sa démarche a trop souvent je ne sais quoi de raide et de déséquilibré. Il semble qu'elle ait conscience de tout ce qui lui manque pour plaire.

Ajoutez que, chez les deux sexes, les soins de propreté ne sont guère en honneur, et pour cause : l'eau est si rare! Les noirs de cette partie du Soudan n'ont pas, comme les populations de la forêt, la ressource de la douche quotidienne. Ils ignorent les frictions à l'huile de palme. Leurs ablutions se bornent au strict nécessaire prescrit par la loi de Mahomet. Riches ou pauvres, marchands ou esclaves, qu'ils marchent dans le costume d'Adam ou vêtus du boubou brodé, tous laissent après eux un sillage odorant à donner des nausées. Bref, quoique peinés de nous séparer, nous n'en marquerons pas moins d'une pierre blanche l'instant du départ.

Mais nous ne saurions nous éloigner sans être allés saluer le roi. Nous lui avons dès notre arrivée adressé nos hommages par l'intermédiaire d'un ambassadeur. Cela ne nous dispense pas d'une visite. Nous n'eussions pas mieux demandé d'en être débarrassés plus tôt. On devait nous faire connaître le jour où nous pourrions nous rendre au camp. L'invitation tardant à venir, nous prendrons les devants, prétextant, pour justifier cette hâte de prendre congé, le découragement produit chez nos hommes par le décès d'un de leurs camarades, les désertions possibles, la saison pluvieuse qui approche. Nous nous dirigerons donc dès demain sur le camp de Karamockho-Oulé-Ouattara, pour y passer quarante-huit heures.

Nous espérons nous mettre en route vers la côte le 12. Déboucherons-nous à Grand-Bassam, à Dabou, à Lahou? Nous l'ignorons. Cela dépendra de ce que nous trouverons chemin faisant, toute cette région étant encore, sur la carte, d'une blancheur de crème. Si tout va bien, comme il y a lieu de le prévoir, nous pouvons, en deux mois, atteindre le littoral. Il est vrai qu'il faut compter avec l'hivernage qui battra son plein. Les pluies et les inondations pourront nous retarder. Puis il va falloir retraverser cette terrible région des forêts qui nous a retenus quatre-vingt-quatre jours à l'aller. Mais peut-être aurons-nous la chance de rencontrer une végétation moins touffue. D'ailleurs, ce sera le retour. Nous marcherons plus allègrement, à l'idée que chaque pas nous rapproche de l'Océan, — de la France.

ANGLE DE RUE (KONG)

# XI

## LE CAMP ROYAL.

Du mardi 8 au jeudi 10. — Visite au camp.

L'armée est campée à trente kilomètres environ au nord-est de Kong. C'est moins une force destinée à prendre l'offensive qu'un corps d'observation à l'effet de surveiller les Palagas, peuplade pillarde, dont les maraudeurs avaient à plusieurs reprises rançonné les marchands se dirigeant soit dans l'Ouest, par Nafana, vers Sakhala et Tingréla, soit au nord vers Bobodioulassou. Le poste, situé à distance égale des deux routes, peut assurer, dans une certaine mesure, la sécurité des communications.

Six heures de marche en terrain découvert, sous une réverbération aveuglante. Nous traversons trois villages, que des enceintes palissadées, édifiées récemment, mettent à l'abri d'un coup de main. Un quatrième village, beaucoup plus vaste que les précédents, aux cases toutes neuves. C'est là le camp. Pour le moment il est fort dégarni, la majeure partie des effectifs ayant été congédiée pour procéder, en temps utile, à la récolte du maïs et du sorgho. Kong, en effet, n'entretient point d'armée permanente. Chez ce peuple de commerçants et de cultivateurs, le fait de porter les armes constitue un accident, non un métier. D'ailleurs, il ne s'agit point ici d'une guerre au sens exact du mot. Aucun des adversaires ne paraît se soucier d'en venir aux mains. Tout se borne à quelques razzias. Les hostilités peuvent se prolonger pendant un an et plus sans que, de part et d'autre, le chiffre des morts et des blessés atteigne la centaine.

Il y a bientôt trois ans que les gens de Kong entreprirent de mettre un terme aux déprédations des Palagas. Ils leur ont déjà fait bon nombre de prisonniers. Aussi l'issue n'est-elle pas douteuse. Les pillards, découragés, ne sauraient tarder à se soumettre. Si longue qu'ait été la campagne, elle n'aura pas coûté beaucoup de sang. La guerre terminée, le poste établi naguère pour la défense du territoire subsistera comme village; les soldats qui l'occupaient y feront venir leurs familles et reprendront leur ancien état de tisserands ou d'agriculteurs. L'endroit continuera à être désigné sous le nom de « Dakhara » (le Camp). Quantité de villages, et des plus importants, aussi bien dans le pays de Kong que dans le Bondoukou, le Djimini et l'Anno, n'ont pas eu d'autre origine. Leur seul nom évoque leur histoire.

La position, à vrai dire, me paraît se prêter médiocrement à une installation définitive. Le sol est sablonneux, la chaleur extrême, l'eau rare : encore faut-il aller la puiser à près d'un kilomètre du village dans les cavités d'un marigot qui ne coule qu'après les grandes pluies.

Si les troupes se sont dispersées, l'état-major est au complet. Tous les famas (grands chefs) sont demeurés au camp, près du roi. Tous assistaient, une heure après notre arrivée, à l'audience solennelle que nous donnait Karamokho-Oulé-Ouattara. Assis en demi-cercle, un peu en arrière du maître, sur des nattes ou sur des peaux de bœuf, ils avaient, pour la circonstance, revêtu leurs plus beaux atours : les boubous surchargés d'amulettes, sachets de cuir renfermant des versets du Koran, rondelles de cuivre ou de fer-blanc curieusement martelées, toute une quincaillerie destinée, dans l'esprit de son possesseur, à le préserver des coups de l'ennemi. Les coiffures étaient des plus variées, depuis le bonnet de Kong, façon de bonnet phrygien, jusqu'au casque de guerre, en grosse paille, pointu comme un chapeau chinois et hérissé de plumes de vautour.

Karamokho-Oulé est un homme d'environ soixante-quinze ans, de physionomie très avenante, le teint assez clair, presque jaune. Les yeux sont vifs. La mâchoire dégarnie met sur les lèvres pincées un pli d'expression quelque peu narquoise; mais l'ensemble des traits est d'une grande douceur, d'une majesté simple, quasi paternelle. Un collier de barbe blanche encadre ce visage d'ascète, éclairé d'un sourire. C'est assurément, avec l'almamy de Bondoukou, la plus remarquable figure de noir que nous ayons vue jusqu'ici.

Au rebours des chefs, le roi était très simplement

vêtu : un ample boubou en tissu de coton d'une blancheur immaculée. Pas un ornement, ni collier, ni amulette, rien qu'un lourd chapelet à gros grains roulé autour du poignet. Ouvert sur ses genoux, un bel exemplaire du Koran qu'il feuillette avec amour : — un cadeau de Binger qui le lui avait fait parvenir par le capitaine Ménard.

Ceci n'est qu'une entrevue de parade. On y cause peu. Un échange de compliments, suivi d'un rapide résumé de notre voyage et des menus événements survenus à Kong depuis notre arrivée : rien de plus. Encore le récit en est-il fait par un tiers, Bafotiké, notre hôte de Kong, qui nous a accompagnés. Il en est de même dans la plupart des palabres. L'étiquette veut que les interlocuteurs conversent par l'intermédiaire de porte-parole.

Bien différentes furent les causeries intimes que nous eûmes, le soir même et le lendemain, avec le roi, dans sa case. Le ton cordial de l'entretien, les petits soins dont nous sommes entourés, tout nous prouve que nous sommes bien chez un ami. Il a voulu procéder lui-même à notre installation dans des habitations fort propres dont les alentours avaient été scrupuleusement balayés. Ce musulman, qui ne boit aucune liqueur fermentée, avait poussé la prévenance jusqu'à faire préparer pour ses hôtes force jarres de dolo. Et sa joie de revoir les blancs, le ton d'affectueux intérêt avec lequel il questionna Binger sur son voyage, sur sa santé, sur la France dont, plus que jamais, il se proclame l'allié fidèle !... Tout cela n'est point joué. C'est

DANS LA RUE (KONG) — QUELQUES PASSANTS

la sincérité même. Karamokho-Oulé nous parle de son désir de voir à bref délai les relations commerciales s'établir entre le pays de Kong et les postes français de la côte. Mais la côte est si loin, les chemins si peu sûrs. Ses gens viendront à nous pourtant, ils viendront aussitôt après la saison des pluies...

Rien de plus manifeste que cette impatience d'entrer en rapports suivis avec nous. Toutefois, nous sentons fort bien que la promesse n'aura son effet qu'autant que nous viendrons prendre, en quelque sorte, nos futurs clients par la main pour les amener au littoral. Seuls ils n'oseraient entreprendre un tel voyage, à travers la région des forêts, parmi des populations inconnues, le long d'un fleuve où le mauvais vouloir des chefs riverains interdirait le passage à leurs pirogues, ou confisquerait leurs marchandises. Il faudra leur prouver *de visu* que ces craintes ne sont point fondées, que la route est libre et qu'à l'ombre de notre pavillon la police est faite sur le Comoé, la navigation sûre. La tâche est aisée. Ce ne sera point une œuvre de longue haleine. Elle peut être menée à bien en quelques mois, à bien peu de frais, et — ce qui est l'essentiel — avec les seules ressources du budget local. Il suffit de vouloir. Jusque-là, les aspirations du peuple de Kong vers notre civilisation resteront forcément à l'état de sympathies platoniques. Il n'en est pas moins remarquable de les voir, dès à présent, s'affirmer avec cette énergie, de constater à quel point est vivace l'instinct qui pousse ces populations énergiques, laborieuses, industrieuses, à élargir leur champ d'action.

Notre premier entretien avec Karamokho-Oulé eut lieu le soir et se prolongea jusqu'à une heure assez avancée. Jamais je n'oublierai la scène ni le décor : le vieux chef, de blanc vêtu, assis sur le seuil de sa grande case ronde; çà et là, dans la cour entourée d'une palissade de bambou, des groupes de serviteurs allongés autour des feux, devant leurs huttes; dans un coin, un cheval à l'entrave, hennissant à la lune. Tout cela noyé dans une vapeur bleue de rêve. L'heure, le lieu, le silence de la nuit tropicale évoquaient pour nous le temps des rois pasteurs. Jamais je n'ai ressenti plus profondément l'impression des âges bibliques.

Notre deuxième journée au camp a été consacrée aux cadeaux réciproques, ainsi qu'aux visites des différents chefs. Le roi a reçu quelques armes, des étoffes, un boubou richement brodé. En retour, il nous a offert un bœuf et plusieurs calebasses d'un lait délicieux. Puis ce sont, arrivant à la file, cinq ou six grandes jarres de dolo, chacune de la contenance d'une forte barrique. Aussi notre personnel est-il bientôt d'humeur expansive et folâtre; sa joie se traduit par d'interminables chants autour des feux, où les quartiers de viande rissolent sur des baguettes, par des tam-tams improvisés, lesquels feront rage une bonne partie de la soirée, en dépit de la longue et pénible étape de retour que nous réserve le lendemain.

Durant tout l'après-midi les chefs ont envahi nos cases. La séance est toujours très longue. Le visiteur s'installe, sans que la venue d'un nouveau personnage le détermine à quitter la place. Bientôt c'est un encombrement. L'entretien, jamais très animé, est coupé de terribles pauses durant lesquelles ces messieurs restent assis sur leurs talons, à nous contempler d'un air bienveillant, tout en jouant négligemment du chasse-mouches — une queue de vache — sans lequel un homme d'un certain rang ne saurait paraître en public. Au moment de sortir, ils nous prennent la main, la portent à leur front en répétant que rien désormais ne saurait briser le pacte d'amitié qui nous lie. Cela est dit d'un ton pénétré qui ne laisse pas place au doute. On sent que ces gens-là ont conscience d'accomplir un acte grave. C'est, de leur part, un engagement mûrement réfléchi qu'ils sont décidés à tenir.

Nous avions résolu de repartir de nuit, profitant de la pleine lune, afin d'échapper à la réverbération solaire sur les plaines déboisées, dont nous avions fort souffert à l'aller. Il était à peine deux heures et demie quand notre petite troupe sortait du camp. En dépit de l'heure, Karamokho-Oulé était debout, prêt à nous accompagner un bout de chemin. Tout en marchant, appuyé sur une courte lance, en guise de bâton, il donnait à notre *diatiké* ses dernières instructions afin que nos sauf-conduits fussent préparés dès notre retour à la ville. Ces sauf-conduits nous assureront bon accueil de la part de tous les chefs en relations plus ou moins suivies avec Kong.

En ce qui concerne le docteur Crozat, le roi insiste pour qu'il ne prenne pas, ainsi qu'il en avait l'intention, la route directe de Sakhala, route dangereuse, dit-il. Iamory, l'un de ses chefs, se chargera de le faire passer un peu plus au nord par un itinéraire plus long, mais sûr. Il voyagera sous sa sauvegarde pendant quinze ou vingt jours, jusqu'à la route de Tingréla.

Dans tous les actes de Karamokho-Oulé et de ses famas se révèle cette préoccupation constante d'assurer, dans la mesure du possible, la sécurité des blancs, leurs hôtes, leurs alliés. Le vieux roi notamment qui, lors du premier voyage de Binger, n'a pas craint de braver et a su retourner l'opinion publique en accueillant le nouveau venu malgré les clameurs de la foule ignorante, celui-là est à coup sûr un ami. Le tremblement de sa voix, la façon dont il nous prend les mains, au moment de nous quitter, en disent long. Oui, il est heureux d'avoir revu, une fois encore, ses amis de France. Il est bien vieux : qui sait si nous nous retrouverons jamais face à face? Mais, quoi qu'il arrive, lui et les siens resteront fidèles à leurs promesses...

Il y avait tout cela dans le geste d'adieu du vieillard, les mains tendues, son fin visage levé vers les étoiles. Un seul serviteur l'accompagnait. Autour de nous, un grand silence. Sur la plaine piquée d'arbres grêles, pas un cri d'insecte ou d'oiseau; pas un frisson, dans les hautes herbes, sur les paillottes du camp endormi. Et j'ai trouvé je ne sais quel charme indéfinissable, une pointe de mélancolie très douce, à ce dernier entretien, la nuit, sur un sentier désert.

*13 juin.*

L'heure de la séparation est arrivée.

Le docteur s'est mis en route le 11 au matin, et

M. Braulot, le 12. Nous avons escorté nos amis jusqu'à un kilomètre de la ville, et nous aurions poussé beaucoup plus loin, n'était la nécessité de brusquer des adieux toujours pénibles. Certes, nous comptons bien nous retrouver réunis, sains et saufs, avant qu'il soit trop longtemps. Néanmoins, c'est là un de ces moments où l'homme le plus maître de lui ne peut demeurer impassible, une de ces minutes où le cœur bat plus vite. Les souhaits échangés, rapides, on s'embrasse et en selle. Un dernier appel auquel celui qui part répond sans se retourner, la voix un peu changée. Et bientôt la silhouette du voyageur et du bourriquot disparaît, au revers du plateau, dans les herbes.

Nous voici seuls, Binger et moi, hâtant nos préparatifs, expédiant nos visites d'adieu. Une bonne partie de la journée est employée à parcourir les différents quartiers, à échanger quelques paroles avec les notables assis sur des nattes devant leur porte, égrenant leur chapelet. A plusieurs reprises, il nous faut traverser la place du marché, plus animée que jamais. C'est jour de grand marché : trois à quatre mille personnes se bousculent autour des étalages en plein vent, des marchandes de kola, de sel, de tissus de coton roulés en bandelettes, de nattes et de paniers. Sur le poudroiement de poussière soulevé par les promeneurs, la fumée des fritures traîne comme une gaze bleue, et les petites vendeuses de galettes à la farine de mil roulées dans du miel, la corbeille en équilibre sur la tête, se frayent un passage au plus épais de la cohue, en jetant leur appel au client, d'une voix suraiguë, plaintive, qui domine toutes les autres rumeurs : *Niomis, baba é!* « Des crêpes!... Voilà de belles crêpes! »

Nous allons à travers ce labyrinthe de ruelles, bordé de maisons de terre, faisant halte de-ci de-là dans un carrefour près d'un groupe où nous avons reconnu quelque figure amie, à l'entrée d'une mosquée au minaret pyramidal vers laquelle des fidèles s'acheminent pour la prière de quatre heures. Nous passons en revue les corps de métiers, le quartier des teinturiers avec ses cinq cents puits où les cotonnades mijotent dans l'indigo, celui des tisserands jouant de la navette, de l'aube au coucher du soleil, dans leur cage de perches, à l'ombre des ficus.

Et, chemin faisant, dans le murmure affairé de la grande ville, nous éprouvons une impression singulière à contempler, pour la dernière fois peut-être, cette cité soudanienne que dore le soleil couchant, cette métropole commerçante dont, il y a trois ans à peine, le monde civilisé ignorait encore l'existence. Des six Européens qui l'ont visitée, quatre survivent. Y reviendront-ils jamais? Quel laps de temps s'écoulera avant que d'autres mains reprennent l'œuvre commencée, créant un courant de trafic régulier entre Kong et la mer? Autant de points d'interrogation dont nous jalonnions notre promenade, tout en regagnant, à la nuit tombante, notre campement, où de nombreux visiteurs attendaient.

Dans la foule qui guettait notre retour, un messager du roi. Cet homme vient nous confirmer la mort du capitaine Ménard. Par un sentiment de délicatesse bien

TISSERANDS COLPORTANT LEURS ÉTOFFES DANS LES FAUBOURGS DE KONG

remarquable, — mais qui n'est pas rare chez les noirs, les chefs de Kong n'y avaient pas fait jusqu'ici la moindre allusion, ne voulant point affliger leurs hôtes et gâter la joie d'une réception amicale par une aussi triste nouvelle. Mais, au moment de nous séparer, ils ne peuvent nous laisser ignorer le sort de notre infortuné compatriote. Et les détails suivent, très précis. Le capitaine a succombé, il y a trois mois environ, près de Séguéla, dans le Ouassoulou et non du côté de Sakhala, dans le Ouorodougou, comme l'indiquait le télégramme officiel transmis de Grand-Bassam. Il se trouvait depuis plusieurs semaines chez un chef, Fakourou Bamba, dont le village fut assailli par des bandes de Samory. C'est en s'efforçant de protéger son hôte que Ménard a péri. Attaqués par un ennemi très supérieur en nombre, les hommes de Fakourou Bamba lâchèrent pied ; Ménard et cinq de ses tirailleurs sénégalais furent massacrés après une défense héroïque.

Le narrateur débite son récit d'une voix très basse, en phrases hachées, rapides. L'assistance écoute, visiblement émue. Dans ces régions où la maxime : « Malheur aux vaincus! » est trop souvent de règle, où le trépas d'un voyageur compromet parfois le succès des explorations à venir, on pouvait craindre qu'un tel malheur n'éveillât pas chez l'indigène une sympathie si spontanée et si touchante. Mais non. La catastrophe n'a porté aucune atteinte au prestige de la France. L'impression générale est plutôt un sentiment d'admiration pour le mort. Le messager, en terminant, a soin de répéter à plusieurs reprises : « Il faut que vous sachiez que votre frère (aux yeux des noirs, tous les blancs sont frères) est tombé en défendant son hôte ! » Dans l'auditoire, des voix graves ajoutent : « Cela, c'est bien ! » Et tout en écoutant, dans la nuit subitement venue, avec cette sensation de tristesse et d'angoisse que l'isolement, l'étrangeté du lieu où nous sommes, rendent plus cuisante, nous avons la consolation de nous dire que cette mort, du moins, n'aura pas été inutile; que le soldat, dont la dépouille gît quelque part au fond des bois, a bien servi la France et rehaussé encore aux yeux de ces populations impressionnables le bon renom de notre pays.

Les visites d'adieu ont continué très tard, dans la soirée. Lorsque nous levons le camp, une heure avant le jour, nombre de gens nous accompagnent jusqu'au marigot, à un quart de lieue de la ville. Parmi eux, notre ami Mokossia. Son adieu, dans sa forme un peu précieuse, vaut qu'on le cite. Il témoigne d'une subtilité de sentiments qui, de prime abord, surprend dans un pareil milieu. « Je suis, nous dit Mokossia, heureux et fâché de votre départ : heureux, parce que vous devez être contents vous-mêmes de regagner votre pays; fâché, parce que je vois partir des amis. » D'autres s'écrient : « Allez, mais revenez-nous vite ! »

Déjà nous avons traversé le ruisseau que, du groupe invisible sur l'autre rive, des voix nous interpellent encore; dans l'ombre ce suprême souhait nous arrive, jeté en chœur :

— « Saluez de notre part vos mères !... »

KONG — UNE PLACE DANS LE QUARTIER DE KOURILA

## XII

DJIMINI ET DIAMMALA.

13-17 juin.

C'est de nouveau le voyage à pied. Il a fallu laisser à Kong les bourriques achetées à Bondoukou. Ces quadrupèdes, considérés désormais comme fétiches, n'ont point accès dans le Djimini. Cela est d'autant plus regrettable que, pendant une quinzaine, nous voyagerons en terrain découvert, sur un sentier très praticable pour les bêtes de somme. Nous avions compté qu'il nous serait facile de nous procurer à Kong des bœufs porteurs. Mais il ne s'en trouvait aucun sur la place. Les derniers ont été achetés par le capitaine Ménard, et, depuis son départ, l'épizootie qui sévit dans le nord a empêché les caravanes d'en amener d'autres.

Nous avons adopté les marches de nuit, du moins quand il y a lune ou, à son défaut, ciel étoilé. A la rigueur, par un temps pur, la lueur astrale permet de se diriger. Néanmoins, ce n'est point impunément que l'on avance, cinq ou six heures consécutives, au milieu des hautes herbes chargées de rosée. L'engourdissement vous saisit, une courbature que les premiers rayons du soleil ne parviennent pas à dissiper.

Notre santé générale est bonne, grâce à Dieu. Quoi qu'il en soit, nous ne saurions nous illusionner au point de ne pas constater sur notre organisme les influences du climat. Nous sommes légèrement anémiés, cela est clair, et n'enlevons plus la course avec le même entrain qu'il y a six mois.

Nos pauvres noirs sont plus à plaindre, en ce sens que le moral ne les soutient pas : au moindre malaise, ils s'abandonnent. Rebelles à toute précaution, ils ne franchiront pas un marigot sans s'abreuver à pleines calebasses, fussent-ils couverts de sueur. Aucune remontrance ne les déterminera à disposer autour d'eux des feux durant la nuit pour se préserver un peu de l'humidité. Tous s'endormiront insouciants le ventre à l'air. Et ce seront, chaque matin, des plaintes. Celui-ci est pris de coliques, tel autre de fièvre. L'indisposition est souvent simulée, l'homme n'ayant d'autre but que d'être débarrassé de son ballot dont il faut répartir le contenu sur les autres charges. Tout cela n'est pas sans nous créer bien des ennuis, et je pressens que, dans un moment critique, nous ne saurions fonder grand espoir sur nos gens.

Notre petite troupe ne compte plus à présent, nous compris, que vingt-six personnes. Les porteurs, il convient de le reconnaître, si démoralisés jusqu'ici, ont paru, au départ de Kong, reprendre courage. Enfin, disent-ils, ils voient le soleil se lever à leur gauche;

ils ont le visage tourné vers le pays de Krinjabo. Ces heureuses dispositions dureront-elles? Pour qui connaît le caractère mobile, indiscipliné de cette race, il est permis d'en douter. Force est, pour triompher des défaillances, de recourir à des subterfuges. C'est ainsi que, le 17, afin de traverser la zone déserte qui forme la frontière entre le pays de Kong et le Djimini, nous avions dû lever le camp à minuit, l'étape étant de sept à huit heures. Afin d'enlever aux irrésolus toute idée de s'attarder en chemin, nous leur avons déclaré que des traces suspectes relevées la veille sur le sentier étaient, à n'en pas douter, des empreintes de lion. La contrée en était infestée jusqu'à Ouandarama. Là seulement nous serions à l'abri. Et, traducteurs fantaisistes, nous leur affirmions que le nom signifiait en mandé : l'endroit où finissent les lions! L'avis a produit son effet : rarement trente kilomètres furent abattus d'un pas plus leste.

Ouandarama, la seule localité du Djimini qui puisse prétendre au titre de ville, est divisée en trois quartiers habités par des populations d'origines très diverses : Mandés-Ligouy, Dioulas et Kifiris. Ces derniers représentent l'élément autochtone, qui n'est point beau. La taille est élevée, la carrure puissante, mais les attaches sont grossières, le crâne déprimé, la face bestiale. On ne se les représente guère autrement qu'un fardeau sur la tête ou la pioche à la main. Bons cultivateurs. Leur outil, une sorte de houe en bois dur, renforcée d'une armature de fer forgée dans le pays; leurs armes, la lance et la flèche. Ils sont vêtus beaucoup plus sommairement que la plupart des indigènes de ces régions. Un lambeau de cotonnade, ou même une bande de *fou* (écorce d'arbre assouplie à coups de maillet). Parmi les femmes, beaucoup n'ont pour tout costume qu'une ceinture de coquillages (cauris), parfois une simple cordelette à laquelle est suspendu un petit carré de bois ou d'ivoire en manière de feuille de vigne. Quelques-unes prétendent s'embellir en se perforant la lèvre inférieure et en passant dans l'ouverture une longue cheville en roseau. Point d'autres bijoux que de lourds bracelets, des bagues en fer grossièrement martelé.

Tout autre est le reste de la population, en particulier la fraction Dioula, chez qui l'on retrouve le type de Kong, intelligent, éveillé, le souci du vêtement, de la maison solide. C'est elle qui occupe ici la situation prépondérante. Le chef de Ouandarama lui-même, Péminian, vieux brave homme assez insignifiant, subit cette influence qu'exerce sur lui notre hôte, Karamokho-Sirifé, un musulman. C'est un commencement de prise de possession. A la mort du chef actuel, ce Karamokho aura quelque chance de prendre sa place, auquel cas les Dioulas de Kong compteraient, en fait, une colonie de plus. Toujours est-il que Ouandarama, déjà la ville la plus populeuse du Djimini, située à proximité d'un ruisseau aux eaux excellentes, au centre d'un pays cultivé, tend à se développer et à devenir une station de premier ordre sur la route que devront suivre les caravanes qui se rendront de Kong au littoral.

La capitale du Djimini, Dakhara, n'est qu'un grand village, d'aspect triste, sans la moindre animation,

DANS LE QUARTIER DIOULA — OUANDARAMA (DJIMINI)

étrangement dépeuplé, où l'on ne compte plus les cases abandonnées, menaçant ruine. Là réside, ou est censé résider le roi, Domba-Ouattara, celui qui reçut Binger en 1889 et conclut le traité plaçant le pays sous notre protectorat. Mais on ne le voit plus. Il est malade, nous dit-on d'un ton un peu singulier. Ceci signifie tout bonnement qu'il est mort. C'était déjà, il y a trois ans, un homme usé, laissant le soin des affaires à son frère. Ce frère, Brahima, est à l'heure actuelle le vrai roi. Mais il n'en prend pas le titre, répétant, comme les autres, que son frère est encore souffrant et ne peut quitter sa case. Cela dure depuis un an et plus. Il y a beau temps que le valétudinaire est passé de vie à trépas. Seulement, par suite d'une coutume très répandue dans ces contrées, personne n'est assez osé pour parler de cette mort. En effet, le premier soin d'un nouveau roi est de faire couper la tête au messager qui lui annonce le décès de son prédécesseur. Ce don de joyeux avènement est de nature à faire réfléchir les plus bavards. Chacun sait fort bien à quoi s'en tenir, mais on ne dit mot. C'est donc Brahima qui nous a reçus, et de façon très amicale. Nous avons même dû, sur ses instances, rester ses hôtes pendant deux jours. C'était, au surplus, le minimum de temps nécessaire pour échanger quelques paroles sérieuses. Il est, en effet, impossible d'expédier un entretien en une seule séance; les noirs fixent difficilement leur attention sur un même sujet pendant plus de deux minutes, après quoi ils se déroberont et vous parleront de niaiseries. La meilleure part de leur vie est prise par des enfantillages. C'est ainsi que, le lendemain de notre arrivée, le grand événement qui occupa la cour et la ville fut une bataille entre un chien et un canard. Le caneton était très mal en point; son propriétaire l'avait placé sous un panier avec le fol espoir de le voir revenir à la vie. Le roi, informé du fait divers, y prenait le plus vif intérêt. A chaque instant, il interrompait la conversation pour envoyer prendre des nouvelles du volatile. Le messager revenait annoncer gravement que le blessé reposait — mot à mot, « attendait la fraîcheur ».

Il fallait enfin un délai raisonnable afin de permettre au roi de préparer ses cadeaux. Il désirait, entre autres choses, nous faire présent d'un bœuf, mais pas d'un bœuf quelconque. Il lui fallait un animal de choix, de nuance spéciale, et la bête avait dû être amenée de fort loin. Quand cette viande sur pied fit son apparition, nos hommes poussèrent des cris de joie. Brahima nous fit remarquer que le bœuf était rouge, — « en signe d'amitié » !

Satama (Diammala), 26 juin.

En quittant Kong et durant la traversée du Djimini, nous avions repris l'itinéraire du capitaine Binger. Un peu au delà, au village de Natéré, nous nous en écartions définitivement pour nous diriger vers le sud-ouest et pénétrer dans le Diammala. Cette fois, c'était l'inconnu.

Quatre étapes, de vingt à vingt cinq kilomètres en moyenne, nous ont amenés à Satama. Sur tout le parcours, le pays est assez riant, plus boisé. La végétation se ressent du voisinage de la forêt. Beaucoup de rôniers, de palmiers à vin. La campagne est riche, quoique médiocrement arrosée : quantité de mares, mais peu ou point d'eaux courantes. Chaque jour nous traversons de belles et vastes cultures, maïs, sorgho, ignames. L'époque de la récolte est proche. Les moissons mûres sont protégées contre les déprédations des oiseaux — et surtout des singes — par des gardiens postés dans les champs de distance en distance, et dont la mission consiste à pousser de minute en minute des cris stridents pour effrayer la gent maraudeuse. Ces sentinelles, des enfants pour la plupart, font consciencieusement leur faction, encore que leur salaire soit des plus modiques : deux épis de maïs par tête et par jour. Tous les villages où nous avons campé, — Djidana, Ouélasso, Diéléadougou, Lafibokho, — sont très propres. Rarement nous avons vu des cases en meilleur état, des places aussi vierges d'immondices, ombragées de plus beaux arbres.

La population, qui voit pour la première fois des blancs, nous a fait un accueil inespéré, — j'oserai dire trop empressé. Ce n'est plus de la bienveillance, c'est de l'enthousiasme. Et cela ne va pas sans quelques désagréments. De la journée la case ne désemplit pas. On nous harcèle, on nous palpe, les moindres articles de notre défroque passent de mains en mains. Notre cor de chasse surtout, un malheureux cor tout bossué, qui sert à sonner le réveil, excite une admiration sans bornes. Chacun tente, mais en vain, d'en faire sortir un son. Le pis est que nous sommes invités à exhiber nos talents; force nous est d'emboucher la trompe qui vient de passer par tant de lèvres peu engageantes. Mais quel précieux instrument de conquête! Partout il a retrouvé le même succès; il nous vaut cause gagnée.

> Viens, sonne de ce cor et ne prends d'autres soins.
> Tout sera fait!...

C'est à peine si, aux heures des repas, il nous est possible d'obtenir quelques minutes de solitude. Encore la foule reste-t-elle massée devant la case dont l'entrée a été masquée par une couverture. On continue à détailler nos perfections qui, paraît-il, sont nombreuses. Les derniers arrivés interrogent les autres, les privilégiés qui ont eu l'heur de nous approcher, et en reçoivent des renseignements fantastiques. Les femmes sont les plus terribles et d'une liberté d'allures inquiétante! Dialogue surpris entre deux « honnestes dames » de Djidana qui, en compagnie de beaucoup d'autres, péroraient sur le seuil :

— *Mokto Kagni?*

— *Akagni Ahi!*

Le ton était celui de deux mondaines parlant d'un ténor, la traduction la plus fidèle : « Comment les trouves-tu? — Oh! si jolis!... » Il n'y a pas à dire, c'est un succès!

Si seulement, la nuit venue, on nous laissait quelque répit. Mais non. Fatigués par la longue marche de la matinée, énervés par les palabres interminables de l'après-midi, c'est à peine s'il nous est possible de goûter une heure de sommeil ininterrompu. Mon compagnon, en particulier, que l'on sait parler couramment la plupart des dialectes mandés, est le plus importuné par les visiteuses en quête d'interviews anacréontiques. De son côté, mon pauvre boy, allongé devant la case, en travers de la porte, défend le domicile de son maître avec une constance digne d'un meilleur sort. Jamais on ne vit rien de pareil. C'est une procession. Éconduites, ces dames reviennent, une demi-heure plus tard, avec quelques amies, insistant d'une façon fâcheuse. A bout d'arguments, l'une d'elles va, pour être accueillie, jusqu'à exciper de sa qualité d'étrangère. Elle n'est pas du village, elle arrive de très loin ! Nullement découragées, plusieurs, le lendemain, persistaient à accompagner le convoi pendant toute une étape, quelques-unes même avec un ballot sur la tête, à l'extrême satisfaction de nos porteurs. On ne saurait garder moins rancune d'un accueil maussade.

Deux jours après avoir pénétré dans le Diammala, nous passions du bassin du Comoé dans celui de l'Isi, dont nous franchissions bientôt l'un des principaux affluents, le Bé, à mi-chemin des villages de Diéléadougou et de Lafibokhos, tous deux assez importants. Le Bé est profondément encaissé entre des berges à pic couvertes d'une végétation très touffue. La quantité d'arbres morts échoués dans son lit témoigne des ravages occasionnés par les grandes crues. Les eaux sont encore basses, mais nous voici au début de la saison des pluies ; presque chaque jour, nous avons à subir quelque tornade. Pour peu que notre marche eût été plus lente, nous courrions le risque de trouver le Bé transformé en un furieux torrent aux rives noyées, dont le passage eût présenté des difficultés très sérieuses.

Vingt-quatre heures plus tard, nous faisions notre entrée dans Satama, où réside le roi du Diammala. En dépit des sympathies que nous témoignaient les populations, on pouvait craindre que la conclusion d'un traité plaçant le pays sous le protectorat de la France ne fût obtenue qu'au prix de beaucoup de temps et de patience. Si bien disposé que puisse être un chef, il est toujours prudent de s'attendre aux lenteurs et aux tergiversations dont la diplomatie noire est volontiers coutumière. L'événement, par bonheur, allait donner tort à nos conjectures. Dieu sait pourtant si nous procédions par intimidation. Venir parler de traité quand on n'a que *deux* tirailleurs pour toute escorte, ce ne sont point là façons de matamores.

A dire vrai, le peu de solennité de notre arrivée ne laissait pas espérer un dénouement aussi prompt. L'étape avait été très dure; il était près de midi lorsque nous atteignions Satama. A cette heure, la plupart des gens font la sieste. Une cinquantaine de curieux, pas davantage et dans le nombre beaucoup d'enfants. Un enthousiasme de seconde classe.

Mais, trois heures plus tard, quel triomphe! Il n'y a pas d'autre mot pour exprimer l'effet produit sur le populaire par le spectacle de notre cortège se rendant auprès du roi. Ce dernier nous attendait sous les arceaux d'un arbre magnifique, — sa salle d'audience, — assis sur une peau de bœuf. A ses côtés, rangés en

MARCHANDE DE DÔLO - BAKHARA (BAMAKO)

demi-cercle, les notables, les anciens, plus trois marabouts dioulas, porteurs d'un manuscrit du Koran dont ils se sont partagé les feuilles volantes, toujours les mêmes, qui ont fini par prendre la teinte de leurs doigts. Point d'apparat, peu d'étiquette. Le chef, comme son entourage, était vêtu de l'ample boubou en tissu de coton à rayures, d'une propreté très relative. Tous mâchonnaient leur chique de kola, envoyant régulièrement, de minute en minute, un long jet de salive, bouche mi-close, entre les dents, avec un sifflement de piston qui a des fuites. Massés en arrière, les seigneurs sans importance, la jeunesse, les femmes, celles-ci tout en peau, avec leur haute perruque en cimier, donnant l'impression d'un peloton d'amazones en costume de bain.

Devant ce public, nous procédions sur une file, — un monôme, — dans l'ordre suivant : en tête, l'interprète Ano, jouant de la trompe; ensuite, l'élite de nos porteurs, une demi-douzaine, un peu moins effarés et déjetés que le reste de leurs camarades; enfin nous-mêmes en grand tralala. De longs burnous corrigeaient la raideur de nos vêtements fripés. Une écharpe lamée, fleur de la pacotille, roulée en turban autour de la chechia, donnait à notre coiffure un diamètre respectable. Un murmure flatteur avait accueilli notre entrée. L'effet était immense. La moitié de notre garde, en la personne du tirailleur Sambandao portant le pavillon français, fermait la marche; le reste de la force armée, le tirailleur Moussa Diara, avait été laissé au campement :
— la réserve.

Après avoir défilé devant l'assemblée, avec, de part et d'autre, des *Anissé!... M'ba!... Baracalla!...* soupirés par des basses profondes, nous prenons place sur des tabourets, à l'aile droite, nos gens derrière nous, deux d'entre eux tenant nos ombrelles éployées, bien haut, pour le décorum; car nous jouissons d'un coin d'ombre.

Puis la parlotte commence, assez vivement menée. L'envoyé de Brahima, qui marche avec nous depuis Dakhara, dit quelques mots complimenteurs de la part du roi du Djimini. Ensuite, Ano prend la parole en agni, langue que la plupart des auditeurs comprennent à l'égal du mandé, et débite sa leçon, très brève. Le capitaine, explique-t-il, était venu dans ces contrées il y a trois ans, envoyé par le chef des Français, qui commande aux blancs établis sur la côte. Celui-ci lui avait dit : « Va trouver de ma part les chefs de là-bas, les rois de Bondoukou et de Kong, ceux du Djimini et du Diammala; dis-leur que je suis leur ami et que je serai bien content s'ils deviennent aussi « camarades » avec moi. » Et le capitaine a visité les chefs. On a écrit sur un papier qu'on était « camarades ensemble », et il a donné aux chefs son pavillon, afin qu'ils le montrent aux autres blancs qui pourraient venir par la suite, comme un signe d'amitié. Mais le capitaine est tombé malade et n'a pu pousser jusqu'au Diammala. Cette année, le chef des Français l'a de nouveau envoyé, en le chargeant de cadeaux pour nos amis : Ardjima, roi de l'Abron, Karamokho-Oulé, Brahima. « Cette fois, a-t-il dit, ne manque pas d'aller voir le roi du Diammala. Dis-lui combien je serais content que nous devenions « camarades »; que ce serait bon pour nous deux. Les gens du Diammala qui viendraient en France (j'aime cette supposition!) seraient traités en frères, et les Français qui visiteraient le Diammala, reçus comme enfants du pays. Signe avec lui un papier et offre-lui mon pavillon. »

Rien de plus. C'est simple et grand. Une argumentation plus serrée et des considérants plus touffus seraient de l'hébreu pour un noir.

Le message avait été écouté avec l'attention la plus sympathique. L'impression fut plus favorable encore, lorsque le roi eut pris connaissance du sauf-conduit délivré par les chefs de Kong. Parmi les assistants, les trois marabouts dioulas étaient seuls en état de déchiffrer le document rédigé en arabe. On le leur fait passer, et les voilà à l'œuvre. Pénible, cette traduction, très pénible. Ils épluchent le texte, syllabe par syllabe, sur un ton nasillard de marmot ânonnant un exemple de lecture, suivant du doigt les lignes. Enfin ils attaquent le mot à mot, un mot à mot qui ferait dresser les cheveux d'un arabisant. Cependant, le sens général y est. « Nous sommes de braves gens, n'apportant que des paroles de paix, marchant avec la justice, etc., etc. » Cela est attesté par Karamokho-Oulé-Ouattara, par Iamory, Soukoulomory et autres constellations de même grandeur. Il n'y a qu'à s'incliner. Le papier nous est retourné avec des sourires qui en disent plus que de longs commentaires.

Il s'agit maintenant de frapper le grand coup : les

cadeaux. Le roi sera certainement flatté de les recevoir en public; leur splendeur rehaussera d'autant la majesté royale. Et les présents sont apportés : boubous brodés, pantalons de soie à ramages, écharpes de gaze pour les dames. Un éblouissement! Le roi est ravi : il reste digne, mais on voit bien qu'il fait effort pour se contenir; ses yeux brillent, ses mains ont de petits frémissements d'impatience, ses pieds esquissent sous le boubou un entrechat discret. Une seule chose manque à son bonheur, le pavillon; il demande le pavillon. Sambandao lui passe gravement l'étendard. Après quoi le monarque et sa suite remercient sur un mode solennel, défilant devant nous par trois fois, en s'inclinant. Compliments, congratulations, fanfares. La séance est levée. Commencée d'une façon un peu terne, la journée s'achevait dans une apothéose.

Le lendemain, le traité était rédigé en triple expédition. Le roi y apposait sa croix, les marabouts leur parafe, et le siècle comptait un document diplomatique de plus. Nous avions lieu de nous réjouir de ce succès si rapidement obtenu. L'importance en est considérable. Le Diammala, habité par des populations paisibles, adonnées à la culture, chez lesquelles l'influence de leurs voisins de Kong, plus civilisés, commence à se faire sentir, nous assure l'accès de la route la plus directe vers la mer par les vallées de l'Isi et du Bandama. Il est la clef du Baoulé. Il comprend, qui plus est, sous sa dépendance le pays des Gannes, l'un des principaux centres de production pour la noix de kola, si recherchée non seulement des indigènes du littoral, mais que les caravanes importent sur tous les marchés du Nord, du haut Niger à la Volta.

En revanche, les renseignements obtenus sur le Baoulé, qui est cependant tout proche, sont fort contradictoires. Plusieurs y sont allés; mais, ici comme partout ailleurs, le noir n'observe guère; ses souvenirs ne sont jamais très précis. De plus, ces informations si vagues ne s'obtiennent qu'au prix de beaucoup de patience, après des pourparlers interminables, étant donnés le nombre, le caractère des interlocuteurs et la facilité avec laquelle la conversation dévie. Dans notre case se sont empilées jusqu'à dix-sept personnes, dans un espace de dix pieds carrés; bon nombre mâchent la kola et dessinent sur le mur avec leur salive de rouges arabesques du plus heureux effet. Une vieille, affligée d'un catarrhe, ne manquait jamais d'apporter son crachoir, une calebasse pleine de sable. On a de l'usage ou on n'en a pas.

Par bonheur, ces séances comportent des intermèdes. Au moment où l'on s'y attend le moins, l'un des assistants prie les autres de vouloir bien sortir un instant; il désire parler aux blancs sans témoins. La compagnie s'exécute de bonne grâce. Resté seul, l'individu raconte à voix basse sa petite affaire, et ce sont parfois de singulières confessions suivies de la demande d'un fétiche ou d'un remède. Mais, le plus souvent, on fait moins appel au médecin qu'au sorcier. Ce qu'on veut obtenir du blanc, c'est une amulette extraordinaire, un charme pour être heureux à la chasse, à la guerre, en amour. Se dérober? Impossible, sous peine de se faire un ennemi. Quelque scrupule que l'on éprouve à se jouer du pauvre diable, il faut se prêter à sa fantaisie. Il va sans dire qu'en matière médicale nous procédons avec une extrême prudence, par doses homéopathiques, en ayant soin d'ajouter que c'est là un remède « bon pour blancs » dont nous ne saurions garantir l'efficacité sur les noirs.

En ce qui concerne les gris-gris destinés à préserver le chasseur ou le guerrier de mort violente, ces restrictions sont inutiles. En effet, de deux choses l'une : ou le client sera tué, auquel cas il ne réclamera point; ou bien il en sera quitte pour une simple blessure et se dira, dans un élan de gratitude : « Sans le fétiche que m'ont donné les blancs, j'étais un homme mort! »

Mais, je le constate avec plaisir, la clientèle batailleuse donne peu. D'ordinaire, le postulant est un amoureux tenu à distance par quelque beauté cruelle. Il en vient de tout âge et de toute condition. A celui-ci, — un homme de sang royal, s'il vous plaît! — Céladon sur le retour, nous remettons quatre grains de corail de grosseur différente, en lui conseillant de les offrir à celle qu'il aime, un à un, de huit jours en huit jours, en commençant par le plus petit, bien entendu. A un autre, j'ai confié une de mes cartes de visite pliée en quatre, en lui recommandant de la coudre dans son bonnet et de la porter ainsi pendant une lune. Lorsque cette lune « sera morte », il tâchera de se procurer un coq *vierge*, attachera la carte au cou de l'oiseau et fera présent du tout à l'adorée. Si elle accepte le cadeau, c'est bon signe; si l'oiseau reste chez sa nouvelle maîtresse, c'est le triomphe à bref délai. Mais s'il venait à s'échapper pour retourner à son ancienne basse-cour, tout serait à refaire. Cependant, il y a lieu de croire qu'une semblable persévérance ne saurait manquer d'attendrir le cœur le plus sauvage. Ano a traduit mot pour mot cette ordonnance à l'intéressé, qui se l'est fait répéter, et s'en est allé ravi. Eh bien, je suis persuadé que ce garçon-là réussira !

Très mélangée, la population de Satama. Les types des races les plus diverses, Dioulas, Agnis, Apolloniens, Gannes, y vivent dans une harmonie parfaite. Un certain nombre de musulmans, à qui l'on doit l'introduction de quelques industries, l'usage du vêtement, le métier à tisser. A cela près, un islamisme des plus accommodants qui s'est superposé aux pratiques anciennes du fétichisme sans entrer en lutte avec elles.

L'autorité revêt ici un caractère patriarcal : rien du pouvoir absolu. Le chef n'est pas mieux logé que le vulgaire. Aucun insigne ne le distingue, à tel point que, plus d'une fois, comme il venait s'installer dans ma case, j'ai failli le prendre pour un importun quelconque et le congédier de façon un peu leste. C'est la simplicité des premiers âges. Le roi, avant de prendre une décision, consultera toujours les notables, les anciens. Il s'abritera derrière les avis des plus circonspects plutôt qu'il ne commandera en maître. La société n'est pas encore assez solidement constituée pour qu'on sente le besoin d'une autorité responsable centralisant les forces au profit de la communauté. C'est une famille : le roi n'a guère que la part d'autorité attribuée au père ou à l'aïeul.

Les renseignements indispensables obtenus tant bien que mal, nous nous disposons à partir. Notre objectif est Ouassaradougou, sur la rivière Isi ou Bandama, résidence d'un des chefs les plus importants du Baoulé. Sur l'homme et ses dispositions, les dires n'ont rien d'affirmatif. Toutefois, la présence de deux chefs du Diammala qui vont nous servir de guides nous vaudra peut-être un accueil favorable. L'un de ces chaperons répond au joli nom de « Tête de hyène »; l'autre, Baba Ali, est fils du dernier roi. Ce Baba Ali, par parenthèse, est le même personnage auquel nous avons donné quatre grains de corail enchanté pour qu'il réussît dans ses entreprises amoureuses. Un bienfait n'est jamais perdu !

FEMME DE SATAMA (DIAMMALA)

## XIII

ARRÊTÉS DANS LE BAOULÉ.

26 juin-1ᵉʳ juillet.

Mauvaises journées. Nous avons pris contact avec le Baoulé : la tentative n'a pas été encourageante. A une demi-lieue de l'Isi, l'hostilité inexplicable d'un chef nous a contraints à rebrousser chemin.

Nous venions d'arriver dans un village d'assez méchante apparence, Siradine-Tombo (Siradine la Ruine), nom bien mérité. L'endroit est sinistre : une clairière entourée de maigres taillis, brousse épineuse, rachitique; un marigot aux eaux dormantes et noires; un sol spongieux où, çà et là, parmi les ajoncs un affleurement de granit bleu mettait une tache lépreuse.

Des cases prêtes à crouler, le chaume en lambeaux, des monceaux de détritus. Aux alentours, quelques touffes de maïs et de bananiers plantés à la diable. L'abandon, l'incurie. Notre intention était de faire seulement une courte halte; de là, en effet, deux heures au plus devaient suffire pour atteindre Ouassaradougou.

Tout nous faisait espérer une réception cordiale. Nos hommes se croyaient déjà en pays de connaissance, les habitants du Baoulé parlant l'agni. Si le type ne rappelle guère celui des indigènes du Sanwi et de l'Indénié, les ancêtres étaient, selon toute apparence, des captifs évadés de ces contrées, dont ils ont importé les coutumes et l'idiome dans le Baoulé jusqu'alors désert. Quoi qu'il en soit, s'ils entendent le mandé-dioula, ils emploient communément un dialecte presque identique à celui de Krinjabo.

Au premier abord, rien de suspect. Les gens nous entouraient, en curieux. En échange de quelques rangs de perles, on apportait des épis de maïs grillés, du vin de palme. Après un repos d'une demi-heure, nous demandions le chemin. Trois sentiers partent du village, et, naturellement, nos guides ignorent quel est le bon. On nous répond d'attendre l'arrivée du chef qu'on est allé chercher dans un autre hameau, tout proche. Lui-même nous conduira; il est précisément le frère du chef de Ouassaradougou chez qui nous allons. Et, pour faire prendre patience, on apporte encore du maïs, des bananes. Cependant l'attente se prolonge; nous sommes échoués là depuis plus d'une heure; le ciel est menaçant, nous voulons partir. Impossible, le chef va venir, il arrive. Le voici enfin. C'est un vieux à face patibulaire; une dizaine d'individus l'accompagnent. Sur ces entrefaites la pluie s'est mise à tomber, torrentielle.

Tout le monde avait pris place sous un hangar, autour d'un feu, le chef et ses gens causant entre eux de choses indifférentes sans paraître s'occuper de nous. Tout à coup, l'un d'eux se lève et déclare qu'ils ne peuvent continuer à parler en notre présence. On nous enjoint de nous retirer. Ceci ne présage rien de bon ; les affaires se gâtent, décidément. Nous répondons que notre interprète va s'éloigner, ce qui leur permettra de discourir tout à leur aise, puisque nous ne comprenons pas l'agni. Mais ils insistent. Ils ont entendu le capitaine parler mandé et déclarent que, connaissant une langue, il doit aussi savoir l'autre. Le plus sage est de s'incliner. A la hâte nous cherchons un autre refuge, car l'averse redouble.

Après dix minutes de conciliabules, on nous déclarait que nous ne pouvions aller plus loin. La raison ? Nous arrivions du côté de Kong, de chez les Dioulas. Oh ! si nous fussions venus d'ailleurs, c'eût été différent ; on aurait pu s'entendre. Mais, tout bien pesé, on ne nous « donnerait pas » le chemin ; nous ne passerions pas. En vain ripostons-nous que nous n'avons rien à voir avec les démêlés de voisin à voisin. Nous ne tombons pas du ciel : si nous avons passé en pays dioula, nous avons dû, au préalable, traverser d'autres territoires dont les occupants n'ont point eu à se plaindre de nous, paraît-il, puisque nous voici sains et saufs. Tout est inutile ; ces gens-là sont butés. L'offre d'envoyer un de nos gens avec un homme du village auprès du chef de Ouassaradougou, dont nous attendrions ici la réponse, n'eut pas plus de succès : « Passez de force si vous voulez, nous dit-on. Que vos guides trouvent la bonne route s'ils le peuvent. Mais ils verront ce qui leur arrivera là-bas, à eux et à vous. On vous coupera le cou à tous! » Et on joignait le geste à la parole. Le plus enragé était un vieillard au chef branlant, aux jambes tuméfiées. — Dieu reçoive bientôt sa belle âme! — Il nous couvait d'un mauvais regard, sifflant entre ses gencives démeublées des arguments qui paraissaient décisifs à ses collègues. Celui-là avait dû entraîner le verdict.

Nous faisons répondre que ce sont là de méchants discours. Le chef les regrettera. Pour le moment, nous nous retirerons; nous venions en amis, n'ayant jamais eu le dessein d'employer la force.

Le moyen, d'ailleurs? Un coup d'œil jeté sur nos porteurs nous prouve qu'il n'est que temps de donner le signal du retour, si nous voulons éviter un désastre. Ils sont blottis dans un coin, effarés, tremblants, avec des figures de criminels regardant la potence. Qui sait même si leurs attitudes craintives, leur démarche louche de gens qui ont fait un mauvais coup, n'ont pas contribué à éveiller la défiance?... Avec une autre troupe composée de gaillards confiants, alertes, de bonne humeur, comme nos deux braves Sénégalais, l'accueil, je gage, eût été tout autre. Quoi qu'il en soit, il est manifeste que nous ne pouvons plus compter sur eux. D'une minute à l'autre, ce peut être la panique, la fuite éperdue... et le reste. En route!

Nous avions été retenus à Siradine-Tombo près de quatre heures. Dans le village hostile, une seule voix s'était élevée en notre faveur, celle d'une bonne femme, une aïeule, occupée à broyer du maïs devant sa case.

A plusieurs reprises elle avait interrompu sa besogne, se redressant indignée, les bras tendus du côté du chef qu'elle interpellait violemment. « Ces blancs n'ont rien fait de mal. Pourquoi les arrêter, fous que vous êtes? » Et autres aménités. Nous sommes déjà loin que ses protestations nous arrivent encore, obstinées, dominant de leur clameur aigre les autres rumeurs. Merci, la vieille! Tant il est vrai qu'il n'est si méchante assemblée où l'on ne puisse trouver une bonne âme.

Au retour, les habitants des hameaux se montrent très réservés. Dans le premier surtout, où nous nous arrêtons une heure plus tard pour camper, les mines sont revêches. Rien de plus naturel : nous battions en retraite. Installés sous un arbre, sur la place, nous attendions que le chef — l'interprète était allé le saluer selon l'usage — voulût bien paraître et nous désigner des cases. Le chef fit répondre qu'il n'avait pas à s'occuper de nous, se plaignant en outre de ce que, à l'aller, nous eussions traversé son village sans y faire halte, pour lui dire bonjour. La réplique était aisée. Nous étions passés là de nuit, et ce ne sont pas « manières de blancs » de venir réveiller les gens avant l'aube pour leur souhaiter le bonjour. L'excuse ne parut pas suffisante au chef, qui envoya dire que les blancs pouvaient s'arrêter pour manger. (On n'avait pas attendu sa permission : notre table avait été dressée, les feux flambaient, nos gens attaquaient à belles dents leur provision de viande boucanée.) « Mais, ajoutait-il, après avoir mangé, vous repartirez. — Nous nous trouvons bien ici et nous y resterons le temps qu'il nous plaira, au moins jusqu'à demain. — Vous ne recevrez rien pour nourrir vos hommes. — Nos hommes ont ce qu'il leur faut. — On ne vous donnera pas de cases. — Les blancs savent s'en passer. »

Ce dialogue avait exigé quelque temps, car il avait lieu par l'intermédiaire de messagers. Le chef ne s'était pas montré et ne devait pas consentir à paraître. Cependant, il s'humanisa. A peine informé que nous n'avions besoin de rien, il nous faisait offrir le vivre et le couvert. C'est de règle. Le meilleur moyen de provoquer la libéralité d'un noir, c'est de déclarer qu'on n'attend rien de lui. De fait, la journée et la nuit s'écoulèrent sans incidents, et la population, subitement retournée, se montra, du petit au grand, fort hospitalière.

En rentrant à Satama, nous avons retrouvé auprès du roi le meilleur accueil. Ni lui ni les siens ne paraissent autrement émus de notre insuccès. Il semble que l'aventure soit la plus simple du monde. Et, sur-le-champ, ils élaborent un autre plan de campagne. On nous a mal reçus du côté de Ouassaradougou. Qu'importe? Rien de plus simple que d'éviter ce mauvais pas. Ils vont nous conduire par un autre itinéraire, inclinant légèrement vers le nord. Nous atteindrons presque aussi vite la vallée du Bandama, où ils se flattent de nous obtenir une réception meilleure et des pirogues pour gagner la côte. Moins de deux heures après notre retour, la combinaison était arrêtée. Nous repartirions dès le lendemain.

*<sub></sub>*<sub></sub>*

Trois heures plus tard, tout se détraque. Nos porteurs se mutinent.

Déjà, durant les haltes de la dernière étape, nous avions été mis en éveil par des entretiens suspects, à voix basse, lesquels cessaient aussitôt à notre approche. Mais voici que la situation se dessinait, très nette. Au coucher du soleil, les hommes se présentaient un à un, l'air têtu, déclarant qu'ils ne marcheraient pas le lendemain. L'alerte de Siradine-Tombo a déterminé la crise. Leur timidité naturelle est devenue terreur folle. Dans ces conditions, impossible d'aller de l'avant.

La nuit venait, sombre, orageuse. La foudre grondait, la pluie tombait à flots. Quelle veillée! Jusqu'à neuf heures, enfermés dans notre case, nous avons tenu conseil. De quelque côté qu'on envisage la position, la conclusion est la même. A supposer que les hommes, ramenés demain à de meilleurs sentiments, se décident à marcher, ils nous fausseront compagnie dans quelques jours. Survienne la moindre difficulté, ce sera de nouveau la révolte. Il est même heureux que nous ayons été arrêtés à Siradine. Si le fait s'était produit deux étapes plus loin, nos gaillards prenaient la fuite. Abandonnés à la merci de populations inconnues, se tenant à notre égard sur le qui-vive, la tentation pour elles eût été bien forte, et notre affaire vite réglée, j'en ai peur. S'obstiner à poursuivre, c'est courir à une mort certaine, et, qui plus est, à une mort inutile.

Tel est aussi l'avis des chefs. Informés de ce qui se passe, tous déclarent que poursuivre serait folie. Avec de braves gens, ayant confiance, rien n'eût été plus facile que de gagner le Bandama. Avec de semblables compagnons, c'est risquer sa tête. Voilà qui est clair. Il ne restait qu'à reprendre le lendemain la marche vers le sud pour rejoindre le bassin du Comoé par le pays des Gannes.

Mais le lendemain, c'est autrement grave. Les porteurs ont pris le large. Au petit jour, un tumulte confus, des pas précipités suivis d'un bruit de fardeaux jetés sur le sol, nous éveillaient en sursaut. Nos hommes se débarrassaient de leurs charges, et, ne conservant que leurs trésors personnels : couvertures, pagnes de Kong reçus en cadeaux ou achetés sur leur solde, ils décampaient. La tempête seule les avait empêchés de mettre leur projet à exécution pendant la nuit. Et maintenant, dans la pénombre, parmi les hautes herbes trempées, ils détalaient comme des lièvres. Les deux tirailleurs s'élancent à leur poursuite, cherchant en vain à les rallier. Appels, menaces, rien n'y fait. Des coups de feu retentissent : peine perdue. Les misérables ont de l'avance : ils ont atteint le bord du marigot et sont à l'abri dans la brousse.

Tous ont levé le pied, jusqu'aux individus réputés les plus sûrs, les noirs Eba et Ekouanon, qui furent naguère les compagnons de Binger et de Treich-Laplène. Des gens qui vivent avec nous depuis tantôt six mois, que nous avons toujours bien traités, leur procurant en toute occasion les douceurs chères aux noirs, le tabac, le vin de palme, leur cédant parfois notre part de viande fraîche et nous réduisant aux conserves pour que leur ration fût meilleure... Ils nous abandonnent lâchement, stupidement. Et où s'en vont-ils, les malheureux? Que peuvent-ils espérer sans nous? Ils sont à deux mois de marche de leur pays : le moins qu'il leur puisse advenir, c'est d'être retenus captifs dans le plus prochain village. Mais est-ce qu'ils raisonnent?

Cependant, au bruit, la ville est en rumeur. Émus, les habitants accourent, criant, gesticulant. En un clin d'œil, nous sommes environnés, pressés, interpellés sur tous les tons. Les questions pleuvent; on ne sait à qui répondre. Le moment est critique. Il ne reste auprès de nous que cinq hommes : les deux Sénégalais, Amon, chef des porteurs, l'interprète Ano et Kassikan, mon petit boy, un enfant de treize ans. Il s'agit de savoir ce que vont faire nos amis d'hier, si le traité signé tiendra toujours, s'ils respecteront dans les blancs leurs nouveaux alliés. Nos ballots gisent à terre pêle-mêle. Pour peu que le butin les tente, ils auront vite raison de nous. Espérer leur imposer serait folie. Nous sommes dans la main de Dieu.

Dans une minute nous serons fixés. La foule s'écarte, voici le roi, les marabouts. On parlemente. Ce sont des amis décidément! A peine au courant de l'équipée, ils se récrient. Comment, ces hommes ne sont pas des captifs : on les paye, on les mène avec douceur, et ils fuient! C'est indigne. Mais on allait leur donner la chasse. Et, sur l'ordre du chef, la populace se dispersait au pas de course, en rabatteurs, à la poursuite des fugitifs.

L'incident avait ceci de bon qu'il nous permettait de juger les véritables sentiments de notre récent allié. Une occasion s'offrait à lui d'oublier le traité conclu, l'amitié jurée. Et pourtant il venait à notre aide spontanément, sans hésiter. L'épreuve était concluante, si le proverbe arabe est vrai, suivant lequel l'infortune éprouve l'amitié comme le feu éprouve l'or.

En ces pays le sérieux et le bouffon semblent vraiment marcher de pair : la même journée allait voir éclore un nouvel incident, l'aventure du tirailleur Sambandao, convaincu de conversation criminelle avec une des femmes du roi. Après les événements de la matinée, l'affaire venait mal à propos. L'inculpé ne se défendait que mollement. La princesse, par contre, insistait, précisait, entrait dans des détails, avec une pantomime des plus expressives, sans trop se plaindre, d'ailleurs, de la liberté grande. Le roi, de son côté, n'avait pas l'air fâché. Alors, quoi?... Mon Dieu... voilà. Le prince n'en voulait pas autrement au soldat d'avoir foulé aux pieds le respect dû à la majesté royale. Le mal était qu'il ne lui avait rien donné pour la remercier de ses bontés; mais là, rien de rien! On ne se conduit pas ainsi avec les femmes. A cette réclamation inattendue de la part d'un mari lésé, surtout d'un mari roi, nous eûmes grand'peine à garder la gravité nécessaire à qui veut rendre la justice. Le capitaine répondit que, certainement, le tirailleur avait eu tort de se laisser aimer pour lui-même. Mais l'affaire pouvait s'arranger.

— Est-ce qu'en offrant à madame ces huit grains de corail...?

— Oh!... Dix.

— Va pour dix.

Épanouissement du monarque et de sa moitié, qui s'en retournent bras dessus, bras dessous.

Il me paraît de plus en plus acquis que, dans ces contrées, où le rigorisme des femmes n'est nulle part passé en proverbe, la morale la plus accommodante est professée de préférence par les personnes de haute lignée. Les épouses, sœurs et filles de chef font preuve, presque partout, d'une vertu remarquablement hospitalière. Noblesse oblige.

*Vendredi 1<sup>er</sup> juillet.*

Dans la soirée, les gens de Satama nous ramenaient nos porteurs par petits groupes, en nous demandant de ne pas leur faire de mal. Non, certes. Ce n'est pas le moment de sévir; nous n'en avons ni le désir, ni les moyens. Une fois à la côte, il sera temps de réclamer à qui de droit, pour les coupables, quelques semaines de ponton ou de travaux publics. D'ici là, point de menaces. L'essentiel est de partir et de marcher vite.

*1<sup>er</sup>-10 juillet.*

Dix étapes enlevées d'affilée. Au prix de quels efforts! Au début surtout, c'est terrible. Il est plus facile d'arriver à Satama que d'en sortir. Les dernières pluies ont gonflé les moindres cours d'eau, affluents de l'Isi, notamment le Bé que nous franchissions presque à pied sec, il y a quelques jours, en arrivant du Djimini. C'est maintenant un impétueux torrent, une coulée de boue qui se précipite avec un bruit de cataracte dans l'enchevêtrement des arbres arrachés.

Les deux rives sont noyées à une lieue à la ronde. La construction d'un pont de singes, reliant avec des lianes les branches surplombantes, a exigé un jour entier. La passerelle franchie, il faut patauger de nouveau dans la broussaille noyée, avec de l'eau jusqu'aux épaules. Enfin, nous débouchons dans une clairière, voici le terrain solide. Non pas; au delà reparaît l'eau bourbeuse. Nous sommes dans une île. Pendant près de cinq heures, nous avons frayé notre route dans cette inondation, absolument nus, lacérés par les épines et les hautes herbes coupantes.

Le lendemain, de l'eau encore, de l'eau toujours, un sol mouvant où l'on s'enlise. Et chaque jour nous escomptons d'avance l'accès pernicieux qui paraît inévitable. Cette fois, ce sera pour ce soir! Mais le soir vient, la fièvre ne veut pas de nous. Enfin, le terrain se relève. Les cultures se montrent encadrant de populeux villages, Kouakoukrou, Marankourou, Moussobadougou. C'est le pays des Gannes, planteurs de kola, bonnes créatures de mœurs simples : hommes et femmes n'ont aucun vêtement. Dès qu'ils nous aperçoivent, ils s'esquivent pour faire un bout de toilette et reparaissent bientôt drapés dans des pagnes de *fou,* qui voilent très imparfaitement leur nudité, mais semblent, en

VILLAGE GANNE (FRONTIÈRE DU BAOULÉ)

revanche, les gêner beaucoup. Ils se sont habillés uniquement par égard pour leurs hôtes; leur attitude est celle de gens endimanchés, mal à l'aise. Très intimidés au début, ils n'osent approcher. Ils se rassurent, quand on leur a expliqué qu'à la couleur près, nous sommes des êtres comme eux, de chair et d'os, que n'anime aucune intention mauvaise. Alors c'est une joie folle. Ils s'enhardissent, nous demandent de relever nos manches afin de s'assurer si notre corps est blanc comme notre visage et nos mains, et la constatation achève de dissiper leurs craintes.

De la confiance au sans-gêne, il n'y a qu'un pas, et ce pas, le noir n'est jamais long à le franchir. Sa curiosité nous accable, nous sommes sa chose, son jouet. Le repos nous est interdit. La foule assiège notre réduit, nous harcèle; on fait queue à l'entrée de la case comme, sur le champ de foire, à la porte d'une ménagerie.

La population est hospitalière; on nous offre du maïs, des chèvres. L'autre jour, à Marankourou, une pauvre vieille elle-même, atteinte d'une lèpre épouvantable, avait tenu à apporter son obole, trois noix de kola acceptées avec reconnaissance, et que nous avons jetées, aussitôt que la malheureuse a été partie.

L'aspect du pays ne diffère pas sensiblement de ce que nous avons vu dans le Sanwi et l'Indénié. Mais le village est ici construit de tout autre façon. Au lieu de cabanes isolées, il se compose d'un ou deux quadrilatères très vastes abritant parfois dix ou quinze familles. Une porte unique, étroite, protégée par un avant-toit: c'est là que les gens se réunissent pour deviser des affaires intéressant la communauté ou pour faire la sieste. Les cases prennent jour sur la cour intérieure. L'édifice tient de la cité et de la redoute. Cette disposition, qui se prête admirablement à la défense, a été adoptée sans doute à cause du voisinage du Baoulé dont les peuplades pillardes ont, à mainte reprise, tenté des incursions sur ce territoire.

A cela près, c'est le pays Agni. Les clairières ont disparu. Adieu l'air et la lumière. De nouveau, nous plongeons dans la sylve sombre où nos guides eux-mêmes sont souvent fort embarrassés de s'orienter. A dire vrai, ces auxiliaires recrutés de village en village servent moins à indiquer la route qu'à nous ménager un bon accueil auprès des chefs. Ils équivalent à des lettres de recommandation de collègue à collègue. Celui qui nous accompagnait pendant l'étape du 5 juillet était un noir superbe, mais des plus timorés. Il marchait bon train, et nous emboîtions le pas, Binger et moi, tandis que les porteurs suivaient de loin, péniblement. A la première halte, se voyant seul entre ces deux hommes blancs, sa frayeur fut extrême. Binger lui ayant demandé en riant s'il avait peur de nous, il balbutia, les yeux baissés : « Oui... un peu. »

Il tremblait de la tête aux pieds.

Un trésor de superstition, ce garçon-là. Il portait aux chevilles de lourds anneaux de cuivre ornés de grelots qu'il avait eu soin de calfeutrer avec de l'herbe. En voyage, affirmait-il, leur tintement eût été de mauvais augure. Passions-nous devant une termitière, il ne manquait jamais de ramasser quelques fourmis et les écrasait sur sa poitrine en marmottant une invocation intelligible pour lui seul. Tel quel, avec ses grelots, ses colliers de verroteries, son arc et ses flèches, il avait très haute mine. La démarche était souple, le pas rapide ; léger, il détalait sur le sentier, sans même faire craquer les branches sèches. C'était le vrai fils de la forêt.

Plusieurs villages sont en ruine. Le pays, l'an dernier, était en guerre avec le Baoulé, une de ces guerres peu meurtrières, où l'on se tue, de part et d'autre, une dizaine d'hommes, mais qui se prolongent pendant des mois. Tant que les hostilités durent, la population se retire dans la brousse et les intempéries émiettent rapidement le hameau abandonné.

Du reste, même en temps normal, l'incurie du propriétaire a tôt fait de transformer en masure une case encore neuve. Le noir met rarement la dernière main à son œuvre et laisse, le plus souvent, inachevé son domicile de perches et de terre battue. Jamais il ne le répare. Un hameau qui date à peine de quatre ou cinq ans semble déjà crouler de vétusté. L'un des chefs-d'œuvre du genre a nom Pirikrou. Le sentier que nous suivions depuis le Diammala y rejoignait le premier itinéraire de Binger. Celui-ci ne se souvenait pas d'avoir rencontré à cette place abomination semblable. La demeure qu'on nous destinait nous a fait reculer d'épouvante. Un malade l'occupait, que l'on se disposait à déloger en notre honneur ; mais nous avons préféré respecter son repos et sa pestilence et avons établi nos quartiers à quelques pas de là dans une cabane en construction. Bien que l'édifice n'eût que les montants et la toiture, il servait déjà de dortoir et de cuisine à une famille. La fumée avait déposé sous le chaume un vernis noir et poisseux; d'immenses toiles d'araignée pendaient en lourdes grappes, chargées de suie. Les pauvres gens qui s'écartaient pour nous faire place étaient tous plus ou moins éclopés par le ver de Guinée. Ils traînaient la jambe péniblement, dissimulant tant bien que mal leurs plaies sous un pansement de feuilles de bananier. Très sales, ce dont on ne saurait leur faire un crime; l'eau est si rare dans cette partie de la forêt. La puanteur exhalée de ces intérieurs était odieuse.

Pour comble, le chef manifestait le désir de nous garder plusieurs jours. Plutôt la mort sans phrases. Il a enfin consenti à nous donner le chemin au bout de vingt-quatre heures. Nous l'avons assuré que nous serions volontiers demeurés ses hôtes indéfiniment, n'était que nous venions de parcourir une longue route, et avions hâte de regagner notre pays, nous sentant déjà un peu malades. Il y a vraiment de quoi le devenir. Nous devrions être habitués à tout, après avoir passé par tant de gîtes extraordinaires. Mais je ne pense pas qu'il nous soit encore échu rien de pareil.

Les mauvais campements, les marches forcées ont, depuis une semaine, singulièrement diminué nos forces. Sans être atteints d'aucun malaise bien défini, nous nous sentons plus anémiés, dans une disposition générale favorable au développement du moindre germe morbide. L'exécrable qualité de l'eau y est pour beaucoup. Dans toutes les mares de la forêt infusent des détritus végétaux, des feuilles et des racines dont plusieurs doivent contenir des substances toxiques. On a beau filtrer l'eau et la faire bouillir (nous ne buvons plus que du thé), elle n'en est pas moins empoisonnée.

Il nous restait six bouteilles de vin que nous conservions précieusement depuis trois mois, pour les cas graves. Il a été décidé qu'on les entamerait, sans plus tarder, en y mêlant un peu de poudre de quinquina. A raison d'une gorgée par jour, ce tonique nous mènera loin. D'ailleurs, une fois au Comoé, nous retrouverons de l'eau courante et, sans doute, dans les villages riverains, du *doka*, quelques fruits, des légumes surtout dont nous sommes privés depuis plusieurs semaines. Cette absence de verdure dans l'alimentation nous est extrêmement pénible.

Voici, à peu de chose près, quel est notre ordinaire : au réveil, avant le jour, un gobelet de thé et un épi de maïs rôti sur les charbons; au déjeuner, en arrivant à l'étape, c'est-à-dire vers onze heures ou midi, un morceau de viande froide, chèvre ou mouton, dont nous avons absorbé le bouillon la veille au soir. Au dîner, la soupe et une écuelle de *fouto* indigène, ragoût des plus pimentés; comme dessert, le thé sucré avec du miel. Ce miel sauvage récolté aux environs de Kong est délicieux. Nous en avons fait une ample provision que nous transportons dans des jarres dont le couvercle a été soigneusement luté avec de la bouse de vache. Le maïs, écrasé entre deux pierres et cuit à la vapeur, tient lieu de pain. Dans quelques jours, il fera défaut : on lui substituera la banane réduite en pâte.

La forêt devient de plus en plus dense, le pays moins peuplé. En revanche les rares villages que l'on rencontre ont meilleur aspect. N'Diéné, Bahirmi, Sanzanzo alignent des rangées de cases neuves, coquettes parfois, bien que le procédé de construction laisse à désirer. Pour extraire les matériaux, le noir va au plus près ; il pratique ses excavations au milieu même du village, à deux pas de sa demeure future. Ces trous seront comblés peu à peu par les immondices : en attendant, l'eau des pluies s'y corrompt parmi les détritus de tout genre, et il s'en dégage des effluves intolérables.

Ces localités étaient situées naguère plus à l'ouest. Les populations ont jugé prudent de battre en retraite pour se dérober au voisinage trop immédiat du Baoulé. Ce déplacement a eu pour conséquence la rectification des sentiers. C'est ainsi que nous avons pu parcourir en une seule étape la distance de N'Diéné à Sanzanzo, que Binger avait mis trois jours à franchir lors de sa première exploration.

Le 8 juillet, nous sommes à Zouépiri. C'est le dernier lieu habité que nous devons rencontrer avant d'atteindre le Comoé. De ce village au fleuve, on compte, à notre allure que je puis qualifier d'accélérée, onze heures de marche. On ne peut songer à les expédier d'une traite, pour plusieurs raisons, la plus décisive étant qu'il n'y a pas, en forêt, onze heures de jour et qu'il serait de toute impossibilité d'y cheminer dans les ténèbres. Nous avons donc campé une fois de plus dans la brousse. Campement sommaire : les couchettes dressées, on allume les feux et tout est dit. De tente,

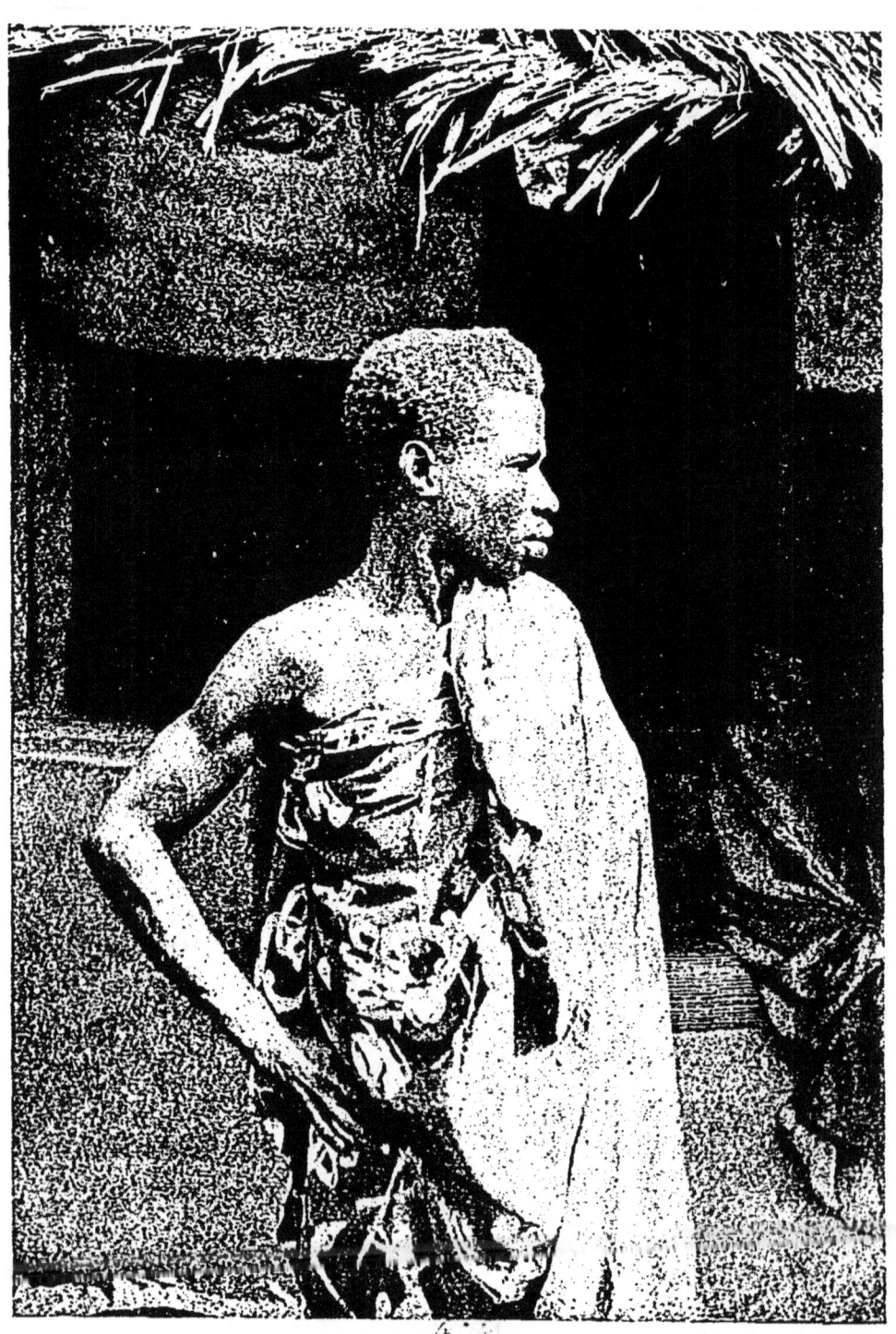

LE CHEF DE ZOUÉBIRI

point; la nôtre étant à peu près hors de service, nous l'avons abandonnée à Kong afin d'alléger d'autant nos bagages.

La nuit au surplus promettait d'être belle. Les premières heures m'ont rappelé les paisibles soirées passées dans les forêts des Andes péruviennes, à la clarté des *fogadas,* sous les berceaux de lianes emplis de lucioles. Mais, vers minuit, les choses se sont gâtées. Une tornade soudaine éclatait, tempête électrique et déluge combinés. Que faire en pareil cas, sinon se lever au plus vite, ployer son lit, endosser la pèlerine, souffler sur les tisons, allumer une pipe et deviser philosophiquement en attendant que l'ondée cesse?

Mais nous sommes au bout de nos peines. Le 10 au matin, une nappe étincelante est devant nous, une coulée d'or, le Comoé; sur l'autre rive, des pirogues amarrées et les paillottes d'Attakrou pointant au-dessus des palmes.

Et nous saluons avec transport le beau fleuve. C'est, semble-t-il, le lien qui nous rattache définitivement à la patrie, le fil d'Ariane que rien ne brise.

## XIV

### SUR LE COMOÉ.

Du moment qu'il s'est allongé dans la pirogue et s'abandonne au fil de l'eau, le voyageur n'a plus d'histoire. Le paysage et les êtres ne changent point. C'est toujours le même décor : le double rempart de forêts, les grands arbres aux troncs blancs tranchant sur les verdures, le silence profond troublé seulement par la cadence des pagaies, la fuite d'un hippopotame ou d'un caïman, le cri d'un singe; et, sous le soleil qui darde, la pirogue glissant dans la lumière réverbérée.

Le mardi 12 juillet, à quatre heures du matin, nous quittions Attakrou. Navigation morne, entre ces berges hautes où rien ne révèle le voisinage de l'homme. Les villages, très espacés, sont en général situés à quelque distance de la rive, dissimulés dans la brousse. Souvent il n'y a même point de pirogue amarrée au débarcadère, de sorte que l'on ne sait trop s'il s'agit d'un sentier frayé ou d'une *passée* de bêtes sauvages.

Le courant est lent, imperceptible parfois, sauf dans

le voisinage des bancs de roches qui, de loin en loin, coupent le chenal. Mais ce ne sont point encore là des rapides ; un frisson à la surface, une légère intumescence, rien de plus. Pas un bruit sur l'eau, pas un cri dans l'air. Et cela a je ne sais quoi d'anormal et de troublant, ce grand silence dans la clarté.

Au total, la séance est aussi fatigante qu'une journée de marche. Un long voyage dans une pirogue contenant une douzaine de passagers, sans compter les bagages, n'est rien moins qu'une partie de plaisir. On est assis, en équilibre, sur quelque ballot sans pouvoir s'accouder ni s'appuyer. Il serait imprudent de changer de position ; le moindre mouvement risquerait de compromettre l'équilibre très instable de l'esquif. Il faut subir stoïquement les coups de soleil et les morsures cuisantes des mouches dont les innombrables essaims nous harcèlent.

Passé la nuit à Kabrankrou. De ce point, un sentier conduit, en trois heures, à Aniasué, important village situé à plus de 40 kilomètres en aval, par la rivière.

En 1889, Binger n'avait pu, les eaux étant trop basses, explorer cette partie très accidentée du Comoé. La saison présente est plus favorable, et nous ferons le trajet par eau.

Cinq heures de canot, au milieu des rapides. Le fleuve, brusquement infléchi dans l'ouest, se divise en plusieurs bras, serpente parmi les îlots, les affleurements granitiques, les blocs épars. Les passes, sans présenter de dangers sérieux, sont parfois très étranglées. Le courant s'y précipite avec une vitesse de torrent; mais peu ou point de tourbillons. La matinée est superbe; ce bruit des eaux sur les rochers, le lit élargi, quelques collines chauves qui surgissent à l'horizon, la rencontre de plusieurs équipes, halant leurs pirogues péniblement, à la cordelle, tout cela met dans le paysage une animation qui lui manquait hier. Les hommes interpellent nos piroguiers et demandent qui nous sommes, d'où nous venons. Ils ouvrent de grands yeux, et leur inquiétude est manifeste : c'est la première fois que des Européens se montrent dans ces parages. A plusieurs reprises, sur les rives, nous apercevons, guettant le passage de la flottille, des indigènes nus, l'air effaré, à demi cachés dans les herbes ou accrochés aux branches, comme des singes.

Puis le courant s'apaise; le lendemain et les jours suivants, c'est de nouveau la nappe rougeâtre, fuyant à perte de vue, en ligne droite, entre la double muraille verte. Il est certain que, prises dans leurs détails, ces futaies riveraines sont incomparables : les végétations grimpantes ébauchent autour des arbres morts restés debout des architectures féeriques, bastions, portiques, arceaux, lourdes draperies balancées dans le vent. Transporté en Europe, un morceau de cette forêt ferait crier au miracle. Mais la répétition de l'effet finit par lasser l'attention. Le lent déroulement de cette toile de fond exaspère à la longue. Ces masses verdoyantes ont quelque chose de lugubre, d'inaccessible à l'homme; il y a dans cette nature puissante moins de séductions que de menaces.

A Aniasué, puis à Abradine, nous avons été contraints de faire escale une journée entière afin de ne point déplaire aux chefs et d'écouter leurs doléances. Tous deux se plaignent du mauvais vouloir et de la rapacité des collègues établis en aval. On ne peut, disent-ils, envoyer de pirogues à la côte sans s'exposer à voir les embarcations et les marchandises pillées ou, tout au moins, confisquées jusqu'au payement d'une rançon exorbitante. Notre protégé Bénié-Couamié, roi de Bettié, serait, à les entendre, le plus intraitable, interceptant les communications, se réservant le monopole de la traite avec les factoreries du littoral et forçant les gens à venir chez lui s'approvisionner de sel, de poudre et de gin.

Ce qui se passe sur les voies commerciales de l'intérieur africain, où les caravanes sont arrêtées chaque jour et obligées de satisfaire aux exigences d'un fantoche décoré du titre de roi ou de chef, nous reporte en plein moyen âge, aux époques où margraves et hauts barons faisaient payer à beaux deniers comptants le droit de passage à travers le défilé, sur la rivière que dominaient leurs châteaux. Avec une différence toutefois : le féodal pouvait alléguer que ledit impôt était perçu pour subvenir à l'entretien des chemins, ponts, bacs, etc.; le même prétexte ne saurait être invoqué par les tyranneaux noirs qui n'entretiennent quoi que ce soit.

Bourbé, chef d'Abradine, se déclare en outre blessé de ce que, depuis le traité que la France a, dit-il, conclu avec lui, il n'a touché aucune des annuités stipulées. Or le traité de protectorat a été consenti par le roi de l'Indénié duquel relève le chef d'Abradine. Ce dernier a simplement assisté au palabre, comme beaucoup d'autres seigneurs sans importance. La France traitant avec un particulier dont l'autorité s'étend sur vingt paillotes ; quelle singulière idée se font ces gens-là d'une puissance européenne !

Du 17 au 20, séjour à Bettié. La capitale de Bénié-Couamié est plantée sur la rive droite, au sommet d'une berge escarpée. Elle commande complètement le fleuve dont le chenal est, en cet endroit, resserré entre d'énormes bancs de roches. La position est très forte : il est clair que pas une embarcation ne pourrait franchir la passe sans la permission royale.

Le village est peu de chose. Le principal édifice est la maison, soi-disant à l'européenne, construite par le roi à l'intention des blancs qui lui rendraient visite. La baraque est beaucoup plus vaste que celle élevée, dans un but identique, par Akassimadou de Krinjabo; mais elle commence à se disloquer. Bâtie depuis deux ans à peine, elle menace déjà ruine : les rampes donnant accès à la véranda fléchissent de façon alarmante; les planchers sont à jour. Telle quelle, elle nous fait l'effet d'un palais ; il y a si longtemps que nous n'avons eu de demeure où l'on pût se tenir debout. Le roi n'habite point cette maison : seul le rez-de-chaussée lui sert d'entrepôt et de magasin.

Bénié-Couamié, roi de Bettié, est un homme d'une quarantaine d'années, à la mine futée, très remuant et d'une loquacité rare. Il est le principal, on pourrait dire l'unique traitant du fleuve, en ce sens qu'il centralise

LE COMOÉ A KABRANKROU

tout le trafic et que les marchands de l'intérieur doivent, bon gré, mal gré, passer par son intermédiaire. Il nous a accueillis avec l'air ravi d'un châtelain recevant ses invités, et a aussitôt exprimé le désir de nous garder de longs jours sous son toit. Sa Majesté devra se contenter de quarante-huit heures. Elle se propose, il est vrai, de jouir deux ou trois jours de plus de notre société en nous accompagnant jusqu'à Malamalasso, dernier village de ses domaines, sur la frontière du Sanwi.

Déjà maints détails nous révèlent le voisinage de la côte. Les cadeaux que nous offre Bénié-Couamié sentent la factorerie : ils consistent en deux fioles d'un vin blanc d'origine suspecte, une boîte de thon et un pot de moutarde. Nous eussions échangé de bon cœur ces produits de la civilisation pour un fruit. Mais les cultures sont situées à une assez grande distance dans la brousse. Ici, rien de frais à se mettre sous la dent.

De notre côté, nous avons bien fait les choses; le roi a été comblé. Il est venu remercier, en grand costume : chemise de soie verte, souliers vernis, gibus drapé d'une écharpe rouge. Les remerciements finis, le commerçant s'est démasqué ; il a demandé à faire quelques achats. Le reste de notre pacotille y a passé. Notre royal client s'est offert pour un millier de francs (dix onces d'or) de soieries et de lainages. Très amusante séance, où le rusé monarque employait toute sa rhétorique à seule fin d'obtenir de-ci de-là un rabais de 50 centimes. Il a conclu du reste une excellente affaire ; le jour même il rétrocédait la majeure partie de son stock à des traitants apolloniens de la Côte d'Or, de passage dans le village.

La nuit tombée, nouvelle visite. Le roi cette fois procède avec mystère : il a congédié ses serviteurs et se glisse vers notre case inaperçu, vêtu d'un pagne couleur muraille. Conversation politique : notre interlocuteur, comme il fallait s'y attendre, nous confie les ennuis dont il est abreuvé par les chefs du voisinage, en particulier par celui de l'Alangoua qui lui a capturé sept hommes. Il nous demande la permission de s'emparer du coupable par surprise et de l'expédier sous escorte à Grand-Bassam. L'histoire est, comme toutes les histoires nègres, extrêmement compliquée; nous laissons dire, en renonçant à comprendre. Il y est question d'un individu qui se serait constitué captif jusqu'au payement d'une dette par lui contractée; le compte apuré, non seulement le créancier de mauvaise foi aurait refusé de le remettre en liberté, mais il aurait par surcroît empoigné et gardé prisonnière l'ambassade dépêchée pour lui présenter de justes remontrances. Sur le tout se greffe une histoire de femme, de réparation pécuniaire demandée par un mari trompé. Enfin notre hôte nous assure que le chef d'un village situé en aval de Malamalasso aurait arrêté au passage une de ses pirogues se rendant à la côte et pillé la cargaison, dont la valeur n'est pas inférieure à sept onces d'or; que les gens de Yacassé, des brigands finis, retiennent depuis plus de six mois en otage un jeune garçon de Bettié, au mépris de tout droit. On compte sur nous pour exiger le prix des marchandises volées et la mise en liberté du captif. Cela ne sera peut-être pas très commode. Toujours est-il qu'il faut promettre. Ce roi n'est-il pas notre protégé?

Si hospitalier que se montre Bénié-Couamié, l'existence chez lui manque d'agréments. Bettié offre peu de ressources, et nous avons de la peine à alimenter notre petite troupe. Dieu sait si nous repartirons avec joie. Nous avons, depuis Attakrou, parcouru sur le Comoé une distance d'environ 300 kilomètres. Une centaine de kilomètres, trois ou quatre jours encore, et nous respirerons la brise du large, nous reverrons des faces blanches. La fièvre de l'arrivée nous saisit, la hâte d'échapper à la vermine, à la boue, aux puanteurs au milieu desquelles nous avons vécu six mois. Oh! jeter enfin nos guenilles, retrouver du linge, manger du pain!

Mais le départ, décidé pour le mardi 19, a été reculé d'un jour. Le roi tient, en effet, à nous faire les honneurs de sa plus belle pirogue, laquelle ne se trouve point actuellement à Bettié : il a commandé qu'on allât querir à Diaboisué cette embarcation immense, monstre, comme nul autre que lui n'en possède. Dix hommes s'occupent à remorquer ici ce chef-d'œuvre.

Le retard nous réjouit faiblement. C'est chose pénible que l'hospitalité d'un prince noir. Quand il vous a gratifié d'une chèvre ou d'un mouton, il s'imagine de bonne foi que vous n'avez rien à désirer de plus. Et les heures paraissent terriblement longues. Qu'inventer pour tuer le temps? Ces villages sont des geôles : d'une part, la forêt impénétrable; de l'autre, la rivière. Les distractions manquent, à moins d'être passionné pour la pêche à la ligne : encore y a-t-il dans le Comoé plus de caïmans que de barbillons. Quelques notes, quelques croquis, si toutefois la curiosité encombrante des indigènes vous en laisse le loisir : c'est l'affaire d'une matinée. Après quoi, la journée se traîne démesurée, morne dans le brouhaha énervant du village : bêlements de brebis, cris d'enfants, disputes interminables au sujet d'un rien; un concert de voix aigres, de glapissements, de coups de pilon. Et les visites des fâcheux, le roi en tête! A chaque instant il apparaît, généralement pour réclamer notre aide contre un débiteur récalcitrant. A écouter ce monarque-marchand, nous ne serions ici que pour exercer la contrainte par corps vis-à-vis de ceux de ses clients peu pressés de régler leur compte.

La nuit arrive sans nous apporter le calme. Le tumulte semble redoubler avec l'ombre. La valetaille installée au rez-de-chaussée de notre case est particulièrement bruyante. Nous sommes obligés, plus d'une fois, de faire une sortie pour obtenir le silence, un silence très relatif. Avec les enfants hurleurs le remède est simple : une grosse voix de croquemitaine en impose au marmot, tremblant que l'homme blanc vienne le dévorer.

Le village, qui plus est, en dépit de sa position très saine, est un foyer d'infection. Des charognes, des ventrailles d'animaux y pourrissent à l'air libre. Les alentours des cases, surtout de la maison royale, sont des cloaques. Le Comoé, près de l'embarcadère, sert de water-closet. A quelques mètres *en aval*, les gens vont puiser l'eau.

Le roi laisse à d'autres que lui le soin de salir les

approches de sa demeure. La majesté royale exigeant plus de mystère, c'est en pleine eau qu'il se retire. Dans les vapeurs de l'aube ou lorsque tombe le crépuscule rapide, on peut voir une pirogue conduite par un seul pagayeur fendre la nappe assombrie du fleuve. C'est le roi de Bettié se rendant à la garde-robe.

Benié-Couamié a l'instinct de la mise en scène et n'ignore pas qu'un souverain doit, aux jours de cérémonie, dominer la multitude. Faute de monture, il s'est fait fabriquer une selle de bois fixée sur un brancard que portent quatre serviteurs. Mais ce cheval de bataille est vermoulu, et le roi désirerait qu'on lui en confectionnât un neuf en France, sur le même modèle. A cet effet il a insisté pour que je prisse un croquis de l'appareil. « Avec tous les clous! » répétait-il. (Le cheval de bois est constellé de clous en cuivre.) — « Avec tous les clous, Sire. »

Il n'eût pas été fâché non plus de posséder un écrit, un certificat louangeur, attestant sa puissance et sa large hospitalité. Le coup de l'album et de l'autographe! Je lui ai fait observer qu'il serait préférable que la chose fût peinte sur sa grande maison ; un papier, cela se perd.

— Mais si je reblanchis la case?...
— Oh! je suis tranquille. Tu ne la reblanchiras pas.

Et l'enseigne suivante illustre à cette heure la muraille de terre battue :

*AU RETOUR DE KONG*
BÉNIÉ-COUAMIÉ, loge à pied
PIROGUES A VOLONTÉ
*Recommandé aux touristes et aux familles.*

« Cela, lui a expliqué l'interprète, signifie que tu es généreux, hospitalier, que tu possèdes beaucoup de pirogues et que les blancs se trouvent très bien chez toi ! »

Pauvre enfantillage, dira-t-on. Que voulez-vous ? Cela nous a toujours fait passer une heure !

Enfin la grande pirogue est arrivée. Toute une nuit les trompes d'ivoire ont résonné, annonçant aux populations la prochaine absence du roi, et le 20 au matin, nous flottions ; pas pour longtemps. Au bout de deux heures, après avoir franchi le furieux rapide d'Amenvo, nous prenions terre à Diaboisué. Au delà, sur une distance d'une dizaine de lieues, le Comoé semé de roches, resserré dans des couloirs où le courant se précipite en cataracte, est impraticable.

Deux étapes de brousse, les dernières, mais par un sentier affreux, dans la fange et dans l'eau. Nous passons quinze fois à gué la sinueuse rivière Zanda, puis escaladons plusieurs chaînes de collines parallèles entre lesquelles coulent de petits ruisseaux descendant au Comoé. Le prolongement de ces reliefs doit constituer, dans le lit du fleuve, les grands barrages qui rendent toute navigation impossible entre Diaboisué et Malamalasso.

La position de ce dernier hameau planté à mi-côte dans les rochers, au-dessus de la rivière très encaissée encore, est pittoresque à l'extrême. Mais le gîte est misérable, surtout quand il pleut. Je n'ai pour abri qu'un chaume troué comme une écumoire. Sous des hangars où sont empilés des barils de poudre et des caisses de

LES FILLES DE BÉNIÉ COUAMIÉ

gin, les noirs insouciants ont allumé leur feu. Ces marchandises appartiennent à Bénié-Couamié : le marquis de Carabas, décidément. La traite doit, bon an, mal an, lui rendre de grosses sommes, une vingtaine de mille francs au bas mot. Seulement, le plus clair des bénéfices s'en va à vau-l'eau. Le désordre est inouï, le vol aisé chez des gens qui, ne sachant ni lire ni écrire, ne possèdent aucun semblant de comptabilité. Cet homme, malgré son activité et sa rouerie, arrive tout juste à vivre comme un noir, sans autre luxe que les cadeaux de viande distribués de temps à autre à son entourage. Et lorsqu'il abat un bœuf, après avoir gorgé ses familiers et ses femmes, c'est tout au plus s'il lui restera pour lui-même un beefs-teak. Mais l'effet désiré sera produit. On se répétera, de proche en proche, sur la rivière, avec une admiration mêlée de respect : « Bénié-
« Couamié a tué un bœuf! »

*Alépé, 23 juillet, soir.*

Je pourrais, m'inspirant d'une réplique célèbre, dire que ce qui m'étonne le plus à Alépé, c'est de nous y voir. Il y a quelques heures, je ne supposais pas que, le soir, parvenus au premier poste français, au seuil de la grande paillotte de la factorerie Verdier, en compagnie de son brave agent, M. Picard, dans un apaisement absolu de l'esprit et des nerfs, tout à la joie de la tâche achevée, nous regarderions le soleil descendre derrière les bois. Un instant même, j'ai bien cru que nous l'avions vu se coucher hier pour la dernière fois.

Il s'en est fallu de peu que, près de toucher le but, le voyage s'achevât dans une catastrophe.

En nous séparant, le matin, à Malamalasso, Bénié-Couamié nous avait rappelé, plus vivement que jamais, nos promesses. Il comptait que nous ferions rendre gorge aux pirates qui s'étaient emparés d'un de ses canots et délivrerions le prisonnier retenu depuis de longs mois par les indigènes de Yacassé.

La première négociation n'a souffert aucune difficulté. Les coupables ne contestaient ni le vol ni l'évaluation des objets dérobés. Ils n'ont même point protesté contre l'application de la peine. Les sept onces d'or et une huitième par-dessus le marché, à titre d'amende, ont été versées de bonne grâce, après un palabre très bref.

A Yacassé, l'affaire a été plus chaude. Une fois de plus, l'insubordination de notre personnel a failli causer notre perte.

Yacassé jouit d'une détestable réputation. C'est un repaire. La population hétéroclite est composée d'individus appartenant à diverses tribus et qui, pour la plupart, ont à leur actif de quoi faire pendre un homme : vrai syndicat de malfaiteurs. On ne compte plus leurs pirateries. Vainement, avant d'employer la force, a-t-on voulu recourir aux avertissements. Ils se sont obstinément refusés à toute entrevue; dernièrement encore le résident de France à Grand-Bassam, venu dans l'espoir de les amener à résipiscence et de liquider les questions pendantes en un solennel palabre, trouvait le village vide. Le canot de l'administration aussitôt signalé, les gens, rassemblant le peu qu'ils possédaient et chassant devant eux leur bétail, avaient disparu dans la brousse.

La plus grande prudence était donc nécessaire. Les circonstances d'ailleurs nous favorisaient. Yacassé était en fête : on entendait de très loin le grondement des tam-tams ; les habitants devaient songer à tout autre chose qu'à faire le guet. Au surplus, l'approche d'une embarcation descendant le fleuve ne leur eût point semblé suspecte : ce n'était pas de ce côté que les représentants de l'autorité pouvaient venir. Néanmoins il importait d'arriver, autant que possible, à l'improviste, d'opérer vite et surtout de ne pas se montrer en nombre afin de ne point exciter une émotion populaire, laquelle risquerait de dégénérer en bagarre.

Il avait donc été convenu que Binger et moi avec Ano, l'interprète agni, débarquerions seuls, n'emportant aucune arme apparente. Les hommes demeureraient tous dans les pirogues, à nous attendre, et ne descendraient à terre avec ou sans armes, *sous aucun prétexte*.

Cela dit, nous accostions sans avoir été vus, escaladions la haute berge de terre rouge et nous dirigions d'un pas de promenade vers le village, distant d'environ deux cents mètres.

Un cri de surprise salua notre apparition ; le tam-tam se tut, et les indigènes nous entourèrent. Rien dans leur attitude ne trahissait une intention mauvaise. Étonnés, mais très calmes, intéressés même par cette visite inattendue, ils nous questionnaient sans colère, prêts à palabrer : nous avions demandé qu'on nous conduisît auprès du chef, et, notre requête agréée, plusieurs s'offraient déjà à nous montrer le chemin, lorsqu'une clameur effroyable retentit; la foule, soudain retournée, s'écartait de nous en vociférant, puis se dispersait au galop, pour revenir quelques secondes plus tard armée de piques et de matraques. Un coup d'œil dans la direction du fleuve nous fit comprendre la raison de ce revirement et le danger qui nous menaçait.

Soit curiosité pure, soit crainte de se trouver seuls, nos noirs, forçant la consigne, s'étaient élancés à terre malgré les efforts des deux Sénégalais impuissants à maîtriser cette vingtaine d'indisciplinés sinon en faisant usage de leurs carabines, ce qui eût donné l'alerte dans le village et aggravé encore la situation.

Et maintenant, terrifiés, ayant enfin conscience du péril, leur lâcheté reprend le dessus. Ils ne pensent qu'à se mettre à l'abri n'importe où, n'importe comment : rétrograder n'est plus possible; les bandits occupent le sentier conduisant au fleuve. Alors ils s'affolent, se précipitent en désordre vers une grande case précédée d'une cour palissadée, cherchant à nous entraîner avec eux. Nous résistons, comprenant qu'une fois parqués dans cette enceinte, nous serons perdus, cernés et massacrés comme des rats pris au piège, en moins de temps qu'il n'en faut pour le dire.

Cependant, aux angles des huttes, des hommes s'embusquent et chargent vivement leurs longs fusils à pierre. Quelques-uns nous mettent en joue; je crois que, cette fois, c'est la fin. Et si près de la côte, à une journée de Grand-Bassam, est-ce enrageant ! Le comble, c'est qu'en s'armant en guerre aux sons du tam-tam qui ronfle de plus belle, nos agresseurs ont arboré leur pavillon — notre pavillon! — les trois couleurs françaises qu'on leur a données naguère et qui se déploient à présent au bout d'une perche, menaçantes. Il est consolant de mourir à l'ombre de l'étendard national, mais pas comme cela, par exemple! Il faut s'entendre; dans le cas actuel la chose me paraîtrait d'une ironie amère.

Tenter de nous frayer passage à main armée serait fou. Nous ne devons ce répit de quelques secondes qu'à l'indécision superstitieuse de l'indigène, toujours hésitant avant d'oser s'attaquer en face à l'Européen. Mais une menace de notre part, et le charme sera rompu. Au premier coup de revolver, on répondra par une décharge générale. Notre unique chance de salut est de chercher à gagner du temps, à calmer ces furieux, de la parole et du geste, ce à quoi nous nous employons sans grand espoir, mais de notre mieux, avec des sourires et une mimique engageante pouvant se traduire ainsi : « Qu'est-ce que cela signifie?... Voyons, c'est un malentendu... Pas de bêtises, n'est-ce pas!... Est-ce ainsi que l'on reçoit des amis? »

Soudain, Binger a une idée lumineuse. Avisant dans la foule un vieux à barbe blanche : « Demande à cet homme, dit-il à Ano, s'il trouve bon ce que l'on va faire ici, à des gens comme nous, qui viennent apporter des paroles de paix. Il a beaucoup vécu; il doit être sage. Alors qu'il parle à ces jeunes têtes : elles l'écouteront. »

Ce n'est jamais en vain que dans les sociétés primitives, chez le noir comme chez l'Indien des deux Amériques, on fait appel à l'autorité des anciens. Le vieillard s'est interposé, allant de l'un à l'autre, faisant d'un signe relever les fusils, abaisser les triques. Tandis que le pacificateur poursuit son œuvre, nous avons pris place sur un tronc d'arbre et attendons les événements.

Enfin le chef arrive : lui aussi est un vieux, mais de démarche louche, de figure chafouine. Il écoute pourtant sans émoi, avec bienveillance même, ce que nous avons à lui dire : nos protestations contre l'accueil inqualifiable que nous avons reçu dans son village, contre les rapines auxquelles lui et les siens se livrent vis-à-vis des traitants qui trafiquent sur la rivière. Nous les engageons, en terminant, à se mieux conduire à l'avenir ; continuer leurs méfaits les exposerait à un châtiment exemplaire. Qu'ils ne prennent point la patience des blancs pour de la faiblesse ; le jour où la mesure sera comble, où l'on décidera d'en finir avec eux, les criminels seront poursuivis et rejoints, si lestes que soient leurs jambes, et frappés sans miséricorde. Que le chef médite donc ces paroles et vienne au plus tôt à Grand-Bassam faire sa paix avec le Résident. Le passé sera oublié ; tout le monde sera content, et la paix régnera désormais sur les bords du Comoé.

Autour de nous le cercle s'est resserré, très attentif. Le vilain public ! Il y a là des physionomies féroces, de hideux tatouages blanc et rouge striant les joues et les poitrines, et tout un attirail de piques, de vieux coupe-choux, de pieux taillés en pointe et durcis au feu. Je ne puis m'empêcher de penser que ces animaux-là, s'ils se ravisaient, sont admirablement outillés pour infliger à leurs victimes une agonie savante et prolongée.

Mais ils étaient remis de leur alarme. Le chef avait reconnu ses torts et multiplié les promesses. Sans doute il se rendrait à Grand-Bassam auprès du Résident, et plutôt deux fois qu'une. Ces assurances sont-elles sincères? Je n'ose en répondre. L'important, c'est qu'il nous laissait aller en paix et consentait même à se dessaisir du captif qu'il avait enlevé à Bénié-Couamié quelques mois auparavant. Le jeune homme, libéré sur-le-champ, prenait place avec nous dans la pirogue. Nous obtenions satisfaction sur tous les points. Le dénouement était tellement imprévu que nous nous demandions si cette condescendance ne cachait pas quelque arrière-pensée traîtresse. Tandis que nous glissions au fil de l'eau, nous ne perdions pas de vue la rive voilée d'une végétation épaisse, nous attendant à chaque minute à recevoir une grêle de balles. Mais rien ne vint. Le village semblait dormir, la forêt avait repris sa quiétude; le vaste Comoé coulait dans le silence et la lumière...

M. Picard nous apprend que le *Diamant* est venu, il y a trois jours, à notre recherche avec le résident M. Voisin. Il ne saurait tarder à reparaître. Demain peut-être nous le verrons.

Grand-Bassam, 24 juillet-15 août.

Midi. Un long et strident appel de sifflet monte au-dessus des bois, et, brusquement, doublant la dernière pointe, la petite canonnière est en vue. Elle approche, elle est là, toute blanche, avec sa grande cabine centrale, son pont protégé du soleil par une double toiture, ses deux hotchkiss montés sur pivots, ses trois couleurs flottant au vent.

Avant même qu'elle eût jeté l'ancre nous sautions dans une pirogue et, en quelques coups de pagaie, nous accostions, avec quelle joie ! Cette fois nous sommes bien en France, non plus dans la France noire, mais dans celle de là-bas, la vraie, dont cette coque nous semble une parcelle détachée. On demande quand nous voulons partir. Demain matin sans doute? Alors on va éteindre les feux. Demain ! Aujourd'hui même, dans une heure. Le temps de transborder nos paquets, ce qui est vite expédié, car il ne nous reste pas grand'-chose, et le *Diamant*, virant de bord, nous emporte à toute vapeur. Les rives fuient ; sur le Comoé, de plus en plus large, épanoui en une nappe d'or, un frisson passe, avant-coureur des brises marines. Et nous restons là immobiles, pendant des heures, le regard perdu, dans un demi-sommeil, reposés, heureux.

En route, un seul incident. Au moment où le *Diamant* passe devant un petit village de la rive gauche appartenant au Sanwi (pays de Krinjabo), la population massée au bord de l'eau jette un cri, un nom, celui du pauvre porteur que nous avons perdu à Kong et enseveli la nuit, sur une place :

— Améki !... Améki !...

Nos hommes étendus à l'arrière de la chaloupe se dressent à cet appel, et l'un d'eux, se faisant un porte-voix de ses mains, réplique :

— Il est mort !

Il n'a pas le temps d'en dire davantage. Le courant très violent nous entraîne, et déjà le village a disparu derrière un coude du fleuve. Mais la réponse a été entendue. Une clameur s'élève jetée par cent poitrines, qui nous émeut profondément. Longtemps elle me restera dans l'oreille, cette plainte infinie, déchirante, sanglot de mère pleurant son enfant.

La nuit est presque tombée quand nous débouchons dans la lagune. Laissant sur la gauche le goulet par où le Comoé se déverse dans l'Océan, dans la barre retentissante dont on distingue au loin les volutes, nous glissons sur les eaux mortes d'une crique jusqu'à l'appontement de Grand-Bassam. Voici la grande maison de fer du télégraphe, les factoreries, dont une toute neuve, bâtie depuis notre passage, les baraquements de l'Administration éparpillés sur le sable.....

Nous devions attendre une vingtaine de jours, jusqu'au 16 août, le paquebot de France. D'autres vapeurs étaient signalés, mais des anglais à destination de Liverpool ou de Hambourg. D'ailleurs, la barre, très grosse, devait rester impraticable pendant deux semaines. Nous étions prisonniers. Ce ne sera pas avant six ou huit mois, peut-être plus, que la construction d'un wharf analogue à celui récemment inauguré à Cotonou permettra d'embarquer et de débarquer par tous les temps.

Le séjour est morne sur cette grève, où seuls les hangars des factoreries rappellent le monde civilisé. Néanmoins la captivité est supportable. Peut-être même cette période de calme entre notre existence africaine et la vie d'Europe nous serait-elle salutaire. Elle nous laissait aussi l'espoir d'être rejoints, avant le départ pour France, par notre compagnon M. le lieutenant Braulot. Le 4 août, en effet, il arrivait après avoir heureusement accompli son programme de retour par le Barabo, l'Anno et l'Indénié.

Somme toute, les résultats du voyage, sans être aussi complets qu'on eût pu le souhaiter, avaient une importance considérable. Sans doute, les travaux de délimitation entre nos territoires et les possessions anglaises de la Côte d'Or avaient dû être suspendus dès le début des opérations, à la suite du refus du commissaire britannique de se conformer aux termes du protocole intervenu entre les cabinets de Londres et de Paris, avant d'en avoir référé à son gouvernement (1). Mais, en revanche, la deuxième partie de la mission était féconde en résultats. Nos itinéraires couvraient un parcours d'environ deux mille kilomètres, dont près de cinq cents en pays inexploré jusqu'ici. Nous venions de consolider nos relations avec les centres commerciaux de Bondoukou et de Kong, et de placer sous le protectorat français les vastes régions du Diammala.

Notre insuccès dans le Baoulé, imputable surtout au mauvais vouloir de nos porteurs, n'avait rien de

---

(1) Voir l'Appendice.

grave, l'exploration de ce pays, encadré désormais dans nos possessions, pouvant être reprise et menée aisément à bien avec un personnel plus dévoué (1).

Nos porteurs? Ils sont maintenant employés à charrier des briques, à broyer le mortier pour la construction de la nouvelle Résidence dont on termine les fondations. Trente jours de travaux publics, voilà ce que nous avons demandé qu'on leur infligeât pour châtier leur mutinerie et leur désertion qui ont failli nous être fatales. La peine est légère, et j'ajouterai qu'ils s'en soucient médiocrement. Rentrer dans leurs villages un peu plus tôt, un peu plus tard, que leur importe, du moment qu'ils sont nourris et ne marchent plus dans l'inconnu!

Parlerai-je de l'avenir réservé à ces contrées? En pareille matière, il est toujours imprudent de jouer au prophète. Il semble toutefois que la situation présente,

(1) Tel a été l'objet de la mission confiée à MM. les capitaines Marchand et Manet de l'infanterie de marine. Ses débuts furent on ne peut plus heureux. Elle vient en effet d'obtenir la soumission complète des chefs de Tiassalé. L'occupation de cette localité, la plus importante du Baoulé, assure désormais la liberté des communications sur le cours inférieur du Bandama. Ce fleuve est destiné à devenir, avant peu, une des principales artères commerciales de nos possessions de l'Ouest-Africain.

Au moment où ces pages étaient sous presse, nous avions le chagrin d'apprendre la mort d'un des explorateurs. M. le capitaine Manet s'est noyé dans les rapides en redescendant à la côte chercher des approvisionnements. Son corps a été retrouvé et inhumé à Tiassalé. Quant à M. Marchand, à peine rétabli de la fièvre qui avait mis ses jours en danger, après avoir rendu les derniers devoirs à son infortuné compagnon, il se disposait, suivant les nouvelles les plus récentes, à continuer sa marche vers l'intérieur.

si modeste soit-elle, nous autorise à augurer favorablement du lendemain. Le trafic est limité à l'embouchure des rivières et aux rives de la lagune. Et cependant, telle est déjà son activité, que cinq factoreries se sont établies sur cette plage hier encore déserte. Chaque mois une quinzaine de navires y font escale, et les droits de douane ont donné pour les exercices 1891-1892, *toutes dépenses payées,* un reliquat de 614,000 francs. Et il ne s'agit ici que du seul poste de Grand-Bassam. Que sera-ce lorsque toute cette Côte d'Ivoire, 600 kilomètres de littoral, sera en relation d'affaires avec l'intérieur? Il suffirait que les caravanes de Kong pussent y arriver librement. A l'heure actuelle, elles ne dépassent pas Attakrou, craignant de voir leurs pirogues arrêtées, rançonnées par les riverains du Comoé. Il en résulte qu'en ce village, à dix journées à peine de Grand-Bassam, les marchandises apportées par les traitants noirs sont toutes de provenance anglaise et viennent à dos d'homme de Cape-Coast, situé à quarante jours de marche. Rien de plus simple cependant que d'assurer la sécurité du transit sur le Comoé. Deux équipes de laptots suffiraient à la police. Il n'y a pas à brûler une amorce. Nous-mêmes, avec les faibles moyens dont nous disposions, avons réussi à régler de fâcheux incidents, en quelques heures, sans coup férir. Ajoutez quelques petits postes dans le Sanwi et l'Indénié, uniquement pour diriger l'ouverture ou l'amélioration des chemins. Que de fois les chefs nous l'ont demandé, s'écriant : « Envoyez-nous des hommes pour nous conduire, et nous ferons les routes. »

Il s'agit ici d'une prise de possession essentiellement pacifique. Ces populations n'ont que des qualités passives qu'il convient de savoir utiliser. Tout cela aurait pu se faire déjà; mais les agents de Grand-Bassam ne sauraient encourir, à cet égard, le moindre reproche. Ces retards sont plutôt la conséquence de la fiction administrative qui reliait la Côte d'Ivoire à nos possessions des Rivières du Sud, distantes de 2,000 kilomètres. L'initiative d'un gouverneur ne saurait s'exercer de si loin par l'intermédiaire d'un sous-ordre. Elle doit se manifester sur place, directement. Au surplus, il s'agit moins ici d'administrer que d'ouvrir, au préalable, les voies commerciales. L'œuvre n'est pas de celles qu'on dirige du fond de son cabinet. Le rôle des représentants de la France, pour le moment du moins, est de se montrer à l'intérieur, de capter la confiance des chefs et des peuples.

Mais à quoi bon insister? La question est trop simple pour qu'on hésite à la trancher (1). De sa prompte solution dépendra le développement d'une possession qui non seulement n'aura pas coûté un centime à la métropole, mais donne dès aujourd'hui autre chose que des espérances.

J'ai dit possession et non colonie; ce dernier terme impliquerait l'idée de peuplement, et nous ne parlons que d'une exploitation. Mais, à ce point de vue, la

(1) Ce vœu a été exaucé. Un décret, en date du 10 mars 1893, enlevait l'administration de ces territoires au gouvernement des Rivières du Sud. — Le 20 mars, un autre décret nommait M. le capitaine Binger gouverneur de la Côte d'Ivoire.

position nous paraît de premier ordre. Quiconque pénétrera comme nous au cœur de ces contrées n'hésitera point à affirmer que la France occupe ici l'une des situations les plus avantageuses de la côte occidentale d'Afrique.

Cette conviction suffirait à nous dédommager des vicissitudes de la route, des peines endurées. Mais avons-nous vraiment souffert? Du moins, ce genre de souffrance n'a-t-il pas son charme? Il en est des tribulations du voyage comme de ces cimes escarpées que nous voyons, le soir, rester longtemps lumineuses au-dessus de la plaine noyée d'ombre. Sur l'horizon de nos souvenirs, sur le fond un peu gris de l'existence quotidienne, elles se détacheront toujours nettes. Et qui sait? Parfois peut-être on se dira : « Ces jours-là seulement j'ai vécu! »

# APPENDICE

(EXTRAIT DU *Temps* DU 11 SEPTEMBRE 1893.)

---

Le gouvernement anglais vient de déposer sur le bureau de la Chambre des Communes le texte de la convention franco-anglaise conclue, le 12 juillet dernier, pour compléter les conventions du 10 août 1889 et du 26 juin 1891, et pour fixer la frontière entre la colonie française de la côte d'Ivoire et la colonie anglaise de la côte d'Or.

On se souvient qu'une commission mixte franco-anglaise avait été désignée en 1891 pour procéder, sur place, à l'établissement de cette frontière conformément à ces deux conventions. Le commissaire français était le capitaine Binger, qu'accompagnaient le docteur Crozat, le lieutenant Braulot et notre collaborateur Marcel Monnier ; le commissaire anglais était le capitaine Lang. Mais le texte de la convention de 1889 n'était pas d'une grande précision, et il prêtait à des interprétations très différentes.

La frontière, y disait-on, qui a pour point de départ Newtown sur la côte, devait suivre « la lagune de Tendo et celle d'Aby jusqu'à Nougoua. A partir de Nougoua, le tracé de la frontière sera établi en tenant compte des traités respectifs conclus par les deux gouvernements avec les indigènes. Ce tracé sera prolongé jusqu'au 9⁰ degré de latitude nord. »

C'est pour ce motif qu'en 1891 une seconde convention vint préciser la première afin de déterminer la valeur des « traités respectifs conclus par les deux gouvernements avec les indigènes ». C'est ainsi que la frontière, à partir de Nougoua, devait se diriger vers le nord en laissant le Sanwi et l'Indénié à la France, le Broussa, le Aowin et le Sahué à l'Angleterre. Plus au nord, la ligne frontière devait passer à 10 kilomètres à l'est de la route d'Annibilékrou à Bondoukou et gagner la Volta en plaçant le territoire de Bondoukou dans la sphère d'action de la France.

On pouvait supposer avec ce commentaire que les capitaines Binger et Lang allaient pouvoir exécuter facilement la mission qui leur était confiée. Mais, dès les premiers jours, on constata que le commissaire anglais, jugeant les intérêts de la colonie de la côte d'Or compromis par ces arrangements, voulait, dans l'interprétation des textes, arriver à repousser vers l'est la frontière française. Tout d'abord, un conflit s'éleva sur l'attribution de la ville même de Nougoua. « *A partir de,* disait le capitaine Lang, ne veut par dire que le village soit français. Dès lors, j'en revendique la propriété pour l'Angleterre. » Il fut impossible ensuite de s'entendre sur les limites des territoires dénommés dans la convention explicative de 1891. Tel village perdu dans la forêt équatoriale relevait-il du chef de Broussa et, par conséquent, était-il anglais : ou bien, au contraire, appartenait-il à la France comme tributaire du chef de Sanwi? Les contradictions s'accumulèrent au point que la rupture fut inévitable. Le capitaine Binger et le capitaine Lang s'en allèrent en exploration chacun de leur côté, et M. Marcel Monnier a raconté, ici même, le voyage si intéressant qu'il a fait avec le commissaire français à Kong et dans la vallée du Comoé.

Les explorateurs revinrent en Europe et communiquèrent à leurs gouvernements les résultats de leurs missions. Des négociations s'engagèrent alors à Paris entre MM. Phipps et

Crowe, de l'ambassade d'Angleterre, et MM. G. Hanotaux, directeur des consulats au ministère des affaires étrangères, et J. Haussmann, chef de division à l'administration des colonies. Il résulta de ces pourparlers que le capitaine Binger avait parfaitement accompli son devoir en résistant aux prétentions de son collègue, puisque la convention qui fut signée le 13 juillet nous donne entièrement satisfaction.

Ainsi, le village de Nougoua reste en notre possession, de sorte que la frontière, après avoir suivi la lagune et le fleuve Tanoé, quitte ce fleuve à cinq milles en amont de Nougoua. De là, la frontière se dirige vers le nord, passe par le sommet de la colline de Ferra-Ferrako et atteint la rivière Boi ou Bogne, affluent de droite du Tanoé, à deux milles au sud-est du village de Bamianko qui reste à la France. A partir de ce village, c'est le thalweg de la rivière Boi, dont le cours est orienté de l'ouest à l'est, qui sert de frontière, jusqu'au village d'Edoubi ou Dibi. Au delà, la frontière est moins précise, parce que la carte de ces régions, essentiellement forestières, n'est pas aussi exactement relevée qu'aux environs de Nougoua et de la rivière Boi. Aussi la convention se borne-t-elle à dire que la limite passera à 16 kilomètres à l'est du village de Iaou, situé sur la rivière Bia qui se déverse dans la lagune d'Elby, et à un kilomètre au sud du village d'Abourouferrassi qui appartient à la France. C'est ainsi que le territoire français de l'Indénié se trouvera séparé du territoire anglais de Sahué.

Comme Abourouferrassi est à plus de deux cents kilomètres de la côte, il ne semble pas utile, en ce moment, de mieux fixer une frontière qui traverse des forêts presque impénétrables. Ce que l'on veut, par des conventions de cette nature, c'est s'assurer des facilités de communication entre l'intérieur et la côte. On conçoit, dès lors, pourquoi dans l'acte du 12 juillet dernier on se borne à reproduire une clause de la convention du 26 juin 1891 plaçant la frontière à 10 kilomètres à l'est de la route conduisant directement d'Annibilékrou — village situé à 20 kilomètres environ au nord d'Abourouferrassi — à Bondoukou, ce grand centre commercial avec les chefs duquel le capitaine Binger a conclu en 1888 un traité de protectorat.

A quelques kilomètres au sud de Bondoukou, s'arrête la forêt dense. On est là en pays découvert, en région peuplée et civilisée. La frontière assure à la France et aux habitants de Bondoukou le libre accès dans la boucle du Niger, en se tenant toujours à 10 kilomètres à l'est de la route commerciale qui va de Bondoukou à la Volta noire ou occidentale, en passant par Sorobango, Tambi, Takhari et Bandagadi. C'est entre Bandagadi et Kirhindi que la frontière atteint la Volta, qu'elle suit dans la direction du nord jusqu'au 9e parallèle. A partir de ce point, les limites restent indécises et ne seront fixées que le jour où, à la suite des voyages de leurs explorateurs, la France et l'Angleterre pourront fixer leur sphère d'influence dans la boucle du Niger.

On enregistrera avec plaisir, en France, l'accord qui vient de mettre fin aux difficultés si malencontreusement suscitées par le capitaine Lang, et si un vœu pouvait être exprimé, c'est que la France et l'Angleterre règlent au plus tôt une affaire semblable soulevée, presque en même temps, à propos de la délimitation de Sierra-Leone et de la Guinée française.

# TABLE DES GRAVURES

                                                              Pages.

| | |
|---|---|
| Portrait de l'auteur | Frontispice |
| Le docteur Crozat, mort au Soudan (1892) | vi |
| Le capitaine Binger et le lieutenant Braulot, camp d'Afforénou (janvier 1892) | 16 |
| Jeunes femmes d'Assinie (côte d'Ivoire) | 42 |
| Alfred | 50 |
| Akassimadou, roi de Krinjabo, et sa cour | 60 |
| Dame de Krinjabo à sa toilette | 64 |
| L'arbre des Palabres à Krinjabo | 70 |
| Iébiénié, chef des captifs du roi de Krinjabo | 84 |
| Fiencadia, chef de N'Gakin et d'Assuakourou | 102 |
| N'Gakin (Sanwi) | 106 |
| L'instrument de Molière au pays noir | 110 |
| Le médecin de N'Kossa et sa femme | 116 |
| Arbre tombé (forêt du Sanwi) | 124 |
| Un village de la forêt (Adouakourou) | 128 |
| La case de Kofi, chef d'Abengourou | 138 |
| Sentier de forêt dans l'Indénié. Indigènes allant laver la terre aurifère | 142 |
| Peseurs d'or | 148 |
| Case des fétiches à l'entrée d'un village (Indénié) | 156 |
| Poupées-fétiches | 160 |
| Bondoukou vu du sud-est | 170 |

| | |
|---|---:|
| Ruelle devant la maison de Sitafa (Bondoukou) | 176 |
| Un coin du marché (Bondoukou) | 182 |
| Une visite chez Sitafa | 186 |
| Captives de Sitafa (Bondoukou) | 190 |
| Arbre rampant. — Village de Kagoué (pays Pakhalla) | 194 |
| Kawaré (pays de Kong) | 198 |
| Une mosquée de Kong | 204 |
| Une emplette. — Marché de Kong | 210 |
| Angle de rue (Kong) | 218 |
| Dans la rue (Kong). — Quelques passants | 222 |
| Tisserands colportant leurs étoffes dans les faubourgs de Kong | 228 |
| Kong. — Une place dans le quartier de Kourila | 230 |
| Dans le quartier Dioula. — Ouandarama (Djimini) | 234 |
| Marchande de dolo, Dakhara (Djimini) | 240 |
| Femme de Satama (Diammala) | 248 |
| Un palabre | 254 |
| Village ganne (frontière du Baoulé) | 260 |
| Le chef de Zouépiri | 266 |
| Le Comoé à Kabrankrou | 272 |
| Les filles de Bénié Couamié, roi de Bettié | 278 |

# TABLE DES MATIÈRES

|  | Pages. |
|---|---|
| A Monsieur le capitaine Binger | 1 |
| I. — De Marseille à la Côte d'Ivoire | 1 |
| II. — Assinie | 37 |
| III. — Krinjabo | 55 |
| IV. — Premiers bivouacs | 72 |
| V. — Villages de la forêt | 99 |
| VI. — Trois mois dans la brousse | 125 |
| VII. — Namarou | 161 |
| VIII. — Chez Sitafa | 171 |
| IX. — Pays de Kong | 189 |
| X. — Kong | 203 |
| XI. — Le camp royal | 219 |
| XII. — Djimini et Diammala | 231 |
| XIII. — Arrêtés dans le Baoulé | 249 |
| XIV. — Sur le Comoé | 268 |
| Appendice | 293 |

PARIS
TYPOGRAPHIE DE E. PLON, NOURRIT ET C<sup>ie</sup>
RUE GARANCIÈRE, 8.

www.ingramcontent.com/pod-product-compliance
Lightning Source LLC
Chambersburg PA
CBHW060328170426
43202CB00014B/2707